Arnold Angenendt

„LASST BEIDES WACHSEN BIS ZUR ERNTE"

Arnold Angenendt

„LASST BEIDES WACHSEN BIS ZUR ERNTE"

Toleranz in der Geschichte des Christentums

Aschendorff Verlag

Redaktion:
Stephanie Müller
Phillip Nicolas Quellmelz
Qui-Zi Yang

© 2018 Aschendorff Verlag GmbH & Co. KG, Münster
www.aschendorff-buchverlag.de

Printed in Germany
Gedruckt auf säurefreiem, alterungsbeständigem Papier ∞

ISBN 978-3-402-13246-3
ISBN (E-Book-PDF) 978-3-402-13247-0

INHALT

I. Der Gottesfrevel **9**

  1. Erste Annäherungen 9
    a) Religionsgeschichtliche Befunde 9
    b) Ziel der Untersuchung 13

  2. Jesu Weizen-Unkraut-Gleichnis als Leitmotiv 16

II. Bibel und Alte Kirche **19**

  1. Die Bibel 19
    a) Altes Testament: Tötung der Verfluchten 19
    b) Neues Testament: Segnen statt Verfluchen 22
    c) Eid als verbotene Selbstverfluchung 25

  2. Drei hermeneutische Zwischenbemerkungen 26
    a) Willkürgewalt und Rechtsgewalt 27
    b) Objektive und subjektive Religionsepochen 28
    c) Gottglauben wider Gottlosigkeit 29

  3. Der eschatologische Vorbehalt 32
    a) Allein Gott urteilt – nicht verflucht der Mensch 32
    b) Gotteszorn im neutestamentlichen Endgericht 35
    c) Gnädiger Vater und verlorener Sohn 37
    d) Allversöhnung mit Gott und Teufel 38

  4. Das Gewaltproblem im Christentum 41
    a) Neutestamentliche Wortgewalt 41
    b) Pauli Toleranz aus Gerechtfertigtsein 43
    c) Pauli Anathema als Verfluchung 45
    d) Streit um die gottgefälligen Opfer 47
    e) Religionspsychische und doch auch brachiale Gewalt .. 48

  5. Die Würde des sündig gewordenen Menschen 49
    a) Christliche Bewertungen 49
    b) Gebet für die Christen-Feinde 50
    c) Antik-philosophische Theoreme 52

6. Die Behandlung der Frevler 54
   a) Frühe Beispiele für ‚Laßt beides wachsen' 54
   b) Gewaltlosigkeit im christlichen Osten 56
   c) Doppelgesicht der Konstantinischen Wende 58
   d) Augustinus im Westen: *compelle intrare* 60

7. Die christliche Rechtfertigung des Krieges 62
   a) Altchristlicher Totalpazifismus 62
   b) Augustinus: Nur der gerechte Krieg 63

III. Das Mittelalter **67**

1. Die neue Religionsgewalt im Westen 67
   a) Mission als Zwangsprozeß 67
   b) Mission als Verinnerlichungsprozeß 70

2. Die neue Verfluchung 71
   a) Häresie als religiöser Fluch 71
   b) Kultische Unreinheit als Pollution 73
   c) Kultische Reinheit als Motiv der Kreuzzüge 75

3. Der umgedrehte Jesus 78
   a) Kampf um den ersten Platz 78
   b) Verfluchung statt Segnung 79
   c) Rhetorische und faktische Gewalt im Investiturstreit . . . 82
   d) Neues Verständnis der Papstautorität 87

4. Die anhaltende Wirkung des Weizen-Unkraut-Gleichnisses . . 88
   a) ‚Reißt nicht aus' 88
   b) Gratians ›Decretum‹ 92
   c) Verbrechen gegen die Majestät Gottes 97
   d) Abaelard und die Vielheit der Glaubenswege 98

5. Der unerhörte Umbruch 99
   a) Thomas von Aquin: ‚Reißt aus' 100
   b) Ketzerische Hartnäckigkeit 102
   c) Inquisition als Justizverfahren 104
   d) Häresie in den Universitäten 105
   e) Entsetzen ob der ersten Ketzertötungen 108

6. Das Spätmittelalter 109
   a) Zersplitterte Toleranz 109
   b) Jan Hus und seine Verbrennung zu Konstanz 111
   c) Behördliche Ahndung der Blasphemie 113
   d) Päpstliche Generalexkommunikation 114

IV. Die Reformation 117

1. Die reformatorische ‚Freiheit des Christenmenschen‘ 117
   a) Luther, Zwingli und Calvin 117
   b) Neuzeitlich-katholische Inquisition 121
   c) Hexenverfolgung: katholisch? 124

2. Zurück zum Nicht-Ausreißen 126
   a) Gegen alttestamentliche Religionsgewalt 126
   b) Dissenters und Pietisten als letzte Toleranz-Verteidiger . 127

V. Die Aufklärung 133

1. Die aufklärerischen Anwege 133
   a) Gewissen in historischer Entfaltung 133
   b) Vom Deismus zum Atheismus 136
   c) Gegen die Radikalaufklärer 138
   d) Gewissen ohne Gotteszorn und ohne Eid 139

2. Das Gewissen für Religionsfreiheit 141
   a) Angeborene und unverlierbare Menschenwürde 141
   b) Gewissen schafft Religionsfrieden 144
   c) Gewissen nur subjektiv? 146

3. Das Weizen-Unkraut-Gleichnis bei den Aufklärern 147
   a) Thomas Hobbes 147
   b) John Locke 149
   c) Pierre Bayle 150
   d) Voltaire 151
   e) Immanuel Kant 152

4. Postaufklärerisch: Verlust der Mehrdeutigkeit 154

VI. Die moderne Religionsfreiheit 157

1. Das 19. und das 20. Jahrhundert 157
   a) ‚Freiheit wie in Belgien‘ 157
   b) Deutsche Revolution von 1848 159

2. Das Vorbild der Alten Kirche 162
   a) Rückgriff auf altkirchliche Gewaltlosigkeit 162
   b) Eine ‚kopernikanische Wende‘? 164
   c) Verlockender Fortschritt und nicht vorhersehbare
      Zukunft 166

3. Die Menschenwürde als ‚Religion der Moderne'? 168
   a) Säkularer Staat als religiöser Freiheitsgewinn 168
   b) Böckenfördes allbekanntes Diktum 168
   c) Frage nach dem ‚Mehr' 169

4. Vom „Laßt beides wachsen" bis zu den Menschenrechten . . . 171
   a) Ewiges Gottesgesetz wider menschenrechtliche
      Zufallsgeschichte 171
   b) Mensch als Ebenbild Gottes 173
   c) Freiheit als ‚Unruhe' der westlichen Geschichte? 174

VII. Von dem ‚was uns fehlt' und vom Allernotwendigsten 179

   1. Thomas Nipperdey 179
   2. Martin Walser 179
   3. Clifford Geertz 180
   4. Jürgen Habermas 181

VIII. Fazit **183**

Anmerkungen 185
Quellen 213
Literatur 222
Register 241

I. DER GOTTESFREVEL

1. Erste Annäherungen

Ausgangspunkt ist die Frage, wie die himmlischen Mächte und die überweltlichen Gewalten auf schwere Vergehen der Menschen reagieren, zumal auf deren Frechheit und Frevel. Sprachgeschichtlich hängen beide Vergehen zusammen[1], sodaß wortreicher noch gilt: „Der Tat als Frevel (*vrevel*) liegen Kühnheit, Verwegenheit, Mutwillen zugrunde"[2]. Frechheit wie Frevel beantworten die Übermächte mit ihrem Zorn. Dieser überirdische Zorn wird für gewöhnlich auf zwei Varianten von Frevel bezogen, zum einen die frevelnde Rede, dann ist es Gotteslästerung bzw. Blasphemie[3]; zum anderen die frevelnde Tat, dann ist es Gottesraub bzw. Sakrileg[4]. Heute wird zumeist allein die Gotteslästerung und überdies noch verkürzt behandelt, weil sich die derzeitige Diskussion auf die Kritik oder die Verunglimpfung bestimmter Religionen oder Religionspraktiken bezieht[5]. Immerhin ist festzuhalten: „Die Angst um die Lästerung Gottes reicht viel tiefer in die Zivilisationsgeschichte, als wir denken"[6].

a) Religionsgeschichtliche Befunde

In Wirklichkeit ist von einem religionsgeschichtlich breiteren Befund auszugehen, der mehr umfaßt als Blasphemie und Sakrileg; hinzuzufügen ist nämlich die Pollution. Von der Religionsgeschichte ist als Frevel die folgende Dreiheit anzusehen: Erstens die Häresie als die Gott und seine wahre Botschaft verdrehende Falschlehre; zweitens die Apostasie als die Gott und seine Religion verachtende Abkehr; drittens die Pollution als die Gott und seine Reinheit besudelnde Verschmutzung. Im Folgenden wird durchgehend dieses breitere Spektrum von Häresie, Abfall und Pollution anvisiert.

Der Gottesfrevel als Häresie ist heute dadurch allbekannt, daß in der Christentumsgeschichte die Ketzer für Jahrhunderte mittels Inquisitionsverfahren hingerichtet worden sind. Derzeit erleben wir die Apostasie im Islam; wo immer dessen Anhänger ihre angestammte Religion verlassen, werden sie an Leib und Leben bedroht. Der Zeit-Redakteur Jan Roß hat kürzlich in seinem Buch ›Die Verteidigung des Menschen‹ von einem entsprechenden Fall aus Pakistan berichtet: Eine dortige Christin war wegen Missachtung Mohammeds zum Tode verurteilt worden, wogegen ein Provinzgouverneur Einspruch erhob, woraufhin dieser von seiner eigenen Personenschutz-Truppe erschossen wurde. Wörtlich: „Ihn zu töten war nicht nur gerechtfertigt, sondern religiöse Pflicht"[7].

Am wenigsten verständlich ist heute das Phänomen der Pollution. Religionsgeschichtlich aber gilt, „dass sich die Geschichte der [religiösen] Unterscheidung von ‚rein' und ‚unrein' von den ältesten Quellen Ägyptens und Mesopotamiens sowohl der sogenannten Hoch- und Weltreligionen als auch der Kulturen schriftloser Völker verfolgen lässt"[8]. Unreinheit ist hier nicht im modernen medizinischen Verständnis als Mangel an Hygiene zu verstehen, auch nicht im moralischen Sinn als ethische Unreinheit. Die Pollution ist zunächst ein archaisch-religiöser Allgemeinbefund, demzufolge alles Tote, bestimmte Nahrungsstoffe, vor allem aber Sexualstoffe wie Menstruationsblut und Mannessamen vor Gott und Göttern verunreinigend wirken. Zu allem Heiligen aber darf der Mensch nur unbefleckt, das heißt ‚mit reinen Händen' hintreten, sonst wird er von den höheren Mächten zurückgewiesen oder gar vernichtet – so in zahlreichen Zeugnissen aus Ägypten, aus Mesopotamien, aus dem Römischen Reich wie zuvor schon aus dem alten Griechenland[9]. Immer wird bekundet: „Die Priester, die das Opfer vollzogen, mußten reine Hände haben"[10]. Hintergründig geht es „um den ‚Zorn' einer überlegenen Macht, die an einem schuldig Gewordenen die Strafe vollzieht"[11]; folglich erscheint die rächende Hand Gottes beim Unreinen „mit Krankheit oder dem Tod identifiziert"[12].

Um diese von oben drohende Tötung abzuwehren, geschahen und geschehen zwei Maßnahmen: einmal, indem der frevelnde Mensch in eigener Person die Besänftigung des erregten Gotteszornes herbeibüßt und sich dadurch vor der ihm von oben her drohenden Tötung schützt; zum anderen, indem die Religionsgemeinde sich korporativ vor dem Gotteszorn schützt und den Frevler von sich aus tötet, damit nicht alle, weil sie den Frevel zugelassen haben, der göttlichen Vernichtung anheimfallen.

Die Bestrafung des Frevels durch Gott wie durch die Religionsgemeinde bildet ein religionsgeschichtliches Grundmuster. Max Weber (†1920) sieht den Gottesfrevel überall dort einwirken, wo „eine Tabunorm verletzt wurde und dies den Zorn der magischen Gewalten, [der] Geister oder Götter [herabzog], außer auf den Frevler selbst auch auf die Gemeinschaft, welche ihn in ihrer Mitte duldete"[13]. Für den einzelnen Frevler gilt: Der Provozierende „‚verdient' die Strafe, deren Vollziehung dann den göttlichen Zorn besänftigt"[14]; als Einzelner vermag er sich zu schützen mit „einer selbstauferlegten ‚Strafe' zur rechtzeitigen Abwendung der Rache des Gottes"[15]. Für den gemeindlichen Gottesfrevel gilt wiederum mit Max Weber: Gegen Gottesfrevel „reagierten auf Veranlassung der Magier oder Priester die Genossen […] durch Verstoßung […] oder durch Lynchjustiz […] oder durch ein sakrales Sühneverfahren"[16]. Webers Kurzformel dafür heißt: „Frevel […] zu rächen, war Sache der Geister und Götter, der priesterlichen Banngewalt, der Hausgewalt oder der Lynchjustiz des Verbandes"[17]. Oder aus neuester Forschung: „Der Friede mit den Göttern, auf das Wohlergehen der Menschen beruht, wird durch jede absichtliche oder unabsichtliche Übertretung eines magisch-sakralen Tabus und eines Gottesgebots zerstört. Der dadurch meist sofort ausgelöste Zorn einer Gottheit verfolgt den Frevler sowie alle, die mit ihm in Verbindung stehen. Der Gefahr der Ansteckung durch Freveltat kann die bedrohte Gemeinschaft nur entgehen, indem sie den Frevler durch Fluch und Bann von sich weist und bereit ist, die Götter durch Sühnehandlungen zu versöhnen"[18]. Oder in Kurzform gemäß Walter Burkert (†2015): „Es geht um den ‚Zorn' einer überlegenen Macht, die an einem schuldig Gewordenen die Strafe vollzieht"[19].

Demzufolge zeigt sich für die zwischenmenschliche Abwehr des Gotteszornes ein festes Dreierschema: der Zorn der Götter gegen den Frevler, die priesterliche Bezeichnung des Frevlers, dann entweder die Sühnung durch den Frevler selbst oder aber dessen Exekution durch den gesellschaftlichen Verband bzw. durch die legitime Obrigkeit. Ein frühes Beispiel für diese kombinierte Aktion mit schon rechtlicher

Regelung bietet der Codex Hammurabi: Den Gottesfrevel ahndet der babylonische König rechtlich mit Tötung[20].

Nun kann aber der Gotteszorn, wiederum mit Max Weber, auch Kräfte höchst positiver Qualität freisetzen, indem er im Menschen eine ethische Initiative auslöst: Es erregt sich „der Zorn des eigenen Gottes über seine Anhänger durch die Verletzungen der von ihm geschirmten ethischen Ordnungen"[21]. Der Frevler wird in eigener Person vor ein konsequentes Entweder-Oder gestellt: entweder ethische Entsprechung gegenüber Gott und seinen Geboten oder aber Vernichtung wegen frevelnder Mißachtung Gottes und seiner Gebote. Hier zeigt sich der positive Aspekt des Gottesfrevels, der eine elementare Wucht zur Ethisierung entfaltet hat und weiterhin entfalten kann. Insgesamt wirkt also der Frevel doppelgleisig: Der Gotteszorn kann einmal zur Quelle physischer Gewalt werden; er kann aber auch zu höchster ethischer Leistung antreiben.

Um den Doppelaspekt zu verstehen, sind die aus dem strafenden Gotteszorn erfolgenden Verschiebungen im Gottesbild klarzulegen, nämlich die Wandlung vom blindwütig-willkürlichen zum ethisch-heiligen Gotteszorn. Zunächst hat sich der Mensch den willkürlich agierenden Übermächten ausgeliefert gesehen, infolgedessen ihm die Überweltlichen ‚ambivalent' erscheinen mußten: einmal ganz unerklärlich grausam und ein andermal ganz unerklärlich gnädig. Die Menschen eines vorwissenschaftlichen und vortechnischen Zeitalters erfuhren unausgesetzt, „gänzlich von Gewalten abzuhängen, die dem Zugriff der eigenen Macht entrückt sind"[22]. So erschien auch der Gotteszorn rätselhaft, wobei aber für dessen Ausbruch immer ein Frevel vermutet wurde, der freilich zunächst nichts mit sittlichem Schuldbewußtsein zu tun hatte[23]. Sobald dann das Gottesbild rechtliche wie auch ethische Züge angenommen hat, ändert sich das Handeln von Gott/Göttern, „daß ihr Zorn, ihre numinose Schadensmacht, nur im Dienst ihrer Strafgerechtigkeit stehe"[24]. Dieser strafrechtlich-ethische Gotteszorn weckte eine höchst mächtige Kraft zur Versittlichung, nämlich das ethisch Gute anzustreben und das ethisch Böse zu vermeiden. Hatte zunächst eine wie auch immer geartete Sühnung die Besänftigung des Gotteszornes herbeigeführt und weniger die Gnade der Gottheit[25], so erfolgt jetzt aufgrund der das Gottesbild umprägenden Sittlichkeit, „daß die Gottheit den unwissentlich Fehlenden

wieder begnadigt und dem wissentlich Fehlenden, der für den Frevel gesühnt hat oder rituell gereinigt wurde, wieder verzeiht"[26]. Der
Gotteszorn vermag zuletzt sogar eine Entlastung für den Menschen
herbeizuführen, daß nämlich die Rache Gott obliegt „und er sie um
so sicherer besorgen wird, je mehr der Mensch sich ihrer enthält"[27].

In der religionsgeschichtlichen Gesamtentwicklung ist folglich
eine Zielrichtung auszumachen: Der Gotteszorn wandelt sich vom
willkürlichen zum heiligen Zorn, was heißt, der erzürnte Gott bindet
sich zunehmend an Recht und Gerechtigkeit; er garantiert obendrein
ein gerechtes Gericht, ja, er verordnet den Menschen göttliche Erzie-
hungsmaßnahmen. Diese Entwicklung hin zu ethisch belohnender
oder zu ethisch bestrafender Gerechtigkeit spiegelt eine offenbar allgemeine Perspektive: „Himmel, Hölle und Totengericht haben fast
universelle Bedeutung erlangt"[28].

b) Ziel der Untersuchung

Im Folgenden seien Autoren vorgestellt, die derzeitig die Diskussion
um das Phänomen des Ausbruchs wie des Schutzes vor Gotteszorn
mitbestimmen.

Erste grundlegende Informationen bietet Ralf Miggelbrinks exe-
getisch-dogmatische Habilitationsschrift ›Der Zorn Gottes‹, die eine
breite Information liefert. Daraus nur ein Zitat, das die hier favorisierte Deutung bestätigt: „So tritt das Strafhandeln Gottes in heilen-
der Absicht dem Zorneshandeln entgegen: Gerade durch die Strafen
bewahrt Gott die Sünder, indem er ihnen Gelegenheit zur Besserung
gibt, vor dem ‚Tage des Zornes'"[29].

Streng juristisch argumentiert der Staatsrechtler Josef Isensee.
Für ihn scheidet „die Intention aus, Gott vor Beleidigung zu schützen", denn „Gott ist kein Grundrechtsträger und seine Ehre kein
Rechtsgut"[30]; weiter sind „religiöse Gefühle auch kein mögliches Ob-
jekt einer staatlichen Schutzpflicht"[31]; überhaupt steht Religion „nicht
unter staatlichem Schutz"[32]. In unserer Gesellschaft gelte angesichts
der unterschiedlichen Glaubensüberzeugungen, daß „niemand ein
Recht darauf hat, von fremden Glaubensbekundungen verschont zu
bleiben"[33]; so paradox es auch klinge, „die Gotteslästerung findet ei-

13

nen grundrechtlichen Ort in der Religionsfreiheit"[34]. Einzig bleibe, daß Anhänger der beschimpften Religion nicht die Furcht haben müßten, „hierzulande leben zu müssen wie Christen in der heutigen Türkei"[35].

Einen speziellen Beitrag hat Jean-Pierre Wils beigesteuert. Jede Gotteslästerung, obwohl inzwischen längst zum Relikt erstarrt, zeige, „daß Gottes Charakter nicht nur für Liebeswallungen, sondern ebenso für maßlosen Zorn und radikale Vergeltungssucht empfänglich ist"[36]. Grundsätzlich sei zu beobachten: Je anthropomorpher das Gottesbild sei, desto weniger könne die Lästerungsanfälligkeit Gottes und mit ihr dessen Vergeltungssucht geleugnet werden[37]. Und diese Vergeltungs-rache, die zumeist monotheistischer Struktur sei, macht Wils zu sei-nem durchgehenden Thema. Die christlichen Kirchen haben nach wie vor eine monozentrische Kultur, die mit ihrer hierarchischen Struktur auf Ehre basierte, die deswegen auch Subordination verlangte und die keinen Raum ließ für selbstständiges Denken[38]. Für diese Ehre aber gilt: „Wer ehrlos geworden ist, ist antastbar", zumal angesichts einer Entehrung Gottes, sodaß der Ehrverlust vor ihm zu einer Sache von Leben und – oftmals – von Tod wird[39]. Ein blindwütiges göttliches Zorneswesen walte hier, dessen Vergeltungswillen, wie aus Bibel und Koran ersichtlich, keineswegs unterschätzt werden dürfe[40]; ja „weit-aus am radikalsten [wird] im Christentum die Orthodoxie zu einem Verfehlungspotential gefährlichster Signatur"[41]. Erst das Zeitalter der Aufklärung habe „dieses metaphysische Profil"[42] beseitigt.

Weitere Beiträge wollen aufzeigen, ob und wie das Christentum zur Menschenwürde und Freiheit beigetragen hat. Anzuführen ist dafür Tine Stein mit ihrem Buch ›Himmlische Quellen und irdi-sches Recht‹. Die Autorin führt an: „Die Vorstellung der Menschen-würde als etwas Unantastbares und Unverfügbares [rührt] tatsäch-lich wesentlich aus einer religiös-metaphysischen [Haltung her und ist] im westlichen Kulturkreis mithin der Tradition jüdischen und christlichen Denkens"[43]. Das Würde-Konzept des Menschen begrün-de sich „mit der grundstürzenden Sicht auf die Welt als Ergebnis einer göttlichen Schöpfung [des Menschen] und mit der Idee der Gottebenbildlichkeit"[44]. Daß aber diese himmlischen Quellen auch As-pekte des Gotteszornes umfassen, erscheint nur beiläufig, etwa wenn Moses den Zorn Gottes habe besänftigen müssen[45].

Von einer „Entdeckung der Freiheit im frühen Christentum"
spricht Alfons Fürst und benennt auch den hauptsächlichen Zeugen dafür, nämlich Origenes: Mit seinem Freiheitsdenken hat dieser
altkirchliche Theologe (†um 254) „die Autonomie und Würde des
Menschen grundgelegt"[46]. Auch die modernen Konzepte von Freiheit und Menschenwürde seien auf eben dieses Freiheitskonzept
zurückzuführen, das sich heute noch in den säkularen Überzeugungen widerspiegele: „Alle Menschen sind frei und gleich an Rechten
geboren, die Würde des Menschen ist unantastbar"[47]. Entstanden sei
dieser Anspruch aus philosophischen und biblischen Elementen, zumal aus dem „„Vermögen der Selbsttätigkeit'"[48], wodurch die Freiheit
in den Rang eines Glaubensartikels gehoben worden sei[49]. Sie bilde
das innere Prinzip dafür, „dass der Mensch für sein Tun und Lassen
Verantwortung übernehmen kann"[50]. Dieses Prinzip habe sich dann
säkularisiert und „Eingang gefunden in die Basisüberzeugungen der
modernen Demokratien und Staatsverfassungen"[51].

Eine teilweise Unterstützung des biblischen Anteils an der neuzeitlichen Menschenwürde liefert Ulrich Volp. Im Blick auf die historischen Wurzeln der Menschenwürde streicht er drei Punkte heraus:
Erstens sei deutlich, „daß die Frage der ‚Würde des Menschen' keine
Erfindung der Aufklärung oder der Neuzeit ist"; zweitens sei aber
auch einer reduktionistischen Sicht vom ‚christlichen Menschen-
bild' zu wehren, „die unterstellt, ‚das' Christentum habe sozusagen
immer schon gewußt, was die Würde des Menschen sei und wie sie
zu schützen sei"; drittens demonstrierten „die antiken Quellen bei
aller Aktualität auch die ‚Fremdheit' der Welt der Patristik und ihrer
anthropologischen Anschauungen"[52].

Für eine Mehrfachgeburt plädiert der Tübinger Ethiker Otfried
Höffe, formuliert anhand von drei ‚Leitorten Europas', nämlich Athen,
Rom und Jerusalem, auf deren Bedeutung schon seit langem hingewiesen wird[53] und deren bis heute unverzichtbaren Nachwirkungen
sowohl Christen wie Nichtchristen zuzumuten seien: Athen steht „für
eine autonome Wissenschaft und für eine Selbstregierung der Bürger,
Rom für eine Republik und für die Mitverantwortung professioneller
Juristen, schließlich Jerusalem für den hohen Rang eines jeden einzelnen Menschen"[54]. Für Jerusalem ist indes zu ergänzen die Sozialsorge,
daß jedwede Not der Menschen zu lindern sei[55]: „Ethik und Sorge um

den anderen sind im Christentum integraler Bestandteil des religiösen Empfindens"[56].

Die heute oft kritisch empfundene Leidenschaftlichkeit Gottes nimmt Peter Sloterdijk ins Visier: Aktuell werde diese Leidenschaft als „nur peinlich" empfunden, insbesondere seine Rache, seine Strafe oder seine Eifersucht[57].

2. Jesu Weizen-Unkraut-Gleichnis als Leitmotiv

Von vornherein ist klarzulegen, worauf diese Untersuchung hinaus will. Angesetzt wird bei den Toleranz-Worten Jesu aus dem Neuen Testament. Das herausragendste Beispiel dafür ist das Gleichnis vom Weizen und Unkraut (Mt 13,24–30), dessen Auswirkungen sich durch die ganze Christentumsgeschichte ziehen, noch bis zur Belgischen Revolution von 1831 und bis zur Deutschen von 1848, zuletzt noch bis zur Erklärung der Religionsfreiheit auf dem Zweiten Vatikanischen Konzil[58]. Jesu grundsätzlich neue Weisung lautet: Gott selbst bestraft den Frevel und nicht der Mensch. Die von Max Weber angeführte zwischenmenschliche Gewalt gegen die Gottesfrevler entfällt damit. Schon Joseph Lecler († 1988) stellte in seinem Pionierwerk ›Geschichte der Religionsfreiheit‹ fest: „Das Gebot, das Unkraut bis zur Ernte [wachsen] zu lassen, bedeutet das Verbot jeglicher körperlicher Gewaltmaßnahmen und vor allem der Todesstrafe"[59]. Helmut Zander begnügt sich mit dem Satz: „Der *locus classicus* dafür war das Gleichnis vom Unkraut unter dem Weizen (Mt 13,24–30)"[60]. Nach Rainer Forst, der eine maßgebliche Untersuchung über ›Toleranz und Konflikt‹ vorgelegt hat, ist dieses Gleichnis „für den gesamten europäischen Diskurs der Toleranz von zentraler Bedeutung", sogar „bis in die Neuzeit hinein"[61]. Vier Punkte streicht Forst heraus: Erstens: Aufgrund der Zwei-Reiche-Lehre gilt, daß die weltliche Macht keine Autorität in Religionsfragen hat. Zweitens: In Religionsangelegenheiten ist Zwang illegitim, weil er zu einem bloß erzwungenen und heuchlerischen Glauben führt, der Gott nicht gefallen kann. Drittens: In Religionsfragen ist Zwang auch insofern nutzlos, als der Glaube nicht erzwungen werden kann, vielmehr frei akzeptiert und befolgt werden muss. Viertens: Allgemeine Toleranz ist möglich, sofern sich die Religionen auf innere Überzeugungen und den Kultus beschränken[62]. Auferlegt wird den Menschen: „Laßt beides wachsen bis zur Ernte" (Mt 13,30).

Der aus dem Weizen-Unkraut-Gleichnis sich ergebende zwischenmenschliche Gewaltverzicht in Religionsdingen soll im Folgenden durchgehend aufgearbeitet werden und bringt bislang kaum beachtete wie obendrein auch überraschende Deutungen zum Vorschein.

Insbesondere wird abgestellt auf die Vermeidung körperlicher Gewaltmaßnahmen, zumal auf die Häretiker-Tötung, ohne allerdings die den Verketzerten sonst noch auferlegten Beeinträchtigungen einfachhin zu übergehen.

II. BIBEL UND ALTE KIRCHE

1. Die Bibel

Die Bibel kennt selbstverständlich den Gottesfrevel, ja sie ist sogar voll davon. Das Alte Testament bietet zahlreiche Beispiele mit allen Aspekten des Gotteszornes, zum einen mit der Vernichtung des Frevlers durch Gott selbst wie ebenso durch die religiöse Gemeinschaft, zum anderen mit erzieherisch-ethischen Intentionen zugunsten des Menschen.

a) Altes Testament: Tötung der Verfluchten

Jahwes Zorn ist anfangs lodernd: „In meiner Nase ist Feuer entbrannt. Es lodert bis in die unterste Totenwelt, verzehrt die Erde" (Dtn 32,22). Dieser maßlose Zorn wirkt absolut vernichtend; jeder Betroffene ist des Todes: „Über mich fuhr die Glut deines Zorns dahin, deine Schrecken vernichten mich" (Ps 88,17). Ein Prophet wie Elias ist dank göttlicher Autorität des Fluches mächtig: „Auf Gottes Wort hin verschloß er den Himmel" (Sir 48,3). Vom Gotteszorn wird vernichtend auch getroffen, wer als Gruppe oder Einzelner von Jahwe abfällt: „Seine Macht und sein Zorn kommen über alle, die ihn verlassen" (Esr 8,22). Beim Abfall zum Goldenen Kalb schlug Jahwe „das Volk mit Unheil, weil sie das Kalb gemacht hatten" (Ex 32,35). Der Prophet Jesaja zählt Rachedrohungen Jahwes gegen die Frevler auf: „Weh meinen Gegnern, ich will Rache nehmen an ihnen, mich rächen an meinen Feinden" (Jes 1,24). Der Prophet Ezechiel bezeugt den Einzelfall: „Wenn jedoch ein Gerechter sein rechtschaffenes Leben aufgibt [...], muß er sterben" (Ez 18,24); bei Einsicht und Umkehr allerdings „wird er bestimmt am Leben bleiben" (Ez 18,19).

Der Aspekt, daß die Gemeinschaft den Frevler tötet, überwiegt zunächst im Alten Testament. „Wer den Namen des Herrn schmäht, wird mit dem Tod bestraft; die ganze Gemeinde soll ihn steinigen" (Lev 24,16). Als das Volk das Goldene Kalb verehrt, ruft Mose zur Tötung auf: „Jeder lege sein Schwert an. Zieht durch das Lager von Tor zu Tor! Jeder erschlage seinen Bruder, seinen Freund, seinen Nächsten" (Ex 32,27). Bei einem Abfall zu den moabitischen Göttern „entbrannte der Zorn des Herrn", wobei Mose den Auftrag erhielt: „Spieße sie für den Herrn im Angesicht der Sonne auf Pfähle, damit sich der glühende Zorn des Herrn von Israel abwendet" (Num 25,4). Die schlimmste Form der Vernichtung Fremdgläubiger ist die ‚Vernichtungsweihe', wie sie in vielen Religionen anzutreffen ist: Jeder Fremdreligiöse ist zu vernichten[1]. An Israel ergeht beim Einzug ins verheißene Land die Weisung: „Wenn der Herr, dein Gott, sie [die Fremdvölker] dir ausliefert und du sie schlägst, dann sollst du sie der Vernichtung weihen" (Dtn 7,2). Sollten gar eigene Volkszugehörige „anderen Sitten dienen, wird der Zorn des Herrn gegen euch entbrennen und wird dich unverzüglich vernichten" (Dtn 7,4). Kein Zweifel, in Israel ist niemals infrage gestellt worden, „daß Gott Feinde hat und sie mit seinem Zorn verfolgt"[2]. Vom heutigen Völkerrecht aus betrachtet, „steht in Dtn 7 eine Aufforderung zum mehrfachen Genozid mit göttlicher Autorität"[3].

Daß die kultische Verunreinigung gerade für Priester galt, zeigt das Alte Testament in vielfacher Weise. Die Priester sind alle auf das Gesetz kultischer Reinheit verpflichtet, wiederum mit Todesandrohung. „Der Herr sprach zu Mose: Rede zu den Priestern [...]: Keiner darf sich an der Leiche eines seiner Stammesgenossen verunreinigen" (Lev 21,1); „er würde sich entweihen" (Lev 21,4). Weiter: „Jeder, [...] der sich im Zustand der Unreinheit den heiligen Opfergaben nähert [...], soll ausgemerzt werden" (Lev 22,3). Denn die Priester sind es, „die die Feueropfer des Herrn [...] darbringen; darum sollen sie heilig sein" (Lev 21,6). Noch das letzte Buch des Alten Testamentes warnt die Priester davor: „Ihr bringt auf meinem Altar eklige [verunreinigte] Speisen dar" (Mal 1,7).

Daß die kultische Reinheit sogar zum Krieg führen konnte, zeigt der Aufstand der Makkabäer gegen die Hellenisten, die den jüdischen Kult und den Tempel bewußt verunreinigt hatten. Judas der Makkabäer († 160 v. Chr.) stand dagegen auf, „vernichtete die Frevler im Land und wandte Gottes Zorn von Israel ab" (1 Makk 3,8)[4]; bei der Eroberung widerstrebender Orte „richten sie in ihr ein unbeschreibliches Blutbad an" (2 Makk 12, 16). Von dem aufständischen Judas heißt es: „Er [...] vernichtete die Frevler im Land und wandte Gottes Zorn von Israel ab" (1 Makk 3,8). Die Aufständischen „erschlugen die Sünder in ihrem Zorn, die Frevler in ihrem Grimm" (1 Makk 2,44). Die Verunreinigung seitens der Heiden sollte „durch das Vergießen ihres Blutes wieder entsühnt werden"[5]. Man muß eigens festhalten: Das Blut der Frevler diente zur Reinigung der von ihnen herbeigeführten Beschmutzung. In Wirklichkeit haben wir hier „einen Heiligen Krieg, der durch einen Frevel von außergewöhnlichem Ausmaß hervorgerufen wird"[6]. Letztlich galt wieder das uralte Motiv der Frevler-Tötung, nämlich die Abwendung des Gotteszorns, und die Makkabäer verstanden sich dabei als „Werkzeuge des Strafhandelns Gottes"[7].

Bei den Sühneriten, die den Gotteszorn besänftigen, unterscheidet das Alte Testament je nach Art des Gottesbildes: Zunächst ist es die Sühne durch Blutopfer, weil die Zufuhr von Blut, verstanden als Übertragung von Leben, die Gott angetane Lebensschädigung ausgleicht; später ist es dann die ethische Trias von Gebet, Fasten und Almosen[8]; anfangs also das vergossene Blut des Opfertieres[9], später dann Gebet, Buße und Wohltätigkeit[10].

Eine erste Einschränkung des prinzipiell tödlichen Gotteszornes erfolgt mit der Erkenntnis, selbiger Zorn währe nicht für alle Zeit: „Sein Zorn dauert nur einen Augenblick, doch seine Güte ein Leben lang" (Ps 30,6). Sofern Gott weiterhin strafen muß, so nur dann, „wenn er es gern vermeiden möchte"[11], was bedeutet, „dass Gott seinen Zorn unter Kontrolle hat"[12]. Zuletzt leuchtet im Alten Testament die Hoffnung auf, daß Gott mit seinem Zorn die Herzen der Menschen prüfe und keine Vernichtung wolle: „Er [Gott] wird sich euer erbarmen" (Jer 42,12). Das Gottesgericht wandelt sich dadurch vom göttlichen Zorn zur menschlichen Umerziehung: Nicht will Gott ein Strafgericht, „sondern der Herr züchtigt seine Freunde, um sie zur Einsicht zu führen" (Jdt 8,27). Der Gotteszorn ist hier endgültig ins Ethische gewendet, wird zum Ausdruck göttlicher Erziehung: „Wohl dem Mann, den Gott zurechtweist" (Ijob 5,17). Jesaja ermahnt zum Wohltun, insbesondere für den Nächsten: „Laßt ab vom bösen Treiben

[...] Lernt Gutes tun! Sorgt für das Recht! Helft den Unterdrückten! Verschafft den Waisen Recht, tretet ein für die Witwen" (Jes 1,16 f.). Für den Einzelnen entsteht dadurch eine neuartige Sühnemöglichkeit, nämlich „nicht mit der Darbringung von noch so zahlreichen, kostbaren oder gar abnormen Opfergaben, sondern mit seinem Ethos, das auf dem inneren Zusammenhang von Gottes- und Nächstenliebe beruht"[13]. Aber nicht nur wird von Menschen Sühne verlangt, auch Gott selber kann sühnend und schützend herbeieilen. Der Prophet Maleachi schließt seine Botschaft mit dem überhaupt letzten Wort im Alten Testament: Gott werde das Herz wenden, „damit ich nicht kommen und das Land dem Untergang weihen muß" (Mal 3, 24). Die Gesamtentwicklung zielt nunmehr auf „Heiligkeit statt Zorn"[14].

Das Gesamturteil des Alttestamentlers Bernd Janowski bleibt doppelpolig: „So bleibt zum Schluss die doppelte Einsicht, dass die alttestamentlichen Aussagen über den Zorn Gottes ‚nur um den Preis der Halbierung der Gottesrede' verschwiegen, entschärft oder abqualifiziert werden *und* dass sie nur zusammen mit der Gerechtigkeit und Liebe Gottes oder genauer: als Modus seiner Gerechtigkeit und Liebe zu verstehen sind"[15]. Der so unendlich schwerfallende Schritt zur Überwindung der religiösen Gewalt „ist im Alten Testament nicht konsequent zu Ende gegangen worden"[16].

b) Neues Testament: Segnen statt Verfluchen

Das Neue Testament bietet für die Behandlung der Frevler grundsätzlich neue, sogar zukunftsweisende Perspektiven: Den Gottesfrevel straft allein Gott, nicht aber straft ihn irgendein Mensch. Vom religionsgeschichtlichen Hintergrund her beschwört der Fluch gegen einen Anderen immer zuerst Unheil herab, und er kann in aller Regel auch nicht mehr zurückgenommen werden[17]. Diese unwiderrufliche Unheilsherabrufung aber hat Jesus den Menschen verboten und durch Segnen zu ersetzen geboten: „Segnet, die euch verfluchen; betet für die, die euch verfolgen" (Lk 6,28). So konnte der Fluch in Jesu Verkündigung keinen Platz mehr behaupten[18], und das war „das grundsätzlich Neue"[19].

Tatsächlich blieben Jesu Fluchverbot wie sein Segensgebot in Erinnerung. Bei Paulus (†um 60/68) findet es sich als eines der wenigen Jesuszitate in folgender Version: „Segnet eure Verfolger; segnet sie, verflucht sie nicht" (Röm 12,14). Der erste Petrusbrief wiederholt kurzab: „Statt dessen segnet" (1 Petr 3,9). Ebenso begegnen die beiden Aspekte von Segen und Fluch in der noch vor dem Jahr 100 entstandenen ›Zwölf-Apostel-Lehre‹: „Segnet, die euch verfluchen und betet für eure Feinde"[20]. Geradezu aufregend ist, wie der Jakobusbrief dieses Fluchverbot und Segensgebot begründet: Mit ein und derselben Zunge „preisen wir den Herrn und Vater, und mit ihr verfluchen wir Menschen, die als Abbild Gottes geschaffen sind" (Jak 3,9). Die Gottebenbildlichkeit wird hier als die von Gott her höchste Qualifikation des Menschen aufgefaßt, die zugleich auch verbietet, einen Anderen im Namen desselben Gottes zu verfluchen.

Das Segensgebot Jesu wie sein Fluchverbot sind die Grundlage auch für die Auslegungsgeschichte des Weizen-Unkraut-Gleichnisses. Selbiges Gleichnis ist Rainer Forst zufolge für die christliche Toleranz „die prominenteste Stelle"[21]. Die weiteren Konsequenzen sind: Erstens: „Allein das Wort ist demnach die Waffe des Christen, nicht irdischer Zwang oder Gewalt"[22]; zweitens: „Der Staat hat kein religiöses Zwangsrecht, die Religion kein politisches"[23]. Das bedeutet: Das Christentum ist erstens verpflichtet, im Wettkampf der Religionssysteme allein auf die Überzeugungskraft des Gotteswortes zu vertrauen, mit der zusätzlichen Konsequenz noch, von sich aus keine Tötung der Frevler vorzunehmen; es ist zweitens verpflichtet, keine Staatsgewalt für die eigene Sache zu beanspruchen, weder für die Ausbreitung des Glaubens noch für die Verfolgung der Frevler; ein ‚weltlicher Arm', der Ketzertötung vollzieht, ist damit undenkbar. Das Gleichnis vom Fischernetz mahnt ähnlich, daß Gott mit der Scheidung von Guten und Bösen wartet bis zum Ende der Tage: „So wird es auch am Ende der Welt sein: Die Engel werden kommen und die Bösen von den Gerechten trennen" (Mt 13,49). Dem hier primär behandelten Weizen-Unkraut-Gleichnis ist ein ähnlich klingender Ausspruch Johannes des Täufers (†um 29) anzuschließen: „Schon hält er [der Menschensohn] die Schaufel in der Hand; er wird die Spreu vom Weizen trennen und den Weizen in seine Scheune bringen; die Spreu aber wird er in nie erlöschendem Feuer verbrennen" (Mt 3,12).

Noch weitere von Jesus vorgebrachte Toleranz-Worte sind anzuschließen. Bei einem Aufenthalt Jesu in Samarien, dem Land der nicht vollgläubigen Juden, bedrängen ihn seine Jünger, doch das Feuer des Gotteszornes herabzurufen; aber da „wies er sie zurecht" (Lk 9,55). Angesagt wird göttliche Gelassenheit: „Gott läßt seine Sonne aufgehen über die Guten und Bösen" (Mt 5,45). Desweiteren bezeugt Jesus die Ausweitung des Frevels ins Soziale, nämlich den Gotteszorn für mangelnde Hilfsbereitschaft unter Menschen und den Gottessegen für überfließende Wohltaten. Ihnen, den Barmherzigen, wird verheißen: „Kommt, die ihr von meinem Vater gesegnet seid" (Mt 25,34). Entscheidend wirkt die Alternative: „Was ihr für einen meiner geringsten Brüder getan habt, das habt ihr mir getan [...]. Was ihr für einen dieser Geringsten nicht getan habt, das habt ihr auch mir nicht getan" (Mt 25,40.45). Sowohl Belohnung wie Verwerfung geschehen weiterhin in Gottes Endgericht: „Ewiges Leben und ewige Strafe sind die Folge des Spruchs des Weltrichters"[24].

Aber nicht nur von der Austauschung des Fluchens gegen das Segnen hat Jesus gesprochen; er sprach auch von dem Anstoß erregenden Ärgernis, was die Vulgata mit *scandalum* wiedergibt: „Wehe der Welt mit ihrer Verführung" (Mt 18,7; Vulgata: *Vae mundo a scandalis*). Die Wörter σκανδαλίζειν und σκάνδαλον gebraucht Matthäus hauptsächlich in der Bedeutung „Abfall von Glauben", was sich nicht einfach im Abfall zu einer Irrlehre äußert, sondern „in konkreten Taten, die dem Willen Gottes nicht entsprechen"[25]. Sogar Petrus (†um 64?) erhielt von Jesus entgegengeschleudert: „Du bist mir ein Ärgernis" (Mt 16,23; Vulgata: *scandalum es mihi*). Petrus wirkt hier deswegen anstößig, „weil er nicht nach Göttlichem, sondern nach Menschlichem trachtet"[26]. Dennoch bleibt es dabei, daß Gott letztgültig im Endgericht die Bestrafung vollzieht, wenn nämlich der Menschensohn seine Engel aussendet, welche „alle Ärgernisse zusammenholen" (Mt 13,41; Vulgata: *colligent* [...] *omnia scandala*), womit wir wieder beim Weizen-Unkraut-Gleichnis sind.

Nun hat aber Jesus laut Markusevangelium selber eine Verfluchung ausgesprochen, die aus dem Munde Petri bezeugt ist: „Rabbi, sieh doch, der Feigenbaum, den du verflucht hast, ist verdorrt" (Mk 11,21). Die neuere Exegese deutet diese Verfluchung von Jesu Ablehnung des Tempels her: „Der Tempel, der wie der Feigenbaum seine Frucht nicht bringt, wird verflucht"[27]. Matthäus stellt einen anderen

Zusammenhang her, nämlich die absolute Notwendigkeit, Früchte zu bringen: „Jeder Baum, der keine guten Früchte hervorbringt, wird umgehauen und ins Feuer geworfen" (Mt 7,19). Dieses Feuer ist dann nicht mehr Sache der Menschen, sondern Sache Gottes. Die Gemeinde soll das göttliche Gericht nicht vorwegnehmen. „Das Gericht über die Falschpropheten wird der Weltenrichter selbst vollstrecken"[28]. Oder zusammengefaßt: Das Gebot Jesu, statt zu fluchen vielmehr zu segnen, bildet mit seiner Forderung, keine vorzeitige Verurteilung auszusprechen, die Grundlage für unser Gleichnis.

Von Anfang an ist unser Gleichnis auch dahin verstanden worden, keine Ketzer hinzurichten. Peter Sloterdijk gibt dem Unterschied zwischen dem alttestamentlichen, gewaltgebietenden und sich rächenden Jahwegott und dem neutestamentlichen gewaltlosen Vatergott einen pikanten Dreh: „Mit dem Jahwe der jüdischen Schriften hatte die christliche Umbeschreibung Gottes natürlich nur sehr wenig zu tun"[29]. Viel eher dürfte eine religionsgeschichtliche Entfaltungsgeschichte zur Innerlichkeit vorliegen.

c) Eid als verbotene Selbstverfluchung

Zwei Mal findet sich im Neuen Testament das Schwurverbot, einmal in Jesu Bergpredigt: „Schwört überhaupt nicht" (Mt 5,34), sodann im Jakobusbrief: „Vor allem meine Brüder schwört nicht" (Jak 5,12). Jeder Schwur ruft religionsgeschichtlich den Zorn Gottes auf denjenigen herab, der Falsches beschwört, wofür sich der Schwörende zuvor selbst dem vernichtenden Gotteszorn unterstellt hat. Max Weber zufolge nimmt jeder Eid den Charakter der Selbstverfluchung und Herabrufung göttlichen Zornes an[30]. Folglich beruht der Eidschwur auf einer ‚Selbstverfluchung' bei gleichzeitiger ‚Herabrufung des göttlichen Zornes'[31]. Als solcher ist der Eid ein „ethnologisches Urphänomen"[32]. Oder mehr bildhaft: „Der Eidbrüchige ist ein wandelnder Leichnam"[33]. Jesu Verbot des Schwureides gilt als neuartig und ist zugleich als unrealisierbar aufzufassen: „Er zieht wohl als erster [...] gegenüber dem Eid die Konsequenz eines grundsätzlichen Verbotes"[34]. Diese Erstmaligkeit ging allerdings an der realen Wirklichkeit vorbei; denn den Eid in seiner gesamtgesellschaftlichen Auswirkung zu erfassen, erfordert dessen uneingeschränkte Anerkennung im Sozialgefüge[35]. Der Eid bildet die Grundlage nicht nur für Unterwerfungs- und Genossenschaftsverträge, sondern auch für Fälle des täglichen Lebens wie Ehen, Mitgiften, Testamente und Geschäfte[36]. Die ganze Vorzeit – so der Rechtshistoriker Peter Landau – kannte sowohl den promissorischen Eid, also das eidlich zugesicherte Versprechen für künftiges Verhalten, wie auch den assertorischen Eid, also das eidlich bestätigte Aussprechen von Tatbeständen[37].

Angesichts der Realitätsferne des neutestamentlichen Eidverbotes kann es kaum überraschen, daß die Kirche innerhalb kürzester Zeit das Verbot des Eides aufhob und ihn in ihrem Innern einführte[38]. In die kirchliche Praxis drängten sich sowohl der Amtseid ein wie auch der Reinigungseid: Man unterstellte sich dafür dem Zorn Gottes und, sofern dessen Zornesblitz nicht dreinfuhr, betrachtete man sich im Amt als bestätigt und bei Vorwürfen als gereinigt[39]. Es war also „die Kirche, die in ihrer Geschichte die zentrale Bedeutung des Eides mit ihren Normen und Sanktionen gestützt hat"[40].

2. Drei hermeneutische Zwischenbemerkungen

Einzuschieben sind hier drei grundsätzliche Überlegungen über Gewalt und Krieg. Es geht um die gerade heute als ungeheuerlich empfundene Frage, ob der Mensch andere Menschen töten darf. So erschreckend es klingt: Er darf und muß es gelegentlich sogar. Der Grund ist durchaus einsichtig: Als rechtliche Minimalforderung gelten heute „das Verbot von Mord, Sklaverei, Folter und Genozid"[41]. Um dieser Mindestanforderung zu entsprechen, bedarf es der Gegengewalt, die der Unterdrückungs- und Tötungsabsicht entgegentritt. Während im Deutschen unterschiedslos von Gewalt gesprochen und damit eine undifferenzierte Sichtweise befördert wird, unterscheiden andere Sprachen entsprechend der lateinischen Unterscheidung von *violentia* und *potestas/auctoritas* in Willkürgewalt und Rechtsgewalt. Im Deutschen setzen wir das Wort ‚Gewalt' mit dem englischen und französischen ‚violence' gleich, benutzen es also für gewöhnlich „rein negativ und moralisch abwertend"[42].

a) Willkürgewalt und Rechtsgewalt

Willkürgewalt und Rechtsgewalt betreffen auch das Neue Testament. Offenkundig hat Jesus im Hinblick auf die Rechtsgewalt „Militär als zu dieser irdischen Ordnung gehörig angesehen"[43]. Erstaunlicherweise ist aus der Frühzeit des Christentums „kein polemisches Logion gegen die römische Herrschaft überliefert"[44]. Überhaupt sind von Jesus keine Taten oder Worte überliefert, aus denen eine eindeutige Stellung zur Frage des Militärdienstes erkennbar wird[45]; selbst eine den Soldatenstand herabmindernde Bewertung findet sich im Neuen Testament nicht[46]. Die Akzeptanz des römischen Militärs ist umso erstaunlicher, als die Juden wie kein anderes Volk der römischen Oberherrschaft „so nachhaltig und beharrlich, sowohl politisch wie vor allem geistig, Widerstand geleistet"[47] haben. Und das, obwohl doch den Juden ungewöhnliche Sonderrechte eingeräumt waren: kein Militärdienst, das Recht auf Synagogen, die Beibehaltung bestimmter religiöser Eigenheiten[48], sogar die Todesstrafe bei Betreten des inneren Tempelbezirkes[49]. Lukas, sowohl Verfasser des nach ihm benannten Evangeliums wie der Apostelgeschichte, zeigt sich besonders der römischen Herrschaft zugeneigt. Er legt Johannes dem Täufer das Mahnwort an Soldaten in den Mund: „Mißhandelt niemand, erpreßt niemand, begnügt euch mit eurem Sold" (Lk 3,14). Bei der in der Apostelgeschichte wiedergegebenen jüdischen Anklage gegen Paulus vor dem Statthalter Felix beginnen die jüdischen Autoritäten mit einer devoten Verbeugung: „Tiefen Frieden genießen wir durch dich, und durch deine Umsicht hat sich für dieses Volk vieles gebessert. Das erkennen wir immer und überall mit großer Dankbarkeit an" (Apg 24,2 f.). Die bei Lukas erwähnte Aufforderung Jesu, wer kein Schwert besitze, solle sich eines erwerben (vgl. Lk 22,36), zielte nicht auf Aufruhr oder Krieg ab, sondern gehörte zur normalen Verteidigungsbereitschaft gegen Räuber und wilde Tiere[50]. Insbesondere Paulus ist anzuführen; er hält gegenüber möglichen Vorstellungen, daß Christen der Staatspflicht enthoben sein könnten, den Gehorsam gegenüber der Staatsgewalt wie auch die Steuerabgabe für eine christliche Pflichtigkeit (vgl. Röm 13,1–7). Diese Mahnung bewegt sich auf der gleichen Ebene „wie die Anweisung Jesu, dem ‚Kaiser zu geben, was des Kaisers ist, und Gott, was Gottes ist' (Mk 12,12–17 par

Mt 22,15–22 par Luk 22,20–26)"[51]. Aus der Notwendigkeit heraus, der Willkürgewalt entgegenzutreten, wird durchaus verständlich, daß Jesu Wort aus der Bergpredigt ‚Selig, die Verfolgung leiden‘ (vgl. Mt 5,11) im Laufe der weiteren Christengeschichte auch umgedreht werden konnte: „Selig, die Verfolgung ausüben wegen der Gerechtigkeit"[52], nämlich aus Gründen der rechtlich nötigen Gegenwehr.

Beim Problem von Rechts- und Willkürgewalt wird allerdings auch klar, daß die Rechtsgewalt sich immer an Legitimität und Ethik binden muß, dadurch aber oft genug einer rechtlos agierenden Willkürgewalt unterlegen bleibt[53]. Oder aktuell: Wenn der Mensch zur anonymen Bombe wird, ist er den regulär Kämpfenden haushoch überlegen; dem Aussehen nach erklärt er sich zum Zivilisten, beansprucht aber, aufzusteigen zum religiös hochbelohnten Märtyrer[54].

b) Objektive und subjektive Religionsepochen

Hermeneutisch wichtig ist eine Beobachtung von Wolfgang Speyer, daß jede Religionseinstellung historisch gemäß ihrer Entfaltung verstanden werden muß; je nach Mentalitätsepoche sind sowohl die Religionsfreiheit wie der Religionszwang unterschiedlich aufzufassen. Demnach ist zuzuordnen „die Intoleranz mehr einer objektiven, einer mythisch-bestimmten Epoche, die Toleranz mehr einem subjektiven und entsakralisierten Zeitalter"[55]; immer bleibt die Toleranz „an geistige Prozesse gebunden, die innerhalb der Hochkulturen in Spätphasen auftauchten"[56].

Die Unterschiede von ‚objektiv‘ und ‚subjektiv‘ haben direkte Folgen für die Herausbildung der Religionsfreiheit, ebenso für das Konzept der Menschenrechte: Sofern diese Phänomene das Ergebnis des neuzeitlich subjektiven Empfindens und Denkens sind, kann man die modern verstandene Toleranz kaum auf solche Epochen übertragen, die unter andersartigen psychisch-geistigen Religionsbedingungen standen[57]. Wenn frühe Kulturen sich nur dadurch bewahren zu können glaubten, „wenn sie die Fremden und das Fremde abwehren"[58], so vermag erst auf einer entfalteteren Stufe „eine Kultur sich bis zu einem gewissen Grad zu öffnen"[59]. Zu dieser Öffnung kann allerdings Gewalt erforderlich sein. Zudem sind die sozio-kulturellen

Vorbedingungen einzubeziehen, die den Prozeß der Verinnerlichung überhaupt erst in Gang bringen, so das Lesen-Können, das Über-sich-selbst-Nachdenken, die Weckung der Introspektion[60].

c) Gottglauben wider Gottlosigkeit

Dieser Prozeß der Öffnung vom ,Objektiven' zum ,Subjektiven' ist gerade auch im Christentum abgelaufen: einsetzend schon im Neuen Testament, dann getrübt im Frühmittelalter, neu entfacht in der Scholastik und hell leuchtend in der Neuzeit. Auch der Soziologe Hans Joas anerkennt diese Wandlungen „als Ausdrucksformen tiefliegender Transformationsprozesse"[61]. Die von ihm angeführten Beispiele der Folterabschaffung und Sklavenbefreiung sind in Wirklichkeit keineswegs rein neuzeitlich, haben vielmehr vorausliegende Vorstufen[62]. Walter Burkert, der gegenüber dem Fortschrittskonzept einer sich stetig höher entwickelnden personalistischen Ethik durchaus abgeneigt ist, muß dennoch eingestehen: „Die genaue juristische Aufarbeitung des Schuldbegriffs mit der Problematik von freiem Willen und persönlicher Verantwortung gehört demgegenüber natürlich einer fortgeschrittenen, aufgeklärten Kultur an"[63].

Das Christentum hat diese Innerlichkeit beherzt vorangetrieben. Paulus fordert dazu auf, selbst wenn dabei unser äußerer Mensch aufgerieben werde: „der innere wird Tag für Tag erneuert" (2 Kor 4,16), wobei dieser innere Mensch als derjenige erscheint, „wie Gott ihn gemeint hat"[64]. Der Patristik zufolge hat Jesus deswegen das Bild des Menschen angenommen, „um im Menschen das Bild Gottes wiederherzustellen"[65]. Für Clemens von Alexandrien († 212) hat jeder Gläubige „in Christus den Logos als diesen Inneren Menschen zu betrachten"[66]; Origenes († um 254) deutet die Gottebenbildlichkeit des Menschen als Geburt des Inneren Menschen[67]. Augustinus († 430) bringt 185 Belege für den inneren Menschen (*interior homo*)[68]. Wir werden diese christlich gebotene Verinnerlichung in unserer Thematik durchgehend wiederfinden.

Weiter ist einzuschieben, daß die gesamte vorneuzeitliche Welt sich von wie immer gedachten Übermächten abhängig glaubte, hat darum ihre Gunst fürs eigene Wohlergehen erfleht wie zugleich ihre Strafe ob erregten Gotteszornes befürchtet. Die Bezeichnung Atheismus diente in der Antike zur Charakterisierung solcher Gruppen, „die sich an dem durch Alter legitimierten religiösen Kultus nicht beteiligten"[69]. Unter solcherart Voraussetzungen war keine moderne Religionstoleranz möglich, und zwar aus zwei Gründen, einem verständlichen und einem gesellschaftlichen: Allgemein wurde erwartet, „daß der Gottesgedanke ein sicheres Besitztum der menschlichen Vernunft sei"[70] und daß Gottesglauben „zu den Grundforderungen der gesellschaftlichen Existenz früherer Kulturen" gehörte[71].

Nehmen wir als Beispiel Rom. Die römische Religionspraxis, die meist als kultliberal hingestellt wird, kannte sowohl Gottesgefolgschaft wie Gotteszorn: „Das Hören auf die göttliche Willenskundgebung ist darum auch ein Grundzug römischer Religiosität und – da Kult und Religion das Fundament der *res publica* waren – zugleich römischer Politik"[72]; ja man hegte die Überzeugung, „daß das Imperium Romanum mit der Religion steht oder fällt"[73]. Der mit dem Imperium Romanum erreichte Erfolg schien evident: „Die Größe Roms ist der Lohn der Götter für die einzigartige römische Religiosität"[74]. Intolerant reagierten die Römer, sobald eine religiöse Haltung den Bestand des Großreiches gefährdete[75]. Deswegen auch richtete sich der allgemeine Zorn gegen die den römischen Kaiser-Kult ablehnenden Christen; sie standen als Reichsfeinde da, welche die religiösen Grundlagen des Imperium Romanum und die sakrale Würde des Kaisertums nicht anerkannten und damit die Herrschaft Roms wegen des politisch-religiösen Charakters ablehnten. Angesichts der wachsenden Zahl von Christen und ihrer zunehmenden Verbreitung lag es nahe, „in ihnen die oder wenigstens eine Ursache des Götterzornes zu vermuten"[76]. Unter solchen Voraussetzungen konnte der Gottesglaube nur als allgemeinpflichtig gelten, und Gottlosigkeit mußte notwendig verurteilt werden. Die hermeneutische Konsequenz lautet: Wir können heute die altübliche Pflicht der Gottesverehrung nicht länger als Mangel an Religionstoleranz auffassen. Denn zuvor gehörten zur möglichen Erklärung von Welt und Mensch immer auch die Übermächte, deren Verehrung deswegen unabdinglich war. Erst die Moderne bezieht in die Religionsfreiheit auch den Atheismus ein: Eben das war zuvor anders. Paul Veyne hat die Religionspflichtigkeit der

Antike mit dem Weizen-Unkraut-Gleichnis verglichen und als antike Ausdeutung wiedergegeben: Gemäß antiker Auffassung würde „das Unkraut der Gottlosen [...] die guten Bürger ersticken"[77]. Gemeinhin gelten als erste Zeugen der Religionsfreiheit die christlichen Theologen Tertullian (†um 220) und Laktanz (†um 317). Tertullian erklärte, „ob nicht auch dies auf die Anschuldigung der Gottlosigkeit hinausläuft: die Freiheit der Gottesverehrung wegzunehmen und die Wahl der Gottheit zu untersagen, so dass ich nicht verehren darf, wen ich will, sondern gezwungen werde, einen zu verehren, den ich nicht verehren will"[78]. Laktanz erklärte: „Die Religion ist mehr als alles Sache der Freiwilligkeit, und man kann von niemand erzwingen, daß er etwas verehre, was er nicht will"[79]. Jüngstens aber ist beiden wegen des auch bei ihnen vorausgesetzten Glaubens an die Übermächte wie auch des Glaubens an die Vernichtung der Gottesfrevler entgegengehalten worden, daß, entgegen weitverbreiteter Forschungsmeinung, deren Religionsfreiheit keine Allgemeingültigkeit besitze: Wie schon Tertullian, so könne auch Laktanz nicht als Begründer des Prinzips der Religionsfreiheit gelten[80]. Ein solches Urteil kann nur fällen, wer das derzeitige Konzept von Religionsfreiheit in die Vergangenheit zurückprojiziert.

Mit unserer heutigen Auffassung von Religionsfreiheit, die immer auch den Atheismus einschließt, tut man einer Weltdeutung Unrecht, für die aller Atheismus unsinnig, ja gemeingefährlich war. Als hermeneutische Forderung ist darum zu formulieren: „Die Nicht-Unterscheidung von Religion und Politik in der Antike gehört zu den historischen Phänomenen, die wir als Menschen der Moderne im westlichen Europa nach der Aufklärung vermutlich am wenigsten noch wirklich nachvollziehen können"[81].

3. Der eschatologische Vorbehalt

a) Allein Gott urteilt – nicht verflucht der Mensch

Jesus hat zu segnen statt zu fluchen geboten (vgl. Lk 6,28). Eine der
Folgen dieses Fluchverbots war, daß ein von der Christengemeinde
oder von den kirchlichen Autoritäten ausgesprochener Fluch allenfalls nur vorläufig währte; Erstaufgabe blieb stattdessen das Segnen.
Für das menschliche Vorgehen gegen Frevler bedeutete Jesu Fluchverbot eine grundsätzliche Einschränkung, nämlich die Nachordnung
allen menschlichen Urteilens hinter das Letzturteil Gottes. Fachtermi-
nologisch wird die Letztgültigkeit des von Gott ergangenen Urteils
wie ebenso die Vorläufigkeit des von Menschen ausgesprochenen Urteils als „eschatologischer Vorbehalt"[82] bezeichnet: „Erst das Gericht
offenbart die [Töchter und] Söhne Gottes"[83].

Religionsgeschichtlich gilt zunächst, daß Gott selber die Frevler
mit eigener Hand trifft. In auffallenden und übernatürlich erschei-
nenden Todesarten erblickter man den Zorn der Götter gegen ihre
Feinde, nämlich „im Tod durch den Blitz und in furchtbaren Krank-
heiten des Geistes und Leibes"[84]. In dieser Weise haben die Griechen
„vielleicht mehr als andere Völker des Altertums den Fluchaspekt
der Götter erlebt und über ihn nachgedacht"[85]. Doch konnte sich der
Frevler durch eigene Sühnehandlungen selber retten: „Die religiöse
Leistung brachte die Versöhnung zustande und nicht so sehr die Gnade der Gottheit"[86]. Und die Christen? In der Auffassung, daß Gott
seine Feinde bestrafe und elend umkommen lasse, „stimmen Heiden,
Juden und Christen überein"[87]. Die Christen folgten hier zunächst
und zuerst dem allgemein Üblichen. Gleichwohl hat die Alte Kirche
konsequent auf die Tötung der Frevler verzichtet, und „grundsätzlich
gelehrt, daß jeder Frevler und Gottesfeind durch Reue und Buße Versöhnung erlangen kann"[88].

Zwei Beispiele aus der Apostelgeschichte zeigen die Erstinitiative
Gottes in der Frevler-Bestrafung. Das dort wiedergegebene Schicksal
des Hananias und seiner Frau Saphira, die ihr Hab und Gut verkauften, aber einen Teil betrügerisch zurückbehielten und dafür tödlich
bestraft wurden, galt als neutestamentliche Bestätigung für die von

Gott selbst weiterhin vollzogene Tötungsstrafe an den Frevlern: „Du hast nicht Menschen belogen, sondern Gott. Als Hananias das hörte, stürzte er zu Boden und starb" (Apg 5,4 f.). Die *Hananias-Saphira*-Geschichte reaktiviert religionsgeschichtlich „sehr alte Anschauungen" und ist dennoch auch eine „wahrhaft revolutionäre Neuerung"[89]; denn der Frevel war „das Belügen des heiligen Geistes"[90], was den physischen Tod zur Folge hatte, und zwar durch Gott selbst, nicht aber durch Menschen. Anders jedoch bei Simon, dem ‚Zauberer', der den Aposteln frevlerisch die Wundermacht abkaufen wollte; er erhält die Aufforderung, Gott um Verzeihung zu bitten: „Bitte den Herrn; vielleicht wird er dir dein Ansinnen vergeben" (Apg 8,22).

Überdeutlich macht das Ertragen der Bösen das Weizen-Unkraut-Gleichnis mit seiner Aufforderung ‚Lasset beides wachsen'. Der Hausherr antwortet auf die Frage der Knechte: „Sollen wir gehen und es [das Unkraut] ausreißen? Nein, sonst reißt ihr zusammen mit dem Unkraut auch den Weizen aus. Laßt beides wachsen bis zur Ernte" (*sinite utraque crescere*); „wenn dann die Zeit der Ernte da ist, werde ich den Arbeitern sagen: Sammelt zuerst das Unkraut und bindet es in Bündel, um es zu verbrennen; den Weizen aber bringt in meine Scheune" (Mt 13,24–30). In einer von Jesus selbst beigefügten Erklärung sind am Ende „die Arbeiter bei dieser Ernte die Engel" (Mt 13,39). Exegetisch bleibt eindeutig: „Die matthäische Parabel gibt die Scheidung allein und ausschließlich in die Hand des Weltrichters"[91], dessen letztgültiges Urteil definitiv in die Zukunft verlegt ist. Nicht haben Menschen das Urteil über ‚gut' und ‚böse', über ‚Unkraut' und ‚Weizen' zu fällen[92]; sogar all diejenigen werden als ‚Unkraut' ausgesondert, „die jetzt bereits jäten und [...] die Unkraut-Brüder aussondern wollen"[93]. Das Letzturteil konzentriert sich ganz auf Gott: „Es ist Gott allein, der die letzte Entscheidung über einen Menschen trifft." Die Konsequenz lautet: „Jeglichem innerweltlichen Richten [in Religionsdingen] von vornherein den Boden zu entziehen"[94].

Gegen die Toleranz-Deutung des Weizen-Unkraut-Gleichnisses hat man eingewendet, daß dem Unkraut nicht um seiner selbst willen, sondern um des Weizens willen vorläufige Schonung widerfahre[95]. Tatsächlich aber ist dem Unkraut insofern bleibende Bedeutung beizumessen, als es sich im Himmel, sofern von Menschen vorzeitig oder fälschlich ausgerissen – wie nachfolgende Ausdeutungen zeigen – als die überlegene Wahrheit erweisen könnte. Das Unkraut hat folglich die Möglichkeit des eschatologischen Sieges, aber nur insofern, als es von Menschen vorzeitig ausgerissen wird.

Der philosophisch wie theologisch gebildete Laktanz bewegt sich strikt innerhalb des von der Alten Kirche vorgegebenen Toleranz-Rahmens. Er setzt dabei voraus, daß allein Gott seine frevelnden Feinde vernichtet: „Der Herr hat sie ausgetilgt und weggefegt von der Erde"[96]. Den Gotteszorn verteidigt Laktanz insbesondere gegen die Stoa, weil sonst nur eine empfindungslose Gottheit übrigbleibe. Doch eine Tötung von Menschen durch Menschen verabscheut Laktanz: „Was ist so schauerlich, was so entsetzlich als die Hinschlachtung eines Menschen? Darum steht unser Leben unter dem Schutz der strengsten Gesetze, darum sind die Kriege verabscheuenswert"[97]. Folglich verbietet sich den Menschen auch jegliche Exekution des Gotteszornes: „Töricht und unnütz ist es also, sich zum Rächer der Götter aufwerfen zu wollen"[98]. Immer mußte erhofft werden, daß Menschen sich selbst wandeln: „Wie viele sind später aus Sündern Gerechte geworden, wie viele aus Bösen gut, wie viele aus Unzüchtigen enthaltsam!"[99] Ein Doppeltes sei vom Menschen zu fordern: die Freiwilligkeit der Gottesverehrung und obendrein kein Zürnen gegen die Gottesverweigerer. „Wir erwarten nicht, daß jemand unseren Gott gegen seinen Willen [...] verehrt, noch daß wir, wenn jemand ihn nicht verehrt, ihm deswegen zürnen. Wir vertrauen auf seine [Gottes] Hoheit, welche seine eigene Verachtung wie auch die Mühsale und Unrechtstaten seiner Diener rächt. Wenn wir deswegen Unsägliches erleiden, klagen wir mit keinem Wort, sondern überlassen Gott die Rache; nicht wie jene handeln wir, die sich als Verteidiger ihrer Götter ansehen wollen und wild wüten gegen die Nicht-Verehrer"[100]. Das ist freier Eintritt zu Gott hin und strafloser Austritt von Gott weg. Rainer Forst findet in dieser Position des Laktanz „ganz zentrale, für die Zukunft des Toleranzdiskurses wegweisende Argumente genannt"[101].

Mit der weiteren Aussage freilich, daß Gott die seinen Dienern zugefügten Unrechtstaten selber räche, konstruiert Laktanz eine Entsprechung zwischen dem Tod der Christenverfolger und deren jeweiliger Todesart, nämlich „als Folge eines göttlichen Strafgerichts"[102]. Ein Blick auf die religiöse Welt der Antike erweist die Selbstverständlichkeit dieser göttlichen Bestrafung: „Gerade Strafwunder zeigen, wie verbreitet der Glaube an diese besondere Form der Vergeltung war"[103]. Dementsprechend lassen schon die alten Märtyrerberichte die am Martyrium Beteiligten dem Gotteszorn verfallen, der sie verwirrt und sogar gegeneinander gewalttätig werden läßt. In seiner Abhandlung über die Todesarten der Christenverfolger sieht Laktanz direkt Gottes Hand am Werk: „Die, welche die Gerechten zu Tode gequält haben, haben unter Schlägen von Gottes Hand in verschiedenen Qualen die schuldige Seele ausgehaucht"[104]. Aber immer ist es Gott, der bereits vorzeitig straft: „Als vermutlich erster christlicher Geschichtsphilosoph sucht Laktanz nach sichtbaren Beweisen für die These, Gott als Herr der Geschichte lasse das Endgericht bereits durch Ereignisse in dieser Welt anbrechen"[105]. Diese Deutung setzte sich fest. Der Tod des Hananias zieht sich als Beweis dafür, daß Gott selber den Frevel straft, durch die ganze weitere Geschichte. Das ›Dekret‹ Gratians wiederholt es[106]; noch in den Konfessionskämpfen des 16. Jahrhunderts wird darauf verwiesen[107].

Halten wir fest: Der eschatologische Vorbehalt auferlegt den Menschen, vor Gottes letztgültigem Gericht kein vorzeitiges Urteil auszusprechen, erst recht keine Hinrichtung vorzunehmen. Alle zwischenmenschliche Religionsgewalt wird den Menschen verboten, sowohl mittels Wort wie entschiedener noch mittels leibbezogener Strafen. Der Grund dafür lautet: „Das Neue Testament fordert von der Kirche absolute Gewaltlosigkeit"[108]. Für den Menschen bedeutet das eine Entlastung: Weil Gott es übernimmt, den Bösewicht zu strafen, kann der Mensch darauf verzichten, dem Gottesfeind im Namen Gottes Vergeltung anzutun[109].

b) Gotteszorn im neutestamentlichen Endgericht

Der gemeinhin üblichen Auffassung, die Güte sei Gottes erstes Motiv und demzufolge auch Gottes erste Handlungsweise, steht der religionsgeschichtliche Allgemeinbefund entgegen, daß die Gottesmacht zunächst den Schrecken und später erst das Recht verkörpert. Das Neue Testament kennt zuhauf Gebotsforderungen an die Menschen: Ermahnungen zum Recht-Tun, Warnungen vor ethischer Laxheit, Erstreben von Verdiensten, sogar Androhung von Höllenpein im

Endgericht. Dementsprechend ist das Gericht nach neutestamentlicher Auskunft durchaus als Drohung zu verstehen, nämlich für den Menschen als „geballte Ladung des vergeltenden Handelns Gottes"[110]. Es handele sich, so Klaus Berger, bei Gottes und der Menschen Gerechtigkeit „um einen einzigen Prozeß, in dem Gottes Gerechtigkeit die erste und grundlegende Phase" bilde; zugleich aber müsse man das Streben nach Gerechtigkeit auch als „freie Tat der Gemeinde"[111] verstehen. Und eben wegen dieser ethisch notwendigen Initiative seitens der Gemeinde gibt es das Gericht, das sich immer danach bemißt, wie der begnadete Mensch sich auf Gottes Gnade eingelassen hat. So sehr im Endgericht „viel Aggressivität verborgen" ist, wird diese dennoch ausgeglichen durch die „Liebe Gottes, die auch dem gilt, der gerechterweise Zorn verdient hat"[112]. Immer bleibt: Im Gericht ist Jesus „der Retter vor dem kommenden Zorn"[113]. Als Fazit ist daraus formuliert worden: „Das Liebesgebot in seiner vielseitigen Ausprägung ist in höherem Maße als die Furcht bestimmend für das Leben der Christen"[114].

Matthäus wählt nun aber für das Gericht eine deutlich verschärfte Tonlage, die durchaus Gerichtsangst zu wecken vermag. Die Wendung „dort wird Heulen und Zähneknirschen sein" zitiert Matthäus sechsmal (Mt 8,12; 13,42; 13,50; 22,13; 24,51; 25,30); auch von ‚Feuer' spricht er mehrmals (Mt 5,22; 18,19), ebenso vom ‚Hinauswerfen nach draußen' (Mt 8,12; 22,13; 25,30). Demgegenüber vermag ‚das Gehen in den Himmel' (Mt 5,20; 7,21; 18,3; 19,23 f.) kaum eine zahlenmäßige Balance zu bieten. Kein Zweifel, das Gericht Gottes wird von Matthäus „als Strafe und als Vernichtung der Feinde Gottes verstanden", die Betroffenen sind „pauschal alle Feinde Gottes"[115].

Demgegenüber bezeugt Paulus, der erste Verfasser neutestamentlicher Texte, ein Ungleichgewicht in der Rolle Satans, sodaß demselben eine Züchtigung zusteht, die im Gericht endet[116]. Gleichzeitig steigert Paulus das „Motiv des Zornes Gottes über Gottlosigkeit"[117]; denn über alle, die vor der Richtergestalt Christi offenbar werden (vgl. 2 Kor 5,10), ergießt sich im Gericht der ganze Zorn Gottes: Du „sammelst Zorn gegen dich für den ‚Tag des Zornes', den Tag der Offenbarung von Gottes gerechtem Gericht" (Röm 2,5). Zudem bezeugt Paulus auch die Rettung vor dem Gericht: Wir haben „seinen Sohn vom Himmel her zu erwarten, Jesus, den er von den Toten auferweckt hat und der uns dem kommenden Gericht Gottes entreißt" (1 Thess 1,10). Das Johannesevangelium nennt den Teufel einen Mörder und Lügner. Als solcher steht er, weil verantwortlich für die Knechtschaft der Menschen, „in der menschlichen Unfreiheit an oberster Stelle, die menschliche Knechtschaft unter der Sünde ist sein Werk"[118]. Aber auch das gilt: „Die das Gute getan haben, werden zum Leben auferstehen; die das Böse getan haben, zum Gericht" (Joh 5,29). Nach dem ersten Johannesbrief darf Angst vor dem Gericht kein primäres Motiv sein: „Gott ist die Liebe [...] Darin ist unter uns die Liebe vollendet, daß wir am Tag des Gerichts Zuversicht haben [...] Und wer sich fürchtet, dessen Liebe ist nicht vollendet" (1 Joh 4,16b–18).

Vor profanhistorischer Sicht wird derzeit bestätigt: „In der heutigen Theologie spielt die Hölle keine Rolle mehr"[119]. Die Theologie reduziert tatsächlich: „Das Ernsteste", so Hans Urs von Balthasar (†1988), „ist nicht die Strafgerechtigkeit Gottes, sondern seine Liebe"; angesichts der wirklich furchterregenden Androhungen im Neuen Testament bleibe „die – letztlich für uns unbeantwortbare – Frage, ob diese Drohungen von Gott, der ‚sich in Christus mit der Welt versöhnt', so wie sie dastehn, in die Tat umgesetzt werden"; letztlich bleibe einzig, ob alle dieses Erbarmen Gottes „sich angedeihen lassen"[120]. Oder auch Gisbert Greshake: Die Rede von der Hölle wolle klarmachen, daß „das endgültige Verfehlen des eigenen Lebens, *real möglich* ist" – das scheint „der unaufgebbare Kern [...] der Hölle zu sein"[121].

c) Gnädiger Vater und verlorener Sohn

Das Gericht Gottes kann, so ist gemäß dem Neuen Testament festzuhalten, durchaus die ewige Höllenstrafe verhängen. Ein ganz anderes Bild der Barmherzigkeit Gottes erscheint im Gleichnis vom gnädigen Vater und dem verlorenen Sohn, so viel anders, daß manche Exegeten die jesuanische Authentizität bestreiten wollen. Der jüngere Sohn, der sein Vaterhaus verläßt und sein ausgezahltes Vermögen mit Dirnen verpraßt, sieht sich auf einmal in Schuld wie auch in Schulden, will sich mit dem ihn verunreinigendem Schweinefutter begnügen, bis er sich endlich aufmacht zu seinem Vater, dem er das vergeudete Erbteil wiedergutzumachen bereit ist: „Vater, ich habe mich gegen den

Himmel und gegen dich versündigt. Ich bin nicht mehr wert, dein Sohn zu sein; mach mich zu einem deiner Tagelöhner" (Lk 15,18 f.). Das Gleichnis ist so angelegt, „alles Augenmerk auf das Verhalten des Vaters zu richten"[122]. Der Vater sieht schon von weitem den verloren geglaubten Sohn, fällt ihm um den Hals und küßt ihn. Das Eingeständnis des Sohnes, nicht mehr der Sohnschaft würdig zu sein, überhört der Vater und ordnet ein Fest an: „Mein Sohn war tot und lebt wieder" (Lk 15,24). Hier wird Gott als Vater vorgestellt, der ohne jede Wiedergutmachung zur Vergebung bereit ist und dem verlorenen Sohn dadurch eine neue Lebenschance eröffnet. Das Verhalten des Vaters, gegen alle Erwartungen des verlorenen Sohnes, bewirkt „so etwas wie eine Verwandlung des Sohnes"[123].

Das Gleichnis vom gnädigen Vater und vom verlorenen Sohn hat gerade auch außerchristlich viel Zustimmung gefunden: Jesus habe das absolute Verzeihen in die Welt gebracht – so beispielsweise Hannah Arendt (†1975); erst er habe die volle Positivität des Verzeihens aufgedeckt: „[Es] wird demjenigen verziehen, der [das Unrecht] begangen hat, was natürlich nicht das geringste daran ändert, daß das Unrecht unrecht war"[124]. Paul Ricœur (†2005) intensiviert noch: „Diese Trennung [von Subjekt und Schuld] bringt einen Akt des Vertrauens zum Ausdruck, einen Kredit, der den Erneuerungsmöglichkeiten des Selbst eingeräumt wird"[125]. Für den Täter bedeutet dieser Kredit eine Aufwertung: „Du bist besser als deine Taten"[126]. Zustimmend auch Peter Sloterdijk: Die Verzeihung „gibt dem Täter die Freiheit zu einem anderen Anfang zurück"[127], wie ebenso auch „der Geschädigte seine Freiheit wiederfindet"[128], was bedeutet: „Die Zeit nach der Vergebung kann so die Qualität eines bereicherten Neubeginns gewinnen"[129].

d) Allversöhnung mit Gott und Teufel

Die hier anstehenden theologischen Nachfragen beziehen sich auf die Barmherzigkeit Gottes selbst. Den Menschen auferlegt Gott das Gebot sowohl der Nächstenliebe wie zusätzlich noch der Feindesliebe; ja, Gott verlangt überdies vom Menschen grenzenlose Vergebung (vgl. Mt 18,21 f.)[130]. Müßte dann aber nicht auch Gott sich selbst verpflichten, seine eigenen Feinde zu lieben? Kann und darf Gott überhaupt einen Menschen wegen Feindschaft gegen ihn für ewig verwerfen? Oder verpflichtet sich Gott sogar zu einer Allversöhnung, sowohl mit den Böswilligen wie noch mit dem Teufel? Im Neuen Testament allerdings bleibt die Frage ohne klare Antwort, „ob es einen endgültigen Ausschluß [...] für Todsünder geben wird"[131].

Der Gedanke einer Allversöhnung ist im Neuen Testament durchaus anzutreffen[132]. Wichtige Belegstellen dafür sind: „Gott hat alle in den Ungehorsam eingeschlossen, um sich aller zu erbarmen" (Röm 11,32). „Danach kommt das Ende, wenn er [Christus] jede Macht, Gewalt und Kraft vernichtet hat und seine Herrschaft Gott, dem Vater, übergibt. [...] Der letzte Feind, der entmachtet wird, ist der Tod"; am Ende „wird auch er, der Sohn, sich dem [Vater] unterwerfen, [...] damit Gott herrscht über alles und in allem" (1 Kor 15,24.26.28). Jesus Christus „ist Sühne für unsere Sünden, aber nicht nur für unsere Sünden, sondern auch für die der ganzen Welt" (1 Joh 2,2). „Denn auch Christus ist der Sünde wegen ein einziges Mal gestorben [...], um euch zu Gott hinzuführen" (1 Petr 3,18); „Christus Jesus ist in die Welt gekommen, um die Sünder zu retten" (1 Tim 1,15); „Denn die Gnade Gottes ist erschienen, um alle Menschen zu retten" (Tit 2,11). Oder der Hebräerbrief: „So wurde auch Christus ein einziges Mal geopfert, um die Sünden vieler hinwegzunehmen" (Hebr 9,28).

Gottes allverzeihende Vatergüte hat in der Alten Kirche am nachdrücklichsten Origenes bezeugt, nämlich in seiner Lehre von der Apokatastasis, der Lehre von der Wiederherstellung des Ursprungszustandes: Am Ende werde Gottes Liebe so gewinnend und überwältigend ausstrahlen, daß in einem über Äonen sich hinziehenden Prozeß alle Geistwesen, sowohl Engel wie Menschen, selbst auch Teufel und Dämonen, zurückfänden; ihnen allen werde Gott in seiner Liebe so lange nachgehen, bis sie sich innerlich vom Bösen bekehrten[133]. In einem geradezu ‚unerlaubten' Optimismus hat Origenes erwartet, daß mehr verwirklicht wird als Gerechtigkeit; ja, er hat „erwartet, daß alle geistigen Geschöpfe gerettet werden"[134]. Im östlichen Christentum ist diese Idee der Allversöhnung nie ganz untergegangen[135].

Hören wir zuerst Origenes selbst: „Ich halte es aber für möglich, daß von denen, die den bösen Fürsten, Gewalten und Weltherrschern unterstehen, in jeder einzelnen Welt oder in (der Abfolge) mehrerer Welten einige früher, andere später durch wohltätige Einflüsse und durch ihren eigenen Willen zur Änderung ihres Zustandes dereinst zum Menschsein gelangen werden. [S]o werden manche in der ersten Epoche, andere in der zweiten, einige in der letzten durch besonders schwere Strafen hindurch, die lang dauern und sozusagen äonenlang zu ertragen sind, in einem besonders harten Reinigungsprozeß wiederhergestellt und wieder eingesetzt; sie erhalten zuerst die Erziehung von Engeln, dann auch von Mächten höheren Ranges und gelangen endlich stufenweise zum Höheren, dem ‚Unsichtbaren und Ewigen'"[136].

Noch ein weiterer folgenreicher Gedanke ist Origenes zuzuordnen: Für die geistlich Fortgeschrittenen ist das Höllenfeuer von rein geistiger Art, daß nämlich „jeder Sünder sich selbst die Flammen seines eigenen Feuers anzündet und nicht in irgendein Feuer geworfen wird, [...] und so wird er alles Häßliche, Schändliche oder gar Gottlose [...] vor seinen Augen ausgebreitet sehen, sozusagen eine Geschichte seiner Untaten. Dann wird das Gewissen selbst durch seinen eigenen Stachel getrieben und gepeinigt; es wird Ankläger und Zeuge gegen sich selbst"[137]. Die hier vorgestellte Erklärung ist bis heute plausibilisierbar, wirkt geradezu modern.

Gegen Origenes' ‚mitleidige' Deutung stellte Augustinus jene Bibelstellen zusammen, die ewiges Feuer androhen und umgekehrt ewigen Lohn verheißen: Das Gericht urteile über alle, über Gerechte wie Sünder, erst recht über den Teufel mitsamt den von ihm verführten Menschen, die ins Höllenfeuer gestoßen würden[138]. Augustinus zeigt sich hier „merkwürdig ungerührt mit dem Schicksal endgültig Verdammter"[139]. Er auch war es offenbar, der erstmals die im Mittelalter so oft wiederholte Sentenz aussprach, daß Gott keine Sünde ungestraft lasse (*deus, qui nullum peccatum impunitum dimittit*)[140]. Noch folgenträchtiger wirkte, daß Augustinus die Höllenpein leibhaft-realistisch deutete, indem er die himmlische Glückseligkeit und die Höllenpein als leibhaftige Realität auffaßte: „Dagegen wird jene Hölle, die auch Feuer und Schwefelpfuhl heißt, ein körperliches Feuer sein und die Leiber der Verdammten peinigen, sowohl der Menschen als auch der Dämonen, die festgefügten der Menschen und die luftigen der Dämonen, oder nur die Menschenleiber mit ihren Geistern, die dämonischen körperlosen Geister aber in der Weise, daß sie von körperlichen Flammen, an die sie geheftet sind, Pein erdulden"[141]. Bis in die katholische Gegenwart erklang das ›*Dies irae, dies illa*‹[142] mit seinem *nil inultum remanebit* (nichts bleibt ungerächt); nicht aber erklang eine *dies remissionis* oder eine *dies salutis*. Im mittelalterlichen Verständnis ist die Hölle schlechthin der Ort des Gotteszornes, ist sogar „Teil der Kosmologie *und* der religiösen Vorstellungswelt"[143]. Noch bis in die Bilderwelt hat sich der Zorn Gottes ausgebreitet, nämlich mit den Zornespfeilen, die Gott auf die Menschheit ob der unabsehbaren Sünden niedergehen ließ[144].

Der Blick auf das Weizen-Unkraut-Gleichnis mit der zu vollziehenden Vernichtung des Unkrauts nach Gottes Endgericht führt bei der Allversöhnung zu einem Dilemma: entweder Allversöhnung mit allen Sündern und sogar mit dem Teufel, doch andererseits ohne Gottesgericht mit Verbrennen des Unkrauts. Wenn aber, wie unser Gleichnis darlegt, am Ende eben doch das Unkraut verbrannt wird, ganz einerlei ob nun mit körperlicher oder geistiger Bestrafung, dann findet bei der Allversöhnung ein solches Verbrennen nicht mehr statt.

4. Das Gewaltproblem im Christentum

a) Neutestamentliche Wortgewalt

Trotz aller Abmahnungen gegen Gewalt, ja trotz ausdrücklicher Gewaltverbote kennt das Neue Testament zumindest Wortgewalt, und die vermag durchaus bedrängend, sogar beängstigend zu wirken. Der Evangelist Markus stellt Jesus noch rein als Lehrer dar, „der keine aggressive Sprache braucht, sondern seine Ausdrucksweise stets kontrolliert"[145]: Nur gegen die auszutreibenden Dämonen verwendet Jesus aggressive Sprachformen (Mk 1,25), ebenso gegen das Unwetter (Mk 4,39), nie aber gegen Menschen[146]. Matthäus vergleicht in der ersten Antithese der Bergpredigt zunächst (Mt 5,22) „die beleidigenden Anreden *ρακά* [Dummkopf] und *μωρέ* [Narr] mit einem Mord" und fordert dafür die höchste Strafe[147]. Gleichwohl richtet er in seinem Evangelium heftige Invektiven gegen die Pharisäer und die Schriftgelehrten[148]. „Solche Verbalaggressionen wurzeln letztlich im Anspruch des einzigen Lehrers und kommenden Menschensohns Jesus, dessen Ablehnung zur Folge hat, dass eines solchen Menschen Haus auf

Sand gebaut ist und zusammenstürzt (Mt 7,26 f.)"[149]. Das Evangelium des Matthäus ist „nicht antijüdisch, es ist antipharisäisch"[150]. Das Johannesevangelium erhebt gegen jene Juden, welche die Messianität Jesu nicht anerkannten, den Vorwurf: „Ihr habt den Teufel zum Vater" (Joh 8,44). Dieses in der Tat „ungeheuerliche Wort"[151] bleibt gleichwohl gewaltlos; denn die judenchristliche Gruppe, welche die Synagoge verlassen hatte, befolgte nicht länger das alttestamentliche Gebot der Frevler-Tötung, „griff nicht zum Schwert"[152]. Wohl aber hatten die christgewordenen Juden hinzuzunehmen: „Sie werden euch aus der Synagoge ausstoßen, ja es kommt die Stunde, in der jeder, der euch tötet, meint, Gott einen heiligen Dienst zu leisten" (Joh 16,2).

Erst in den Pastoralbriefen ändert sich der Ton gegenüber wankelmütigen Christen; erst hier beginnen Lehrproblematik und Personabqualifizierung zu verschmelzen. Dafür als Beispiele nur: Die etwas Neues und Anderes Lehrenden „führen zu Neid, Streit, Verleumdungen, üblen Verdächtigungen und Gezänk unter den Menschen, deren Denken verdorben ist" (1 Tim 6,4). Die hier verwendeten „Verleumdungen und Verbalinjurien stellen inakzeptable Grenzüberschreitungen dar"; derartige Polemik „missachtet den Grundsatz des in der Kirche gebotenen geschwisterlichen Umgangs"[153]. Und schlimmer noch: Die Gegner verfolgen nicht nur unlautere Absichten: „Sie sind auch als Lehrer diskreditiert"[154].

Von direkter Gewalt spricht im Neuen Testament erstmals die lange Zeit kanonisch umstrittene, aber dann doch akzeptierte Johannes-Apokalypse: Die Christus-Vision an deren Anfang (Offb 1,12–18) ist bereits mit Militärsymbolik angereichert: In der Beschreibung des Gewands mischen sich Elemente priesterlicher und militärischer Kleidung. „Die Tatsache, dass das Schwert aus dem Mund ragt und nicht in der rechten Hand geführt wird, deutet jedoch eine Verfremdung auf der Sachebene an: Nicht die physische Gewalt, sondern die Kraft des Wortes steht im Zentrum. Das ‚Schwert des Mundes' steht in der Offenbarung immer im Zusammenhang mit dem Zornesgericht und wird entsprechend von Gewaltbildern umgeben (vgl. 2,12.16; 19,15.21)"[155]. Es gibt keinen Text im Neuen Testament, „der so romfeindlich ist wie die Johannesapokalypse"[156].

Nicht zuletzt ist an Jesu Beseitigung der kultischen Unreinheit zu erinnern, die gleichfalls zur Quelle von Gewalt werden konnte und sich oft schon verunglimpfend gegen Dissidenten richtete. Tatsächlich verkehrte Jesus mit Sündern, Zöllnern und Dirnen, die allesamt als ‚unrein‘ galten. Seine Forderung zielte auf die innere Reinheit des Herzens: „Denn aus dem Herzen kommen böse Gedanken, Mord, Ehebruch, Unzucht, Diebstahl, falsche Zeugenaussagen und Verleumdungen. Das ist es, was den Menschen unrein macht; aber mit ungewaschenen Händen essen macht ihn nicht unrein" (Mt 15,19 f.). Petrus (†um 64?) wurde laut Apostelgeschichte von einer himmlischen Stimme zum Verzehr unreinen Tierfleisches aufgefordert: „Steh auf, Petrus, schlachte, und iß!" Seine Antwort: „Niemals, Herr! Noch nie habe ich Unheiliges und Unreines gegessen", was dann die göttliche Stimme korrigiert: „Was Gott für rein erklärt, nenne du nicht unrein" (Apg 10,13–15). Ein weiterer Aspekt der Ablehnung von kultischer Unreinheit, nämlich die auf Ortsheiligkeit bezogene, findet sich in einem unkanonischen Evangelien-Fragment aus Oxyrhynchos, demzufolge Jesus die zum Betreten des Tempels übliche Reinheit ablehnt; vielmehr wird die zum Betreten des Tempels erforderliche Reinheit überboten „durch seine Forderung nach einer Überwindung der Schlechtigkeit im Innern des Menschen, das heißt durch eine strikte ethische Zuspitzung"[157].

b) Pauli Toleranz aus Gerechtfertigtsein

Paulus konnte sagen, es gebe keine Verurteilung mehr für all jene, die im Christenglauben lebten (vgl. Röm 8,1); überhaupt seien die Gläubigen durch Jesu Blut vor dem Gericht Gottes bereits gerettet (vgl. Röm 5,9); die Gläubiggewordenen hätten schon jetzt die Versöhnung empfangen (vgl. Röm 5,11).

Dieses Gerechtfertigtsein ermöglichte Paulus, den Spielraum des Gewissens für Toleranz zu erweitern. Denn das Gewissen ist allen Menschen zu Eigen, sodaß selbst bei Heiden „das Gewissen Zeugnis ablegt" (Röm 2,15). Vergegenwärtigen wir uns jenen speziellen Fall, den Paulus zu entscheiden hatte und bei dem er sich auf den jeweils persönlichen Gewissensentscheid berief. Schon vom Alten Testament her galt, wer ein Tier außerhalb des Opferzeremoniells schlachte, lade Blutschuld auf sich, müsse sogar getötet werden (vgl. Lev 17,3 f.). Das heißt: Es gab kein profanes Schlachten im Judentum, ja nicht einmal in der antiken Welt. Paulus bezog nun das profane Schlachten auf eine bestimmte Situation, ob nämlich Christen religiös geschlachtetes Fleisch, sogenanntes Götzenopferfleisch, essen dürften oder nicht, was konkret bedeutete, daß jüdische Fleischer nicht länger bereit waren, die sich zum Christentum bekennenden Juden zu bedienen[158]. Hier nun steigerte sich Paulus aufs Eindringlichste: „Reiß nicht wegen einer Speise das Werk Gottes nieder" (Röm 14,20). Grundlegend bleibt: „Jeder soll aber von seiner Auffassung überzeugt sein" (Röm 14,5). Anderslautende Entscheidungen möchte Paulus respektiert sehen: „Wer Fleisch isst, verachte den nicht, der es nicht isst; wer kein Fleisch isst, richte den nicht, der es isst" (Röm 14,3). Anstachelnd bleibt indes: „Warum soll meine Freiheit vom Gewissensurteil eines anderen abhängig sein?" (1 Kor 10,29).

Angesichts solcher Spannungen wahrte Paulus die Einheit der Christengemeinde dadurch, daß er voneinander abweichende Gewissensentscheidungen zuließ und damit Toleranz guthieß, ja sein besonderes Interesse gilt überhaupt dem vor Gott Indifferenten: Ehe oder Ehelosigkeit, Sklaverei oder Freiheit, Beschneidung oder Unbeschnittensein, Genuß von Götzenopferfleisch oder Enthaltung. Denn all dies ist weder gut noch böse, vielmehr hängt der moralische Wert von dem (unterschiedlichen) Urteil des Gewissens ab. „Was für den einen recht ist, mag falsch sein für den anderen"[159]. Auf diese Weise ist jedem Menschen für sein Gewissen ein Freiheitsraum garantiert, sowohl für eigene Entscheide wie aber auch gegen Übergriffe Anderer. Das Gewissen versteht Paulus als Respekt vor unterschiedlichen Verhaltensweisen gerade auch in Religionsangelegenheiten. „Und das ist etwas Neues"[160].

In allem die Liebe walten zu lassen, führte Paulus auf einen Höhepunkt, indem er die ‚falschen Brüder' mit einbezog. „Sie [die Liebe] erträgt alles, glaubt alles, hofft alles, hält allem stand" (1 Kor 13,7; in altlateinischer Übersetzung: *caritas tolerat omnia*). Das betraf auch die „falschen Brüder" (2 Kor 11,26: *falsi fratres*), die Paulus mit zur Bürde der in Liebe Zu-Ertragenden zählt[161]. Die Toleranz erhält durch diese Liebe einen intersubjektiven Sinn: „Die Fehler der anderen werden *aus Liebe* geduldet"[162], was umso bedeutsamer ist angesichts des

Befundes, daß uns eben nicht „angeboren ist der Sinn für das Recht des Anderen und seine Würde"[163].

Sofern jegliches Menschenurteil antizipatorisch bleiben sollte, bot Paulus mit seiner eigenen Bekehrung sogar ein Vorbild, hatte er sich doch vom strafwürdigen Gottesfeind zum eifernden Gottesfreund umgewandelt[164]. Folglich mußte immer damit gerechnet werden, daß jemand sich vom Frevel abwandte und Gott wieder zuwandte. Insofern wirkte Pauli Bekehrung autoritativ dafür, daß „die Gottesfeindschaft des Menschen aufhebbar ist"[165]; ja, die paulinische Selbstverwandlung ist in das kollektive Gedächtnis des Christentums eingegangen[166]: Die Rechtfertigung eines Religionswechsels war seit Paulus „nicht mehr zu eliminieren"[167].

Mit dem eschatologischen Vorbehalt löste Paulus auch das Problem jener Juden, die Jesus nicht als Messias anerkannten. Die Frage ihres Geschicks verschiebt Paulus in die Eschatologie: „Nur Gott allein weiß, warum sich die Mehrheit Israels nicht zu Jesus Christus bekehrte, und deshalb kann auch nur allein Gott dieses Problem lösen"[168]. Mit dem eschatologischen Vorbehalt folgt Paulus „urchristlicher Überlieferung"[169], wobei er für die Juden darum bittet und betet: „Ich wünsche von ganzem Herzen und bete zu Gott, daß sie gerettet werden" (Röm 10,1). So sehr für Paulus die Jesus ablehnenden Juden Gott mißfallen, ja „der ganze Zorn schon über sie gekommen" ist (1 Thess 2,15.16), hat dennoch Gott „sein Volk nicht verstoßen" (Röm 11,2); obwohl sie „vom Evangelium her gesehen Feinde Gottes" sind, „sind sie von Gott geliebt" (Röm 11,28). Nicht nur den Menschen gebietet hier Gott, die abtrünnigen Menschen zu lieben; er bezeugt ebenso für sich selber, die zur Bekehrung unwilligen Juden weiterhin zu lieben.

c) Pauli Anathema als Verfluchung

Dennoch bleibt Paulus Zeuge des bedrohlichen Gotteszornes: „Der Zorn Gottes wird vom Himmel herab offenbart wider alle Gottlosigkeit" (Röm 1,18). Die Ethisierung des Gotteszornes heißt bei ihm: „Weil du aber starrsinnig bist und dein Herz nicht umkehrt, sammelst du Zorn gegen dich" (Röm 2,5). Aber zusätzlich verkündigte Paulus

noch ein überraschend Anderes, nämlich den Gotteszorn herabzurufen und denselben auf bestimmte Menschen hinlenken zu können.
Paulus, dem Jesu Fluchverbot und Segensgebot vollauf bewußt waren (vgl. Röm 12,14), hat dennoch ein Anathema in Lehransprüchen
ausgesprochen, und die dabei verwendeten Formeln entsprechen einer religiösen Verfluchung vollauf. Im Galaterbrief schreibt er: „Wer
euch aber ein anderes Evangelium verkündigt [...], der sei verflucht"
(Gal 1,8). Ein zweites Anathema bleibt allgemein: „Wer den Herrn
nicht liebt, sei verflucht [*anathema Marána tha*]" (1 Kor 16,22). Mit diesen beiden Anathemen spricht Paulus einen wirkmächtigen religiösen Fluch aus, nämlich „dem Zorn Gottes ausgeliefert"[170] zu werden.
Desweiteren kennt Paulus die Übergabe an den Satan; bei einem Fall
von Blutschande soll man „mit der Kraft Jesu, unseres Herrn, diesen
Menschen dem Satan übergeben zum Verderben seines Fleisches,
damit sein Geist am Tag des Herrn gerettet wird" (1 Kor 5,4 f.). Beide
Fälle werden aber nicht wie im Alten Testament mit Tötung geahndet,
wie eine postpaulinische Stelle klarlegt: Wer immer die Stimme des
eigenen Gewissens mißachtet und im Glauben Schiffbruch erleidet,
„die habe ich dem Satan übergeben, damit sie durch diese Strafe lernen, Gott nicht mehr zu lästern" (1Tim 1,20). Sowohl das Anathema
wie die Aushändigung an den Satan erfordern nicht eine Tötung, sollen vielmehr beim Frevler einen Prozeß des Umlernens einleiten. Das
Ergebnis ist: „Religiöse Gewalt, die Menschen vernichtet, weil sie, mit
religiösen Augen betrachtet, Sünder sind, ist deshalb selbst Sünde"[171].
Das Anathema und die Verweisung in den Teufelsbereich waren
gleichwohl Religionsphänomene, die Paulus zwar um die alttesta-
mentlich fällige Tötung verkürzte, aber in der Folgezeit eine aufge-
ladene Nachgeschichte erfuhren, die sogar überging in eine religiös-
sanktionierte Verdammungsgewalt. Aber auch das ist zu registrieren:
Zugunsten des amtlich ausgesprochenen Anathems kann aber auch
ein positives Gegenargument angeführt werden, nämlich die Absiche-
rung der Identität der jeweils religionseigenen Botschaft: „Die Identität sowohl der konkreten Wesen als auch der geistigen Gebilde, wie es
eine menschliche Gemeinschaft ist, kann nur so lange bestehen, wie
eine dauerhafte Übereinstimmung in wesentlichen Fragen gegeben
ist"[172].

Abschließend noch ein Wort zu Pauli Gotteszorn- und Sühne-Theologie, die heute beide mehr denn je umstritten sind. Der viel-stimmige Einwurf lautet: Gott habe zur Besänftigung seines Zornes seinen Sohn „dazu bestimmt, Sühne zu leisten mit seinem Blut" (Röm 3,25). Ein soeben vorgelegter Überblick über die Auslegung dieser Stelle hebt hervor: „Paulus zufolge (Röm 3,25) ist Jesus die von Gott aufgerichtete Versöhnung durch sein Blut"[173], wobei „nicht wir Gott mit uns versöhnen, sondern Gott uns mit sich versöhnt"[174]. Bei solcher Ausdeutung verstärkt sich jedoch nur der gegen Jesu Kreu-zes- und Sühneopfer gewendete Vorwurf, daß eben Gott doch zur Besänftigung seines Zornes des Blutes bedürfe, sogar das des eige-nen Sohnes[175]. Im Gegenzug ist für die Zornes- und Kreuzestheologie auch positiv argumentiert worden, daß nämlich ein irdischer Sieg nicht letztentscheidend sei: „Der gekreuzigte Gott bleibt für alle Zei-ten eine Herausforderung an das weltliche Verständnis von Sieg und Niederlage"[176]. Oder mit Jörg Lauster: „Durch die Auferstehung Christi sehen die ersten Christen im Kreuz das Aufleuchten einer anderen Dimension der Wirklichkeit, in der die Gesetze des Kampfes und des Kreislaufs unaufgebbarer Selbstdurchsetzung erlöschen"[177].

d) Streit um die gottgefälligen Opfer

Als völlig überraschend muß den Christen die ‚Konstantinische Wen-de' vorgekommen sein[178]; ganz unversehens sahen sie sich aus der Illegalität und Verfolgung in die Gunst des Kaisers gerückt[179]. Dabei folgte Konstantin († 337) der eigentlich uralten Religionsregel, „dass fromme Gesellschaften vom Zorn Gottes und der Götter verschont werden"[180]. Dafür aber waren die rechte Gottesverehrung und die richtige Opferpraxis zu installieren. Eine christlicherseits zunächst nur verbal artikulierte Gewaltbereitschaft zielte auf die Zerstörung jedweder materiellen Basis der paganen Kulte, zumal ihrer Blutopfer. Der Streit des Mailänder Bischofs Ambrosius († 397) mit dem hoch-angesehenen Senator Symmachus († ca. 402/403) verdeutlicht das aufgeworfene Problem[181]. Kaiser Konstantius († 361) hatte zuvor den Victoria-Altar aus der Senatsaula entfernen lassen[182]. Die Folge war, daß an diesem Altar keine Opfer mehr dargebracht wurden, wie sie

Symmachus als Dank für die Siege Roms befürwortete und wie sie Ambrosius ablehnte als ‚gottlose Opfer'[183]: Man dürfe Christen nicht zwingen, auf einem heidnischen Altar zu schwören, was einem Gottesfrevel gleichkomme[184]; weiter dürfe man nicht täglich nutzloses Blut unschuldiger Tiere opfern[185], weil die bei der Opferdarbringung übliche Blut-Besprengung für Christen befleckend wirke[186]. Noch Augustinus belobigte entsprechende kaiserliche Verordnungen: „Wer von uns oder wer von euch lobt nicht die Anordnungen, die von den Kaisern gegen die heidnischen Opfer erlassen wurden"[187]. Tatsächlich bewirkte das Christentum mit seinem ‚geistigen Opfer' „das Ende der offiziellen Tieropfer"[188]. Getroffen fühlte sich die mehrheitlich noch nicht christianisierte und den traditionellen Kulten weiterhin verhaftete Reichs- wie speziell die Landbevölkerung, wobei hinzuzufügen ist, daß für Letztere das christlicherseits propagierte ‚geistige Opfer' verständnislos bleiben mußte[189].

e) Religionspsychische und doch auch brachiale Gewalt

Wenn wir hier ein Gesamtfazit für die Alte Kirche versuchen, zeigen sich zwei heikle Punkte. Zuerst schon wandelt sich die Auslegung des Dogmas zu einem Kampf um die rechte Lehre. Schon in der Antike kritisierten Außenstehende das brutale Wüten der Christen in ihren Glaubensstreitigkeiten, das ärger noch sei „als das wilder Tiere"[190]. Für die Alte Kirche ist tatsächlich zu bestätigen, Polemik wegen Häresie sei zur Attitüde geworden, sogar zum Hauptthema der christlichen Theologie[191]. Trotz aller tatsächlichen Konflikte und trotz allen dogmatischen Kampfpotentials bleibt dennoch die tatsächliche Anwendung von physischer Gewalt wenig belegbar. „Man wird im Gegenteil mit Achtung wahrnehmen müssen, dass das frühe Christentum trotz der vorhandenen Pluralität und aller erkennbaren Konflikte über ein funktionierendes ‚Krisenmanagement' verfügte"[192]. Wenn man dazu noch bedenkt, daß mit jeder Wahl eines Bischofs wegen dessen Verantwortlichkeit für Soziales rasch Sozialkonflikte aufbrechen konnten, überrascht wiederum das Ergebnis: „Die frühzeitige Durchdringung aller Schichten der Bevölkerung, insbesondere aber die Integration aller führenden Angehörigen und Familien der Gemeinden in das kulturelle und politische Leben ließen in den betreffenden Gemeinwesen zugleich eine Atmosphäre religiöser Toleranz und friedlicher Koexistenz der verschiedenen Religionsgruppen entstehen"[193]. Wirksam blieben freilich die seit Augustinus gegen Häretiker gebilligten ‚äußerlichen' Zwangsmaßnahmen wie Meidung und Verfolgung, Vermögensentzug und Lehrverbot, aber immer noch ohne den Flammentod für Verketzerte. Bekannt ist allgemein, daß angesichts einer Doppelwahl die Anhänger des erfolgreichen Papstes Damasus die Kirche stürmten und 137 gegnerische Anhänger umbrachten. „Der Kaiser ließ den Fall untersuchen und bestätigte Damasus im Amt"[194]. Es ging also nicht ohne Untersuchung.

5. Die Würde des sündig gewordenen Menschen

a) Christliche Bewertungen

Die Menschenwürde wird christlicherseits begründet aus der Gottebenbildlichkeit von Mann wie Frau. Die Gefährdung dieser Würde, falls der Mensch sündig werde, wird bereits im Neuen Testament bezeugt. So heißt es im Zweiten Petrusbrief: „Diese Menschen aber sind wie unvernünftige Tiere, die von Natur aus dazu geboren sind, gefangen zu werden und umzukommen" (2 Petr 2,12). Zuweilen ist die bleibende Würde des Menschen in für uns nur verdeckter Weise bezeugt, so in Gottes himmlischem Tischdienst: „Amen, ich sage euch: Er [Gott] wird sich gürten, sie am Tisch Platz nehmen lassen und sie der Reihe nach bedienen" (Lk 12,37). Gott selber macht sich zum Tischdiener und kehrt damit alles Hergebracht-Überlieferte um, demzufolge ein jeder Herr sich zuerst von seinem Sklaven bedienen läßt und ihm dann den Rest der eigenen Mahlzeit übrig läßt. Daß Gott sich zum Tischdiener macht, kann durchaus als Sakralisierung der Menschenwürde aufgefaßt werden[195]. In der Liturgie erscheint die Würde des Menschen zuerst mit der Bitte: Gott, du hast die dem Menschen verlorene Würde wunderbar wieder hergestellt. Papst Leo

49

der Große (†461), der diesen Ausspruch tat, bekräftigt dadurch eine besondere Akzentuierung: In unserm Innern ist göttliche Würde, sofern sich diese als Erfüllung des göttlichen Willens versteht[196]. Schule machte die folgende Sentenz: „Für diese frühchristliche Wertung unterliegt die sichtbare Welt mit Einschluß des Menschen den Folgen der Sünde"[197]. Entsprechend wurde christlicherseits die Menschenwürde, ob nur gefährdet oder bereits verloren, jeweils nach dem Grad menschlicher Sündigkeit abgestuft. Fortan galt, der Mensch bleibe zwar Bild Gottes, aber stets mit einer durch Sündigkeit getrübten Entstellung, sodaß vom Bild nur eine Ähnlichkeit zurückbleibe. In die Theologie ist dieses Problem eingegangen als verbleibendes Bild (*imago*) und als entstellte Ähnlichkeit (*similitudo*). Das bot die Möglichkeit, die Auswirkung der Sünde ausschließlich auf den Verlust der aktuellen Gemeinschaft mit Gott zu beziehen, „während die wesenhafte Gottebenbildlichkeit durch die Sünde zwar zerrüttet, entstellt und verdunkelt, aber nicht eigentlich zerstört worden wäre"[198]. Bis in die Neuzeit erwies sich die christliche und speziell die reformatorische Sündenlehre „als Hemmnis für die Entwicklung einer eigenständigen christlichen Konzeption von der Würde und den Rechten des Menschen"[199].

b) Gebet für die Christen-Feinde

Die Alte Kirche betete für die Sünder und Häretiker, sogar für die erklärten Gottesfeinde. Den Hintergrund bildete das Gebot der Feindesliebe, demzufolge gerade auch solche zu ertragen sind, die Jesu Botschaft feindlich gegenüberstehen. Im Neuen Testament ist das Gebot der Feindesliebe „einer der zentralsten christlichen Texte, der auch die gesellschaftlichen Verhaltensnormen bis heute nachhaltig bestimmt"[200].

In der Bergpredigt hatte Jesus dazu aufgerufen: „Liebt eure Feinde und betet für die, die euch verfolgen" (Mt 5,44). Diese Aufforderung hat sich zu einer Gebetstradition verfestigt[201]. Erste Beispiele finden sich bei Justin dem Märtyrer (†165): Obwohl er die Verfolgung der Christen für Unrecht hält, will er nicht davon ablassen, für die Verfolger zu beten: „Darum beten wir für euch und alle anderen, welche uns befinden"[202]; denn Christus hat uns gelehrt, „auch für die Feinde zu beten"[203]; trotz aller außerchristlich üblichen Verfluchungen beten „wir alle für euch und die ganze Menschheit überhaupt"[204]. Tertullian zufolge habe früher das Gebet nurmehr Plagen über die Feinde herabgerufen: „Jetzt aber wendet das Gebet der Gerechtigkeit jeglichen Zorn Gottes ab, [daher] wacht für die Feinde, fleht für die Verfolger"[205]. Die ›Apostolischen Konstitutionen‹ fahren darin fort: „Lasset uns beten für die Feinde und diejenigen, die uns hassen [...], auf daß der Herr ihre Wut und den Zorn, den sie gegen uns hegen, fortnehme"[206]. Augustinus ruft aneifernd aus: „Wann nämlich hat man in der Kirche nicht für die Ungläubigen und ihre Feinde gebetet?", freilich jetzt mit dem Zusatz, „daß sie zum Glauben kämen"[207].

Bei Ambrosius ist das Gebet für die Christen-Feinde bereits ins Gegenteil umgeschlagen: „Flieht die Gottlosen!"[208] Dennoch will er die Sozialverpflichtung nicht aufkündigen: „Den von der Kirche Ausgestoßenen soll eine Aufwendung zufließen, wenn es ihnen am nötigen Lebensunterhalt gebricht"[209]. In der Spätantike werden dann die Gebete, angesichts des inzwischen christlich gewordenen Römischen Reiches, „ausgesprochen aggressiv gegen die Feinde"[210], sie werden jetzt unbekümmert gleichgesetzt „mit den Feinden Gottes"[211].

Mit dem Gebet für die Feinde des Christentums eröffnete sich eine erweiternde Perspektive. Sofern nämlich für die Person des Gottesfeindes zu beten und diese auf solche Weise doch auch zu ehren war, gleichzeitig aber die an den Tag gelegte Gottesfeindschaft in ihrem Lehrgehalt mißachtet werden sollte, ermöglichte das die Trennung des Faktums der Gottesfeindschaft bzw. der Häresie von der Person des Gottesfeindes bzw. des Häretikers. „Bei führenden Männern der Kirche setzte sich der Gedanke durch, daß zwischen der Person des im Glauben Irrenden und dem Irrglauben selbst zu unterscheiden sei"[212]. Martin von Tours († 397) und Ambrosius von Mailand lehnten die Hinrichtung des überasketischen Spaniers Priszillian († 385) ab[213]. Augustinus kam mit der Kurzformel: „Liebt die Menschen, tötet die Irrtümer" (*Diligite homines interficite errores*)[214]. Aus dem christlichen Osten ist zu verweisen auf Flavian von Antiochien († 404): Grundsätzlich lehnt er den Fluch ab, selbst einen solchen gegen Häretiker, denn klar soll unterschieden werden zwischen Lehre und Person: „Nur die häretischen Lehren dürfe man mit dem Anathem belegen, die Häretiker seien [für ihre Person] zu schonen; man müsse für ihre Rettung beten"[215].

Ganz anders deutet unser Gleichnis Isaak von Antiochien († 460/461) in den ihm zugeschriebenen Predigten, nämlich als Sorge, am Ende doch noch guter Weizen zu werden: „Tod, schleudere mich nicht in dein Feld, damit nicht von dem Unkraut, das in mir wuchert, dein Acker mit Dornen angefüllt werde und das Unkraut darauf überhand nehme! Gewähre mir lieber Aufschub, bis ich guter Weizensame geworden bin. [...] Mit meinem Weizen ist Unkraut vermischt und mit dem Unkraut ist Spreu, und der gute Same ist unter den Dornen auf dem Acker deines Knechtes! [...] O Herr, verwandle erst meine Ähre in Brot und dann möge der Schnitter an mich herantreten! Fülle meine Traube mit Wein, dann möge der Winzer sich nahen!"[216]

c) Antik-philosophische Theoreme

Der Philosoph Seneca († 65) hat eine eigene Abhandlung über den Zorn verfaßt; er erachtet denselben als widerwärtig, sogar als tollwütig: Der Zornige „ist ganz und gar leidenschaftlich erregt", befindet sich „in kaum noch menschlicher Gier nach Waffen, Blut und Hinrichtungen", alles nur in der Absicht, sofern er „nur einem anderen schaden kann"[217]. Senecas Gegenempfehlung lautet: „Solange wir unter Menschen sind, wollen wir Menschlichkeit üben; nicht wollen wir ein Anlaß zu Furcht sein für irgendwen, nicht eine Gefahr; Schaden, Kränkungen, Streitereien, Sticheleien wollen wir verschmähen und mit überlegener Gesinnung die kurzen Mißhelligkeiten ertragen"[218]. Das kommt der neutestamentlichen Forderung, auch die andere Wange hinzuhalten (vgl. Mt 5,39), durchaus nahe. Senecas Abhandlung ›Über die Wohltaten‹ beginnt mit dem Ansinnen: „Wert ist, enttäuscht zu werden, wer an das Wiederbekommen dachte, während er gab"[219]. Das erinnert an Jesu Aufhebung der Gegenseitigkeit, nämlich nur denen zu leihen, von denen man es zurückbekomme (vgl. Lk 6,34). In seiner Abhandlung über die Milde will Seneca allen Schwertgebrauch eingeschränkt wissen und sein Argument dafür lautet: „Ein jeder [...] ist mir auf Grund der Bezeichnung Mensch willkommen"[220]. Seneca proklamiert hier bereits so was wie Menschenrecht. Ebenso wird religiöse Toleranz eröffnet: „Die unsterblichen Götter werden von ihrer so großzügigen und nicht zögernden Güte durch ungläubige und sie nicht beachtende Menschen keineswegs abgeschreckt"[221]. Seneca behandelt sogar das Thema ‚Samen und Unkraut': Bei unfruchtbarem sumpfigen Boden sterben die Samenkörner und „statt der Früchte wächst Unkraut"[222]; Aufgabe des Menschen ist es, „den *Samen Gottes* in sich zu entfalten und so *Gott* möglichst ähnlich zu werden"[223]. Kaiser Mark Aurel († 180) entspricht noch am ehesten heutigen Vorstellungen von Menschenwürde und Allgemeinverpflichtung. Er war Erbe ‚steinreicher' Eltern, dazu verheiratet mit einer ‚steinreichen' Frau. Als solcher wäre er verpflichtet gewesen zu Fest- und Circusspielen, denen er sich aber entzog[224]. Seine Lebenseinstellung ist geprägt von Epiktet († um 130) und der Stoa. Den eigenen Lehrer, der ein entlassener Sklave war, entlohnte er mit jährlich gezahlten 100.000 Sesterzen. Die Folgen waren vielfältig: Statt Knabenliebe[225] „Liebe zu den Büchern"[226], statt „keine Zeit mit Kinderspielen"[227] eine Neigung bereits als Zwölfjähriger zur Askese[228]. Seine im Markomannen-Krieg zu Wien verfaßten „Selbstbetrachtungen" ermöglichen einen Einblick in sein Inneres: Der Philosophie verdanke er „seine Neigung, wohlzutun und mit vollen Händen mitzuteilen"[229]; dem Vater verdanke er „die Bescheidenheit und den männlichen Sinn"[230], der Mutter „die Gottesfurcht und die offene Hand"[231], dem eigenen Bruder Severus „eine Vorstellung von einer demokratischen Verfassung"[232], von „bürgerlicher Gleichheit"[233], von „Freiheit der Untertanen"[234]. Dennoch blieb er in einem Punkt ‚altrömisch', und das betraf die Christen: Unter Marc Aurel erlitten Justin der Märtyrer samt sieben Gefährten den Märtyrertod[235].

Grundsätzlich müsse jede ethische Orientierung aus Bekehrung und Überzeugung hervorgehen: „Die Bekehrung muß freilich stets auf Grund wirklicher Überzeugung erfolgen, daß der Standpunkt (des anderen) gerecht oder gemeinnützig ist"[236]. Zusätzlich wird für die eigene, innere Einstellung die Gewaltlosigkeit idealisiert: „Wenn sich dir aber jemand mit Gewalt widersetzt, so füge dich darein und gräme dich nicht darüber"[237]. Angebracht kann aber durchaus eine Korrektur Anderer sein, freilich immer mit fördernder Ermahnung, sich zu bessern: „Überhaupt steht es dir frei, deinen Mitmenschen, der in der Irre geht, eines Besseren zu belehren"[238]. Am Ende folgt der

53

für alle Menschen verpflichtende Gemeinsinn: „Es ist das vernünftige Wesen ganz von selber auch von Gemeinsinn gegen seinesgleichen erfüllt"[239].

6. Die Behandlung der Frevler

Bei heutigen Diskussionen um Religionsgewalt steht vornehmlich die Frage im Vordergrund, ob Menschen andere wegen deren vermeintlichem Gottesfrevel töten dürfen. Das Alte Testament erlaubte, ja, gebot deren Tötung; davon nahm das Neue Testament Abstand. Die theologische Begründung gab Paulus: Die Christen sollen dem erflehten Gottesgeist vertrauen; ihre Waffen sind „nicht irdisch, aber sie haben durch Gott die Macht, Festungen zu schleifen" (2 Kor 10,4) – also geistlicher Kampf mit geistlichen Argumenten. In Wiederholung des eschatologischen Vorbehalts verwies Paulus auf das Jüngste Gericht und negierte dabei vorzeitige Gewalt: „Richtet also nicht vor der Zeit; wartet, bis der Herr kommt" (1 Kor 4,5). Paulus war sich also bewußt, „dass nicht er, sondern Gott den Urteilsspruch vollstrecken wird"[240].

a) Frühe Beispiele für ‚Laßt beides wachsen'

Wo immer die frühe Christenheit auf Häresie stieß, argumentierte sie mit Jesu eschatologischem Vorbehalt. So Irenäus von Lyon († um 200): „Der Herr hat das im Gleichnis vom Unkraut und Weizen geklärt [...]: Wie das Unkraut gesammelt im Feuer verbrannt wird, so wird es am Ende der Welt sein"[241]. Es zeigt sich sogar eine Art Allversöhnung: „Über den Menschen [...], der unbedacht, aber ohne Bosheit dem Ungehorsam vollzog, erbarmte er sich"[242]. Ein weiteres Beispiel bietet Tertullian: „Dabei will ich [die Wahrheit] mit jenem Gleichnis beweisen, das den guten vom Herrn gesäten Getreidesamen an die erste Stelle setzt, den falschen Hafer des Unkrauts aber vom feindlich gesinnten Teufel später hinzufügt"[243]. Für Tertullian muß die Wahrheit als das direkt vom Herrn übergebene Wort[244] ihre Priorität behalten; somit habe sie Bestand „gegen alle später auftretenden Häresien, die keine Standhaftigkeit des Gewissens geltend machen können, um die Wahrheit für sich zu beanspruchen"[245].

In aller Deutlichkeit ist Bischof Cyprian von Karthago († 258) anzuführen, der selber zum Märtyrer der valerianischen Verfolgung wurde. Er war mit jenen Christen befaßt, die sich einen Opferschein besorgt hatten, mit den sogenannten *libellatici*. In diesem Streit beruft er sich auf das Weizen-Unkraut-Gleichnis: „Denn wenn es auch offensichtlich in der Kirche Unkraut gibt, so darf doch weder unser Glaube noch unsere Liebe derart Anstoß daran nehmen, daß wir selbst die Kirche verlassen, weil wir Unkraut in ihr bemerken. Wir haben vielmehr lediglich darauf hinzuarbeiten, daß wir Weizen zu sein vermögen, damit wir die Frucht für unsere Mühe und Arbeit einheimsen, wenn einmal die Ernte in die Scheunen des Herrn geborgen werden soll"[246]. Zusätzlich noch argumentiert Cyprian gegen jederart letztgültiger Urteilsanmaßung durch Menschen: „Welch stolze Anmaßung, welche Mißachtung jeder Demut und Milde, welch prahlerischer Dünkel gehört dazu, daß einer etwas wagt oder tun zu können glaubt, was der Herr nicht einmal den Aposteln zugestanden hat, und sich einbildet, er könne das Unkraut von dem Getreide scheiden, oder ihm sei es gestattet, die Wurfschaufel zu nehmen und die Tenne zu reinigen, er dürfe versuchen, die Spreu vom Weizen zu sondern!"[247]

Abzuschließen ist mit Origenes; mindestens zweimal behandelt er unser Gleichnis; einmal als allgemeine Verhaltensregel gegen die Jebusiter, die im Alten Testament als Nachfahren des Ham, eines Sohnes von Noach, erwähnt sind (Gen 10,10), und ein anderes Mal als Kontra gegen christliche Dissidentengruppen: „Aber wir wollen dies geistig verstehen, indem wir das Gleichnis aus dem Evangelium hinzunehmen, das vom Unkraut spricht: ‚Laßt beides wachsen bis zur Ernte, sonst reißt ihr zusammen mit dem Unkraut auch den Weizen aus' (Mt 13,30.29). Wie also im Evangelium dem Unkraut gestattet wird, zusammen mit dem Weizen zu wachsen, so [...] auch hier in Jerusalem [...]; es ist ja nicht möglich, die Kirche ganz und gar zu reinigen, solange sie auf Erden ist"[248]. Ein andermal kommt Origenes nur andeutungsweise auf unser Gleichnis zurück: „Wenn man einen Beweis dafür haben will, daß nicht der Herr die schlechten Früchte sät, dann soll man hören, was er im Evangelium sagt: ‚Haben wir nicht guten

II. BIBEL UND ALTE KIRCHE

Samen auf den Acker gesät? Woher kommt dann das Unkraut? Er antwortete: Das hat ein Feind getan' (Mt 13,27f)"[249].

b) Gewaltlosigkeit im christlichen Osten

Eine konsequente Befolgung des Weizen-Unkraut-Gleichnisses hat der christliche Osten aufzuweisen. Johannes Chrysostomos (†407) äußerte sich hier entschieden, sogar prophetisch: Jesus habe das Ausreißen des Unkrauts verboten, weil zu leicht auch Weizen mit ausgerissen werden könnte. „Das sagte er, um Kriege, Blutvergießen und Morde zu verhindern. Darum ist es auch nicht erlaubt, den Häretiker zu töten, weil man sonst einen unversöhnlichen Krieg über die Welt brächte"[250]. Zwei fatale Konsequenzen sieht Chrysostomos bei Gewalt einbeschlossen: „Wenn ihr die Waffen ergreifen und die Häretiker umbringen würdet, so müßten auch viele Rechtgläubige das Leben lassen; oder aber er [Jesus] meint, daß viele von denen, die jetzt noch Unkraut sind, sich bekehren und zu Weizen werden können. Würdet ihr sie also vorher ausrotten, so würdet ihr auch denen schaden, die in Zukunft Getreide werden sollten; würdet diejenigen ausrotten, die noch der Bekehrung und Besserung fähig wären"[251]. Entgegen steht scheinbar eine Bestimmung aus Justinians (†565) ›Novellae‹, wiederum begründet mit dem bedrohlichen Gotteszorn und dem öffentlichen Betroffensein: Die vom Teufel zur Häresie Verführten sollen „sich durch ihre unfrommen Taten vom Zorn Gottes zu Recht betroffen wissen und sie [lassen] Städte mit ihren Bewohnern untergehen [...]. Umso mehr soll der Gotteslästerer eine angemessene Strafe erfahren und der von den Gesetzen vorgeschriebenen Folter bzw. Marter [tormentis] unterworfen werden"[252]. Dieser vielzitierten Novelle, die gerade auch Ketzertötung ermöglichte, spricht man heute eine nur beschränkte Geltung zu: Novelle 77 muß sich auf eine Pestepidemie in der Hauptstadt zur Zeit Justinians beziehen, wäre demnach nur auf eine einzelne Katastrophe und örtlich nur auf Konstantinopel bezogen[253]. Eine durchgehende Allgemeingeltung wäre dieser Novelle demnach nicht zuzusprechen.

Der Byzantinist Hans-Georg Beck (†1999), dessen Publikationen überquellen von Aversion gegen jederart Ketzerverfolgung, präsentiert für das östliche Christentum ein unerwartetes Ergebnis: „Man begegnet in der byzantinischen Geschichte keinem Fall, in dem gegen einen christlichen Ketzer ein Bluturteil ergangen wäre"[254]. Ebenso galt: „Keine Synode versucht ihrerseits, die Todesstrafe für Ketzer zu sanktionieren und dem Staat aufzudrängen"[255]. Nur eine Ausnahme sei einzuräumen, nämlich die Verbrennung eines Bogomilen: „Zum erstenmal [!] in der byzantinischen Geschichte stoßen wir hier auf eine Exekution, [...], insofern als der Exekution das Urteil des Patriarchen auf der Synode vorausgeht"[256]. Entscheidend waren politische Aspekte; die Häresie wurde durchaus als Gotteslästerung empfunden und war somit ein Angriff auf das Gemeinwesen, wofür bis zur Todesstrafe reichende Gesetzesbestimmungen bestanden, die aber nicht zur Anwendung kamen[257]. Sofern sich ein christlicher Herrscher des Ostreiches allgemeiner Menschlichkeit verpflichtet wußte, „kann er die Irrenden aber auch dem Zorn und der Rache Gottes vorbehalten"[258], was zur Folge hat, daß nicht der Mensch die eigentlich überweltliche Rache vollzieht, sondern allein Gott selbst. Folglich seien auch staatliche Bestimmungen gegen Abweichler nur als Androhungen aufzufassen, die „grundsätzlich aber nicht zur Anwendung bestimmt sind"[259]. Bemerkenswert ist endlich auch das: In Byzanz gab es zwar den gerechten Krieg zur Verteidigung des Reiches oder zur Rückeroberung verlorenen Territoriums, „aber keinen heiligen Krieg"[260].

Ein spezieller Fall war die Manichäer-Verfolgung, hatte doch Diokletian († 311), der schon die intensivste und längstdauernde Christenverfolgung verantwortete, ebenso die Manichäer verfolgt. Während die Christenverfolgung mit Konstantin endete, galt das nicht für die Verfolgung der Manichäer: „Ein Todesurteil in Glaubenssachen kennt das spätrömische Recht nur gegenüber den Manichäern"[261]. Doch ist diese antimanichäische Tötungspraxis nicht in die großen Rechtskodizes eingegangen[262]. Auch wurde die Verurteilung nicht deswegen ausgesprochen, weil der Manichäismus gegen ein christliches Dogma verstoßen hätte[263]. Der Grund wurde einzig darin gesehen, daß die manichäische Lehre politisch unzuverlässig mache und das Sozialgefüge des Reiches bedrohe[264]. Und bemerkenswert genug: „Kein Bischof und kein Kleriker sitzt über die Manichäer zu Gericht, sondern allein der kaiserliche Richter, und dieser bedarf keiner kirchlich-theologischen Vorentscheidung, um urteilen zu können"[265]. Für den Byzantinisten Hans-Georg Beck ist das „wohl immer noch ein Erbe altchristlicher Toleranz und Scheu vor Blutvergießen"[266].

c) Doppelgesicht der Konstantinischen Wende

So verwunderlich die Konstantinische Wende den Christen zunächst erschien, so hatte diese Wende doch auch ihr Doppelgesicht mit neuen Gefährdungen: Den Ausgangspunkt bildet das Neue Testament, das kein von Menschen innegehabtes Priesterkönigtum kennt. Wohl aber entwickelte sich die Deutung Jesu Christi als eines *rex et sacerdos* (König und Priester/Heiliger), was zu der Frage führte, wer in der Kirche diesen Priesterkönig vergegenwärtige, ob nur kirchliche oder aber auch weltliche Amtsträger. Die Sakralformeln *Dei gratia* (von Gottes Gnaden)[267] und *vicarius Christi* (Stellvertreter Christi) wie ebenso auf Griechisch ἰσαπόστολος bzw. im Lateinischen *apostolicus* (apostelgleich) wurden in der Spätantike gleichermaßen auf Kaiser, Päpste und Bischöfe angewendet, was zu einer Konkurrenz zwischen geistlicher und weltlicher Herrschaft führte[268]. In der Selbstbezeichnung Konstantins als eines ἐπίσκοπος των ἐκτός (Bischof für die äußeren Belange) lebt die alte Denkfigur des Priesterkönigs weiter, mit der Wirkung noch, daß „der Kaiser der öffentliche Hüter des Glaubens war"[269]. Selbst Päpste wie Leo der Große haben diese doppelte Titulatur gutgeheißen[270]; ja, dieser Papst sprach sogar „dem Herrscher eine Sicherheit in Glaubenssachen zu, die wir schlechterdings als Unfehlbarkeit bezeichnen müssen"[271]. Zusätzlich muß das Faktum erstaunen, daß die Päpste den Kaisern das Berufungsrecht für die gesamtkirchlichen Konzilien ungefragt überließen und nicht für sich reklamierten[272].

Die im Westen bereits von Ambrosius verfochtene Zwei-Gewalten-Lehre mit ihrer Scheidung von geistlicher und weltlicher Gewalt bestärkte wiederum Papst Gelasius I. (†496) anhand des *rex et sacerdos*-Modells: Niemand dürfe auf Erden beanspruchen, den *rex et sacerdos*-Christus zur Gänze zu repräsentieren; vielmehr gebe es zwei Stellvertreter, jeweils einen ersten für den *rex* und einen zweiten für den *sacerdos*[273]. Das bedeutete für den kaiserlichen Anteil die

Beschneidung um dessen Anteil an priesterlicher Amtsgewalt und damit die Trennung von Priestertum und Königtum.

Welche Bedrängnisse ein zwischen die Fronten Geratener zu gewärtigen hatte, zeigt die Lebensgeschichte Athanasius' des Großen (†373). Auf dem Konzil von Nicäa hatte er Arius (†336) überwunden, aber von den Söhnen Konstantins erhielt der zum Ketzer verurteilte Arius neuen Zuspruch. Athanasius wurde mehrfach ins Exil geschickt, aber nicht ohne anmaßende Gegenwehr und gewaltträchtige Selbstverteidigung. Zunehmend brutaler wurden die Gewaltmaßnahmen gegen bestimmte Abweichler: „Prügel, Konfiskationen und Gefangenennahmen waren bald an der Tagesordnung"[274]. Fünf Bischöfe klagten Athanasius an, „er habe sie misshandeln, also wiederum verprügeln lassen"[275]. Als Athanasius die Exilierung angekündigt wurde, schreibt Konstantin an dessen Gemeinde, daß Athanasius „von der Kirche verurteilt" sei und „Alexandria nicht mehr betreten" dürfe[276]. Athanasius stürzte sich in ein ihn selbst beschämendes Verhalten, wie gerade auch Zitate aus seiner jüngst vorgelegten Lebensbeschreibung ausweisen. Als Verbannter in Trier erfuhr er vom Tod seines Erzgegners Arius, „den er hasste wie sonst niemanden auf der Welt"[277]. Nach Alexandria zurückgekehrt, „ging Athanasius rasch daran, seine persönliche Machtbasis innerhalb der dortigen Kirche erneut zu festigen oder auszubauen"[278]. Am Ende der Synode von Serdika im Jahre 343 „war fast die gesamte Leitungsebene der Christen aus der Kirche ausgeschlossen"[279]. Die westlichen Bischöfe warfen den östlichen vor: „Verleumdungen, Verhaftungen, Morde, Schläge, Intrigen durch erfundene Briefe, Misshandlungen, Entblößungen von Jungfrauen, Vertreibungen, Zerstörung von Kirchen, Brandstiftungen"[280]. Und zum Schluß: „Gemeinsam war den beiden christlichen Gruppierungen nur noch die verbale Diskriminierung der anderen"[281].

Das Beispiel des Athanasius zeigt zugleich, daß nicht alle Ausgeschlossenen nur Charaktere von übler Art waren und daß nicht alle Ausschließenden Charaktere von positiver Art waren.

Bedenken wir: Nur knapp hundert Jahre vor Augustinus tobten religiöse Machtkämpfe bereits der schlimmsten Art, obwohl doch Christen für die Gottesfeinde hatten beten sollen und die Person des Häretikers von der Sache, eben der Häresie, hatten unterscheiden wollen.

d) Augustinus im Westen: *compelle intrare*

Im Westen nahm die Geschichte der Toleranz einen anderen Verlauf, nämlich hin zur Religionsgewalt. „Die fatale Interpretation des biblischen ‚*compelle intrare*' bleibt ein Absurdum der westlichen Bibelexegese"[282]. Dieses *compelle intrare* (zum Eintreten nötigen) geht auf Augustinus zurück, der im Westen zur großen theologischen Autorität aufstieg. Für ihn war zwar die Freiheit des Glaubensentscheides immer das Erste und er forderte stets zum Ertragen der Abweichler auf. Aber derselbe Augustinus kennt auch einen heilsamen Zwang, wobei er jedoch „die Todesstrafe für Häretiker ablehnt"[283].

Die Vermischung von Guten und Bösen in der Kirche nahm Augustinus für grundsätzlich, war keineswegs mit Gewalt zu lösen. Die Glaubensannahme sollte allein aus freiem Willensentscheid hervorgehen. In nur einem Brief wiederholt Augustinus gleich dreimal: „So geschieht es, daß sie nicht anders als mit freiem Willen gläubig werden"[284]; auch angesichts des Teufels bleibe es dabei, „daß sie [die Gläubigen] ohne Hindernis von dessen Seite mit freiem Willen an ihn [Gott] glauben"[285]; und zusammengefaßt: „Wir wissen, daß diejenigen, die mit ihrem eigenen Herzen an den Herrn glauben, dies aus eigener Wahl und mit freiem Willen tun"[286]. Die jesuanischen Toleranzaussagen hält Augustinus allesamt parat: „Wir wollen also unsere Feinde lieben, weil dies gerecht ist und Gott es befiehlt, ‚damit wir Kinder seien unseres Vaters, der im Himmel ist, der seine Sonne aufgehen läßt über Gerechte und Ungerechte'"[287]. Im Gleichnis vom Fischfang sieht Augustinus bestätigt, daß Gott selbst am Ende der Welt die Scheidung von Guten und Bösen vornimmt und daß in dieser Weltzeit die „Duldung derer [ansteht], die sich nicht bessern lassen wollen"[288]. Die hartnäckig Verstockten „dürfen nicht eher als bei der letzten Säuberung als Spreu von der Tenne des Herrn entfernt werden"[289]; denn „die ‚Tenne des Herrn' [Lk 3,17] ist noch nicht gereinigt; es kann an Spreu auf ihr nicht fehlen"[290].

Selbstverständlich kennt Augustinus das Weizen-Unkraut-Gleichnis[291]. Er zitiert es direkt aus dem Munde Jesu selbst: „Denn der Herr selbst hat, als die Knechte das Unkraut sammeln wollten, gesagt: ‚Lasset beides wachsen bis zur Ernte', wofür er [der Herr] auch den Grund benannte: ‚damit ihr nicht beim Sammeln des Unkrauts zugleich den

Weizen ausreißt'. Das zeigt, daß wo dieses Verbot nicht eingehalten wird, dennoch die Sicherheit des Weizens garantiert bleibt"[292]. Toleranz ist für Augustinus grundsätzliche Pflicht aller Christen; selbst die Verweigerer der Glaubensgefolgschaft müßten „als Feinde ertragen und geliebt werden, da man ja, solange das Leben währt, nie wissen kann, ob sie nicht noch ihren Sinn zum Besseren wenden"[293].

Überhaupt werde erst bei Parteiungen sichtbar, wer treu und zuverlässig sei: „Denn vieles, was zum katholischen Glauben gehört und was der hitzige und ruhelose Geist der Ketzer anficht, wird in ihrer Abwehr sorgfältiger erwogen, klarer erkannt und nachdrücklicher verkündet, so daß das Aufrühren einer Streitfrage durch Gegner Anlaß zum Lernen gibt"[294].

Augustinus' Äußerungen sind stets eingefärbt von den Auseinandersetzungen mit den Donatisten. Sorge bereitete ihm, „wie sehr man sich vor dem Verderben des Unkrautes oder der vom Weinstocke abgeschnittenen Zweige zu hüten habe"[295]. Das Verbot des Ausreißens sieht er indes für einen bestimmten Fall eingeschränkt: „Wenn man ganz sicher ist, daß das gute Korn feststeht [...], dann soll die Strenge der Zucht nicht schlafen"[296]. Wohl warnt Augustinus weiterhin vor jeder Voreiligkeit, wiederum anhand des Weizen-Unkraut-Gleichnisses: „Er hat gesagt: ‚Die Schnitter sind die Engel', nicht etwa: ‚Die Schnitter sind die Anführer der Circumcellionen'"[297]. Dem aber folgt eine gegen die Donatisten gerichtete Absage: „Da ihr aber statt des Unkrautes den Weizen anklagt, so beweiset ihr dadurch, daß ihr das Unkraut seid und euch, was noch ärger ist, vor der Zeit vom Weizen losgetrennt habt"[298]. Hier wird das Unkraut als identifizierbar hingestellt. Tatsächlich erlaubt Augustinus drastische Zwangsmaßnahmen gegen Abweichler, doch immer mit dem Vorbehalt, nicht zuerst mit Schrecken vorzugehen, vielmehr mit Belehrung: „Freilich würden sie [die Donatisten] nur in Schrecken gesetzt und nicht auch belehrt, so würde dies als eine Art Tyrannei erscheinen"[299]. Biblisch rechtfertigte Augustinus diese Gewalt anhand des Wortes: „Nötige sie einzutreten", entnommen dem Gleichnis vom Gastmahl mit der Nötigung der Eingeladenen (Lk 14,23: *compelle intrare*)[300]. Trotz der von ihm befürworteten Wahrung des physischen Lebens sind für Augustinus drastische Zwangsmaßnahmen durchaus gerechtfertigt: „Durch die Strafe der Verbannung und durch Vermögensverluste sollen sie ermahnt werden"[301]. Sogar Militäraktionen erscheinen Augustinus angebracht, für die er sich aber sofort wieder entschuldigt: Nach Abmarsch der Soldaten sollen „meine Zuhörer erkennen, es sei nicht meine Absicht, daß die Leute wider ihren Willen zur Kirchengemeinschaft mit irgendjemandem gezwungen werden"[302]. In der Folgezeit entstand ein Bündel zupackender Zwangsmaßnahmen, die für Jahrhunderte bis in die Neuzeit weiter wirkten: Verbrennung der für häretisch gehaltenen Schriften und Verbot von neuen Amtsweihen, die Beschlagnahme von Kirchen mitsamt dortigem Versammlungs- und Unterrichtsverbot, sodann Verbannung oder Ausweisung, nicht zuletzt zivile Einschränkungen wie der Verlust der Bürgerrechte, die Zerstörung des eigenen Hauses und die Verschleuderung des Besitzes, dazu Geldstrafen und Vermögenseinzug[303]. Wohl wurde hierbei das physische Leben erhalten – aber zu welch erschreckendem Preis!

Für Augustinus persönlich bleiben zwei von der Forschung allgemein bestätigte Grundsätze. Trotz aller Gewaltmaßnahmen ist ihm unbestritten: Niemals darf es den Ketzern an deren Blut und Leben gehen, „da die Kirchenzucht ohne Blutvergießen geübt wird"[304]. Und zweitens: „Den Begriff des Heiligen Krieges jedenfalls verwendet Augustinus nie; im Gegenteil der Sache nach liegt ihm im Gegenteil viel daran, diese Vorstellung aus dem christlichen Denken zu verbannen"[305]. Anstößig bleibt sein *compelle intrare,* das eine lange Wirkungsgeschichte nach sich zog und vielerlei Zwangsmaßnahmen rechtfertigte.

7. Die christliche Rechtfertigung des Krieges

a) Altchristlicher Totalpazifismus

Die alte Christenheit neigte wegen der Seligpreisung der Friedensstifter in Jesu Bergpredigt (vgl. Mt 5,9) zunächst einem Totalpazifismus zu. Das Friedensgebot wurde bis dahin ausgelegt, nicht einmal Widerstand bei persönlich erfahrenem Unrecht entgegenzusetzen; erst recht verbot sich für Christen das Töten[306]. Tertullian bezeugt erstmals Christen im Heeresdienst, lehnt aber diesen Dienst ideell ab[307]; ebenso prinzipiell verwirft Laktanz den Kriegsdienst[308]. Origenes, in eigener Person Totalpazifist, fand keine rechte Antwort auf den Einwand, daß doch das Römische Reich zusammenbräche, wenn alle wie die Christen den Heeresdienst verweigerten[309]. Tatsächlich lehnt Origenes jeglichen Militärdienst wie auch die Übernahme politischer Ämter durch Christen ab; nicht aber lehnt er ab das Gebet für Kaiser und Reich; christliches Leben trage dadurch zur Ausbreitung der göttlichen Präsenz bei, die immer auch Frieden bewirke. Die primäre Schwierigkeit für Christen war – erstaunlicherweise – von religiöser, nicht von ethischer Art. Die religiösen Bedenken richteten sich gegen den Eidschwur auf den Genius des Kaisers, nicht aber darauf, weil sie sich weigerten zu töten[310]. Es waren also die kultischen Ansprüche des Staates, die ein überzeugter Christ nicht hinnehmen sollte[311]. Der Heeresdienst als solcher mit dem Niederkämpfen des Gegners wurde faktisch akzeptiert, die religiöse Gefährdung oft dadurch neutralisiert, daß christliche Soldaten beim Fahneneid offen oder heimlich das Kreuzzeichen machten[312]. Das heißt: Die Abwehr des Kriegsdienstes durch Christen war eher verbal-religiös als christlich-ethisch, infolgedessen der „Grundtenor weitaus paganer als christlich"[313] blieb. Mit Carl Erdmann († 1945) gilt weiterhin: „Dem Urchristentum wäre der Gedanke an einen heiligen, von der Religion geforderten Krieg als geradezu absurd erschienen; man kannte nur den profanen, für das Staatswohl geführten Krieg und zweifelte daran, ob die Beteiligung an ihm dem Christen auch nur erlaubt sei"[314].

b) Augustinus: Nur der gerechte Krieg

Erst in der Spätantike entwickelte sich im Christentum die Idee von einem möglicherweise erlaubten Krieg. Für alle vormodernen und so auch für die antiken Kulturen ist vorauszusetzen „eine Nicht-Trennung von Religion und Politik"[315]; so waren denn auch im Römischen Reich „alle Kriege religiös konstruiert"[316]. Die besondere Leistung des Augustinus besteht nun darin, daß er gegen alle antike Tradition „Religion und Politik unterscheidet"[317]. Für seine Person hegte er Widerwillen gegen allen Krieg, ja aller Unfrieden habe seinen Grund „im

Verlust des inneren Friedens"[318]. Nur schon das Bestehen jedweden politischen Gemeinwesens erachtete Augustinus als „auf den Willen zum Frieden gegründet"[319]. Für den Krieg forderte er einen neuartigen „Begründungszwang"[320], nämlich Abwehr von jederlei Kriegsverharmlosung wie ebenso jeglicher Kriegsverherrlichung. Einzige Legitimation „ist die Notwendigkeit der Wiederherstellung des Friedens gemäß der göttlichen Schöpfungsordnung sowie die Bestrafung von Unrecht und die Rückgabe von Gestohlenem"[321]. Niemals darf ein Krieg nur der Vergrößerung des Reiches oder den persönlichen Interessen der Herrschenden dienen[322]. Zur Kriegsführung befähigt ist allein die legitime Obrigkeit, sodaß ein Soldat, der in einem legitimen Krieg tötet, keine Sünde begeht: „Und so kann ein Mann als gerechter für die Ordnung kämpfen, selbst wenn er unter einem ungläubigen Herrscher dient [...]. Selbst wenn das Geben eines Befehls den Herrscher schuldig machen sollte, ist der Soldat, der ihm gehorcht, unschuldig"[323]. Zusätzlich mußte Augustinus eine Deutung für den alttestamentlichen ‚Gotteskrieg' finden: Dieser könne wegen der immer vorauszusetzenden Gerechtigkeit Gottes nur ein gerechter gewesen sein, insbesondere als göttliche Zuchtrute für die vielen menschlichen Vergehen[324].

Die ›Friedenslehre des Augustinus‹ läßt sich in vier Punkten zusammenfassen: „Staatliche Gewalt und erst recht ein Krieg können überhaupt nur als eine Reaktion auf eine offensichtliche und schwerwiegende Störung der äußeren Gerechtigkeit und des sozialen *ordo* gerechtfertigt sein"[325]. Zweitens ist die Identifikation eines (National-)Volkes und eines irdischen Landes als von Gott besonders erwähltes Volk und/oder Land „ausnahmslos verwehrt"[326]. Drittens führt die augustinische Sichtweise der göttlichen Heilspädagogik „die Legitimation eines jeden ‚Heiligen Krieges' zur Erlangung des *eigenen* Heils ad absurdum"[327]. Viertens verpflichtet Augustinus den Staat bei Rechtsdurchsetzung auf „die Einhaltung genau bestimmter Obergrenzen der Gewaltanwendung"[328]; „die physische Gewalt darf ihm zufolge Stockschläge nicht überschreiten. Folter und Todesstrafe lehnt er vehement und engagiert ab"[329]. Das Postulat des gerechten Krieges wurde christliches Gemeingut.

Aufs Ganze gesehen kann für Augustinus allein nur die Gerechtigkeit einen Krieg legitimieren, was zugleich bedeutet: Aller Krieg ist säkular und niemals heilig. Das entspricht vollauf dem Neuen Testament, „dass weder Jesus noch das Urchristentum irgendeine Form von ‚Heiligem Krieg' kennen"[330]. Zu weiteren positiven Aspekten des frühen Christentums gehörte, „die Maßstäbe der römischen Grausamkeitskultur zu zersetzen"[331]. Ja mehr noch, Jesus hat mit seiner Passion das Leiden zum positiven Wert gemacht und somit die Möglichkeit geschaffen für ein „Gewalt ertragendes Leiden"[332].

III. DAS MITTELALTER

1. Die neue Religionsgewalt im Westen

a) Mission als Zwangsprozeß

Vorweg ist festzuhalten, daß jedwede Weltdeutung sich um Plausibilisierung bemüht und um Anhänger wirbt. Dieses Bestreben des Sich-Mitteilens und des Sich-Ausbreitens gilt heute absolut für die Wissensvermittlung, praktisch aber auch für die welt- und lebensdeutenden Religionen. Die oftmals als Religionsimperialismus kritisierte christliche Missionstätigkeit kann durchaus positiv als Ausdruck universaler Menschenwürde gedeutet werden, wie Niklas Luhmann (†1998) herausstellt: „Es soll jedermann angesprochen werden, der als Mensch erkennbar ist"; Weltreligionen „nehmen gleichsam die Weltgesellschaft vorweg"[1]. Noch Immanuel Kant (†1804) erinnerte an die universale Geltung dieses allen Menschen obliegenden Auftrages: „Denn Gott will die Glückseligkeit aller Menschen und zwar durch Menschen, und wenn nur alle Menschen zusammen einstimmig wollten ihre Glückseligkeit befördern, so könnte man in Nova Zembla ein Paradies machen"[2].

Folglich wird man das Missionieren zu „den natürlichen Bestrebungen einer jeden Religion zu rechnen haben"[3]. Vorauszusetzen ist dafür, daß sich die jeweilige Religion gentil entschränkt, sich also von Volks- und Landeszugehörigkeit loslöst. Genau dem entspricht der Missionsauftrag Jesu: „Geht zu allen Völkern" (Mt 28,19). Paulus bestätigt diese Loslösung im Galater-Brief, indem er Abraham eine Doppelrolle zuweist: Nach jüdischem Selbstverständnis war ein jeder Jude sowohl leiblicher wie aber auch religiöser Nachfahre Abrahams, hatte also Abraham sowohl als leiblichen Spitzenahn wie zugleich als religiösen Glaubensvater. Demgegenüber bekannte sich Paulus zu einer für alle Menschen offen stehenden Ausweitung, also den Urahn Abraham aufzufassen sowohl für den rechtfertigenden Glauben wie für den religiösen Segen aller Völker (Gal 3,6–8). Darum Pauli Vorschlag: „Wir sollten zu den Heiden gehen" (Gal 2,9). Das Problem der frühmittelalterlichen Mission bestand wesentlich im Gottesfrevel[4]. Denn aufgefordert wurde zum Religionswechsel, was bedeutete, daß beide Seiten, sowohl die Paganen wie die Christen, den Zorn ihrer jeweils eigenen Götter provozierten. Paganerseits mußte die christliche Mission wegen der Vernichtung der Heiligtümer als Frevel gegen die eigenen Gottheiten empfunden werden und war entsprechend zu bestrafen, durchaus mit Tötung. Christlicherseits galt umgekehrt der heidnische Kult mit seinen Blutopfern als Gottesfrevel. Tatsächlich aber waren die Rächer solch heidnischer Opfer „in der Regel staatliche Organe"[5], wobei die entsprechenden Kaisergesetze die Götzenverehrung und die Blutopfer sogar mit dem Tode bestraften[6]. Schon das widersprach der altchristlichen Forderung nach Verzicht auf jegliche staatliche Unterstützung.

Für die Mission konnte sogar das Ausreißen des Unkrauts empfohlen werden, was bereits auf Gewalt hindeutet. Der ob seiner ›Kirchengeschichte des englischen Volkes‹ berühmte Mönch Beda († 735), dessen angelsächsische Geschichte auch als Handbuch für Mission gelesen werden kann, bezeichnet die Bekehrung als Ausreißen des feindlichen Unkrauts[7]. Papst Zacharias († 752) fordert Bonifatius († 754) auf, „nach Herstellung geistlicher Hacken und nach Ausrottung des Unkrauts dieses zum Verbrennen"[8] wegzuschaffen. Der Biograph des Bonifatius, Willibald († 787), beschreibt dessen Wirken von vornherein als für die Paganen frevlerisch, daß nämlich der Missionar das Wort des Herrn unausgesetzt predige, dabei den paganen Ritus wie ebenso die pagane Sitte angriff, überdies aus den abgebrochenen Heiden-Heiligtümern Kirchbauten errichtete[9]. Diese gezielte Provokation konnten die Paganen nur als Frevel gegen ihre eigenen Götter auffassen, hatten darum deren Zornesausbruch zu gewärtigen und mußten deswegen auf die Tötung der aus ihrer Sicht frevelnden Missionare sinnen[10]. Darum dann die Erschlagung des Bonifatius. Jüngst ist indes dieser Gottesfrevel für die Mission auch bestritten worden: Die zeitgenössischen Quellen kennten für die Kriege Karls des Großen († 814) gegen seine heidnischen Nachbarn „das Konzept eines Heiden- oder Gottesfrevels nicht"[11].

Hier ist zu korrigieren: Die auf paganer wie christlicher Seite ausgeübte Gewalt für die jeweils den eigenen Gottheiten angetane Schmach führte durchaus zum Heiligen Krieg.

Nach des Bonifatius Erschlagung vollführte König Pippin (†768) eine ‚spiegelnde Rache‘, verstanden als Sühne für die dem eigenen Christengott angetanen Frevel: Die Heiden „wurden in gewaltigem Metzeln niedergemacht", und die Christen „kehrten mit den erbeuteten Weibern, Kindern und Mägden der Götzendiener heim"[12]. Hier geschah Religionskrieg der schlimmsten Art, nämlich mit Tötung der Männer und Versklavung der Frauen und Kinder, vollführt von Christen zur Rächung des erschlagenen Missionars Bonifatius. Derart hemmungslos wie König Pippin ist dann Karl der Große bei der Sachsenmission nicht mehr vorgegangen[13]. Wohl eröffnete er mit der Zerstörung des Sachsenheiligtums der Irminsul einen Religionskrieg, und der sofortige Gegenangriff der Sachsen läßt „das Motiv der Rache für die Schändung des Heiligtums vermuten"[14]. Dennoch ist die berüchtigte ›Capitulatio de partibus Saxoniae‹, trotz ihres vielmaligen „mit dem Tode zu bestrafen", von durchaus anderer Art: Hinter ihr steht „weit eher ein klares gesetzgeberisches Konzept"[15]. So sehr hier Todesstrafen sowohl aus religiösen wie auch aus politischen Erfordernissen angedroht werden, bleibt doch dem Einzelnen die Möglichkeit der Selbstrettung: Wer sich an einen Priester wendet und vor ihm nach einem Schuldbekenntnis zur Buße bereit ist, wird „von der Todesstrafe befreit"[16].

Im Frühmittelalter ist es zuerst Gewaltmission gewesen, zwar nie ohne Proteste gegen Zwang und immer auch mit Plädoyers für Freiheit[17]. Das Grundproblem war und blieb die Vorstellung, alle müßten mitmachen, weil sonst der Zorn aus der Überwelt drohe. Jede Zwangsmission widerspricht allerdings der frühchristlichen Forderung nach innerlich-freier Bekehrung, widerspricht ebenso den modernen Vorstellungen von Religionsfreiheit. Neutestamentlich bleibt es dabei: „Jede Art von Zwangsmissionierung war ein Verbrechen"[18]. Zuletzt ist mit Carl Erdmann auch daran zu erinnern: Totschlagen der Heiden wurde „von der Kirche nur ausnahmsweise gebilligt" und war „keineswegs stehende Kirchenlehre"[19].

Den ersten Versuch einer gewaltfreien Mission unternahm Franz von Assisi (†1226). Im Geiste evangelischer Gewaltlosigkeit schwebte ihm eine neue Weise von Missionierung vor. Dem Neuen Testament entnahm er die wichtigsten Elemente, zumal die geistige Auseinandersetzung: „Wenn nämlich der Sieg von oben soll erhofft werden, dann muß man die [geistigen] Schlachten mit dem Geiste Gottes schlagen"[20]. Zitiert wird dafür das Geschick des ausgestreuten Samens mit seiner vielfältigen Frucht (Mt 13,1–23), das Weizen-Unkraut-Gleichnis nur mit dem Hinweis: Es „kommt der Teufel und raubt"[21].

b) Mission als Verinnerlichungsprozeß

Infolge der Mission erschienen östlich des Rheins erstmals Bücher wie auch verschriftete Urkunden. Beides hat die dortige Religionswelt von Grund auf verändert. Niklas Luhmann zufolge erbringt Schriftlichkeit für die Religion ein Zweifaches: Das Buch wirkt einerseits als Wissensreservoir, daß man sich nicht mehr alles selber ausdenken muß; das Buch wirkt andererseits als Dogma, daß man nicht mehr alles selber frei ausdenken darf[22]. Die daneben anzuführenden Urkunden eröffneten eine neue Sicht auf das Jenseits: Nur mit urkundlichem Vorweis guter Taten konnte man auf Einlaß in das Himmelreich hoffen[23]. Desweiteren wirkte die neue Schriftlichkeit sofort auf die Reichsverwaltung ein, konnten doch jetzt spezielle Regelungen für bestimmte Personen und Orte festgeschrieben werden[24].

Die einstmaligen Schwierigkeiten bei der Umstellung auf Literalität sind für uns heute kaum noch vorstellbar. Sobald Schriftlichkeit auf Religion einwirkt, hat das Luhmann zufolge „erhebliche Konsequenzen"[25]. Die christliche Religion führte ob der von ihr geforderten Innerlichkeit zu einer verschärften Unterscheidung von ‚innen und außen', ließ Religion somit ‚ethisch' werden[26]. Zur Erläuterung nur zwei Sätze von Johannes Fried zur frühmittelalterlichen Ausgangssituation: „Wissen war Nachsprechen, nicht Weiterdenken", und: „Viele Menschen hatten Schwierigkeiten zu verstehen, was sie lernen sollten"[27]. Entgegen der viel kritisierten Gewaltmission ist herauszustellen, daß die verinnerlichenden Aspekte des Christentums gerade auch Folge der Mission waren. Der Germanist Hans Eggers († 1988) hat entsprechende religiös-innerliche Umwandlungen aufgezeigt, sie sogar als Revolution gedeutet: „Eine Revolution der ganzen germanischen Vorstellungswelt war erforderlich, damit das ›Vater-unser‹ [...] überhaupt nur verstanden werden konnte"[28]; schwierig war schon die „Vorstellung eines Vaters im Himmel, die zwar mit germanischen Worten ausgedrückt werden kann, für die es aber in der germanisch-heidnischen Vorstellungswelt kaum ein Äquivalent gibt".

Bietet schon das schlichte Gebet des Herrn erhebliche Schwierigkeiten, „wie unermeßlich schwierig muß es dann gewesen sein, das Glaubensbekenntnis – befrachtet mit viel dogmatischer Begrifflichkeit aus dem Geiste frühchristlicher Theologen – zu verstehen?"[29] Oder zum christlichen Zentralgebot der Barmherzigkeit: „In der heidnischen Vorstellungswelt der Germanen fehlte *misericordia* [Barmherzigkeit], und die frühen christlichen Übersetzer mußten schwer darum ringen, ihn angemessen in deutscher Sprache auszudrücken"[30].

Erst dank stetiger Einübung des Theologisch-Innerlichen erhob sich das Christentum zur Weltreligion, die ihre nunmehr verinnerlichten Glaubensinhalte allen Menschen anzubieten vermochte „ohne ethnische, völkische oder territoriale Einschränkung"[31].

2. Die neue Verfluchung

a) Häresie als religiöser Fluch

Gegenüber Häretikern verblieb der Westen für das erste Jahrtausend bei Nicht-Tötung. Die alleinige Ausnahme ist der auf das Vergehen Magie umgedeutete Prozeß gegen Priszillian zu Trier im Jahre 385. Magie galt als juristisch strafbares Verbrechen, wobei das jüngere ›Edictum Theoderici‹ aus der Mitte des 5. Jahrhunderts bei der Bestrafung noch die dem altrömischen Recht entsprechende Unterscheidung zwischen *honestiores* und *humiliores* anbrachte. „Für erstere waren Güterkonfiskation und Verbannung vorgesehen, für letztere die Todesstrafe"[32]. Die Hinrichtung des Priszillian erregte sofort das Entsetzen des Ambrosius von Mailand wie des Martin von Tours und des damaligen Papstes Siricius († 399)[33]. Für den weiteren Fortgang gilt für den Westen: „In der Antike hat es keinen weiteren [staat-

71

lichen] Ketzer- und Hexereiprozeß [...] mehr gegeben"[34]. Auch fällt auf, daß offenbar während der gesamten früh- und hochmittelalterlichen Zeit kein einziger Bibelkommentar die augustinische Auslegung des ,compelle intrare' übernahm[35]. Wir sehen hier: Das ,Reißt nicht aus' zeitigte im Westen durchaus Wirkung und verhinderte im ersten Jahrtausend Ketzer-Hinrichtungen. Als entsprechendes Beispiel sei Hrabanus Maurus († 856) zitiert. Deutlich unterscheidet er das endgültige Verbrennen des Unkrauts im endzeitlichen Gottesgericht und das vorläufige Bündeln des Unkrauts durch die Kirche: „Daß die Verbrennung [der Unkraut-Bündel] am Ende der Tage geschieht, aber nicht das Bündeln des Unkrauts"[36]. Zur Begründung wiederholt Hrabanus das Weizen-Unkraut-Gleichnis: „Wenn zugleich der Weizen ausgerissen wird, sobald das Unkraut beseitigt wird, sind auch viele darunter, die zuvor Unkraut waren und später Weizen"[37]. Gemahnt wird zur Geduld, und verboten wird jede Erregung zur Rache: „Gleichmütig müssen wir ertragen die Bösen und die Guten; wenn wir, erregt von den Bösen, an ihnen Rache üben, geben wir den Guten die Möglichkeit des Ärgernisses"[38].

Faktisch blieb die Häresie im frühmittelalterlichen Westeuropa marginal; weder reichte die intellektuelle Kapazität zur theoretischen Ausformulierung einer solchen noch zur dezidierten theologischen Bekämpfung derselben[39]. Das Bemühen der Kirchenleute zielte gegebenenfalls „darauf ab, vermeintlicher Ketzer habhaft zu werden, um sie dann vor Synodal- oder bischöflichen Gerichten zu verhören, ihre ,Irrtümer' aufzudecken „und sie argumentativ zum Widerruf ihrer falschen Lehren zu bewegen"[40]. Immer hielt man dabei die Möglichkeit offen, reuig in den Schoß der Kirche zurückzukehren[41]. Bei tatsächlicher Verurteilung wurde Klosterhaft als probates und ausreichendes Mittel angesehen, die allerdings körperliche Züchtigung mit einschließen konnte[42].

Erst nach der Jahrtausendwende, als in Westeuropa eine neue religiös-wissenschaftliche Bewegung entstand, reaktivierte sich gegenüber Ketzern – eigentlich ganz unerwarteter Weise – wieder das uralt-übliche Schema der Frevlertötung. Im Jahre 1022 erfolgte zu Orléans „die erste sicher bezeugte Ketzerverbrennung des Abendlandes"[43], wobei sich der französische König Robert der Fromme († 1031) einschaltete[44]. Weitere Hinrichtungen folgten in Lüttich, Utrecht und

Trier[45]. Die in Goslar im Jahre 1051 vollzogene Hinrichtung betraf vermeintliche Manichäer; möglicherweise hat man sich dabei der seit Kaiser Diokletian bestehenden Möglichkeit entsonnen, Manichäer, weil juristisch als Staatsfeinde angesehen, hinrichten zu können, wobei sich aber früher nie Kirchenleute mitbeteiligt hatten; abgesehen von der Dürftigkeit des Verfahrens, daß nämlich die Beklagten die Schlachtung eines Kükens verweigerten, waren nun auch Bischöfe beteiligt[46].

Das bei Kirchenleuten feststellbare Zögern vor Ketzertötung erklärt sich aus dem weiterhin vorgebrachten Weizen-Unkraut-Gleichnis. Insgemein wollte der Klerus – so Hans-Georg Beck – „vom Bluturteil gegen die Ketzer noch nicht viel wissen"[47]. Tatsächlich ergab sich jetzt ein Doppeltes: zunächst das Zögern der Hierarchen gegenüber einer Ketzerexekution und auf der anderen Seite die Gewalttätigkeit des Volkes[48]. Die seit Gregor von Tours († zw. 593 u. 596) feststellbare Tendenz, Gerechtigkeit vor allem in Gottesurteilen zu erwarten[49], mußte solcherart Verurteilungen gerade auch bei Häresie-Verdächtigten befördern, was in Wirklichkeit zur ‚Volksjustiz' führte. Die Kölner Ketzer, über die Everwin von Steinfeld († 1153) im Jahre 1144 berichtet, sind dafür ein sprechendes Beispiel[50]. Bernhard von Clairvaux († 1153) schildert die bei ihnen angewandte Lynchjustiz: „Meistens legten die Gläubigen Hand an sie und zerrten einige in die Mitte"[51]. Erst die von der Scholastik entwickelte Inquisition sollte diese Lynchjustiz beseitigen.

Für das erste Jahrtausend hat man die Wirkung des ‚reißt nicht aus' folgenderweise zusammengefaßt: Die Mehrzahl der frühmittelalterlichen Exegeten bestätigen, daß Weizen und Unkraut zusammen aufwachsen sollen und das Unkraut sich immer noch in Weizen umwandeln könne; nach der Jahrtausendwende aber mehrten sich Wertungen gegenteiliger Art: Wenn das Unkraut schneller wachse als der Weizen, müsse man es ausreißen[52].

b) Kultische Unreinheit als Pollution

Den eigenen Gott zu besudeln galt als Frevel, und dieser Frevel war mit dem vergossenen Blut der Besudler wegzuwaschen. Dieselbe

Reinigung erforderte der heilige Ort, sofern er durch Fremdgläubige verunreinigt war; wiederum bewirkt das vergossene Blut der Beschmutzer die Reinigung. Jesus aber hat die Pollution abgelehnt; dem Neuen Testament hat man nachsagen können, es gehe allein um die Wahrung der ethisch-gesinnungsorientierten Reinheit. „Konsequent schweigt es zu der traditionell als kultisch verunreinigend eingestuften weiblichen Menstruation, es übergeht die nächtliche Pollution des Mannes und verzichtet schließlich sowohl auf die Abwertung der Sexualität als auch auf die Geringschätzung der Leiblichkeit"[53]. Ebenso übergeht Jesus den heiligen Ort, denn die wahren Beter „werden den Vater anbeten im Geist und in der Wahrheit" (Joh 4,23). Folglich gab es neutestamentlich gesehen weder eine kultische Reinheit noch einen heiligen Ort. Grundsätzlich gilt zwar auch im Christlichen, „daß Reinheit nur durch Blut erlangt wird"[54]; so bekundet der Hebräer-Brief: „Ohne daß Blut vergossen wird, gibt es keine Vergebung" (Hebr 9,22). Dabei wird aber die Wirkung auf eine ‚innere' Ebene gehoben: Jesu Blut „bewirkt innere Reinheit"[55], sogar noch mit gesteigerter Ethisierung zu „Reinheit des Gewissens und des Herzens"[56]. Aufs Ganze gesehen gilt fürs Neue Testament: „Der Gegensatz innen/außen mit der Höherbewertung des Inneren wird zuungunsten des Rituellen ausgespielt"[57]. Trotz dieses Gegensatzes galt für die Verketzerten, daß gerade sie ‚verunreinigt' und ‚befleckt' seien, und diese Etikettierung zieht sich durch die ganzen innerkirchlichen Streitigkeiten. Natürlich wird hier metaphorisch gesprochen, doch angesichts der wiederbelebten *pollutio*-Vorstellungen immer noch verunglimpfend genug. Den Anfang machte schon das Neue Testament, so mit Aussagen wie: „Ihr schwaches Gewissen [ist wie] befleckt" (1 Kor 8,7), oder: „Ihr Denken und Gewissen sind unrein" (Tit 1,15).

Für das Neuaufleben der Pollution seien speziell zwei Phänomene angeführt: einmal die kultisch begründete Reinheit im christlichen Gottesdienst[58] und zweitens die kriegerisch begründete Reinheit bei den Kreuzzügen[59].

Als Erstes waren Liturgie und Klerus betroffen. Hatte Jesus die Pollution rundweg abgelehnt, so blieb doch eine Ausnahme im Neuen Testament, nämlich die ‚Jakobus-Klausel' des Apostelkonzils mit ihrer „Verunreinigung durch Götzenopferfleisch und Unzucht" (vgl. Apg 15,20). Die hier verwendeten Ausdrücke ‚Befleckung' und ‚Unzucht'

gaben dann im Frühmittelalter Anlaß zu einer Neudeutung: Fortan
tendierte die im Neuen Testament ethisch gedeutete Unkeuschheit
hin zur Pollution, sodaß die Rede von ›Sündenschmutz und Herzensreinheit‹ nunmehr ein Changieren aufweist zwischen ethischer und
kultischer Reinheit[60].
Bereits Bonifatius kritisierte den fränkischen Klerus ob dessen
,Unreinheit', verstanden als Pollution. Der kultischen Reinheit wegen
betrieb die karolingische Kirchenreform eine Monastisierung des Klerus, von der gesagt worden ist, niemals zuvor und nie danach sei in
der mittelalterlichen Kirchengeschichte ein ähnlich umfassender Versuch für die kultische Reinheit unternommen worden[61]. Die Pollution
betraf zumal die Frauen[62], sowohl die Nonnen wie die Laiinnen, weswegen manche Bußbücher bei Menstruation das Betreten der Kirche
und erst recht die Kommunion verbieten[63]. Sogar die Geburt machte
unrein und bedurfte der Aussegnung[64]. Die ›Admonitio Generalis‹
Karls des Großen enthält sogar das Verbot, „daß Frauen nicht zum
Altar hintreten dürfen"[65]. Alle Beteiligten mußten reine Hände haben.
Das reichte bis ins Innere der Liturgie, betraf sowohl das Darbringen
der Opfergaben durch die Laien wie das Entgegennehmen dieser Gaben durch die Kleriker[66]. Das Zweite Lateran-Konzil erklärte 1123 den
Zölibat zur Pflicht für alle Kleriker höherer Weihegrade; als Gründe
sind benannt „das Gesetz der Enthaltsamkeit und die gottgefällige
Reinheit"[67]. In Wirklichkeit dürfte während des ersten christlichen
Jahrtausends die große Mehrheit der Geistlichen verheiratet gewesen
sein[68]. Noch die seit dem Spätmittelalter aufgekommenen und in der
Reformationszeit fortgesetzten Klerus-Visitationen verzeichnen die
große Not der verheirateten Geistlichen[69]. Was uns heute besonders
verwundert: Die Abneigung der gemeinen Leute gegen unkeusche
Priester währte durch das ganze Mittelalter bis in die Neuzeit: Jan
Huizinga (†1945) hat es beschrieben: „Die Sakramente eines Priesters,
der in Unkeuschheit lebt, sind ungültig"[70].

c) Kultische Reinheit als Motiv der Kreuzzüge

Die zweite, die machtpolitische Form der Pollution zeigt sich in
den Kreuzzügen. Die Begründungen sind zum einen: „Das Blutbad

reinigte die Stadt von der Befleckung, die ihr der gotteslästerliche Glaubensvollzug der Muslime hinzugefügt hatte"[71]; sind zum anderen: die Reinigung bzw. „Weihe der eigenen Hände durch das Blut der Feinde"[72]. Das Vorbild für diese Art von Reinigung lieferten die Makkabäer-Bücher[73]. Für den dort geschilderten Aufstand gegen die verunreinigenden Hellenisten gilt wiederum das uralte Schema der Abwendung des Gotteszorns und der Pflicht zur Frevler-Tötung. Der aufständische Judas „vernichtete die Frevler im Land und wandte Gottes Zorn von Israel ab" (1 Makk 3,8). Die Makkabäer verstanden sich demnach als „Werkzeuge des Strafhandelns Gottes"[74] und boten dafür „aussagekräftige Legitimationsfiguren"[75].

Für die Kreuzzüge wurde eben dieses neutestamentlich überholte Konzept der Reinigung aktiviert[76]: Christi Heiliges Land sei durch Fremdgläubige verunreinigt und müsse „durch das Vergießen ihres Blutes wieder entsühnt werden"[77]. Seit dem Kreuzzugsaufruf Papst Urbans II. (†1099) zieht sich das Argument der heidnischen Besudelung und der christlich gebotenen Reinigung durch die päpstlichen Kreuzzugsaufrufe; hinzugenommen werden die Psalmworte: „Der Gerechte ... badet [rein] seine Füße im Blut der Frevler" (Ps 58,11), oder: „Gott steht auf, seine Feinde zerstieben; die ihn hassen, fliehen vor seinem Angesicht" (Ps 68,2), oder: „Gott, die Heiden sind eingedrungen in dein Erbe" (Ps 79,1; Vulgata Ps 78,1). Unter dem Juristen-Papst Innozenz III. (†1216) erreichte die *pollutio*-Argumentation ihren Höhepunkt: Gott tilgt die Sünde von der Erde, und „der Gerechte soll seine Hände im Blut des Sünders [rein]waschen"[78]. Bei allen in der Christenheit zu feiernden Messen ließ Innozenz den folgenden Passus einschieben: „Gott, der du in deiner wunderbaren Vorsehung alles ordnest, wir bitten dich demütig, das Land, das dein Sohn mit seinem eigenen Blut geheiligt hat (*consecravit*), den Händen der Feinde des Kreuzes Christi zu entreißen und dem christlichen Kult zurückzugeben"[79]. John Gilchrist (†1992), vielfältigst in mittelalterlicher Kanonistik ausgewiesen, urteilt über die Argumentation der Päpste rein negativ: Für Pazifismus hätten diese keinen Sinn gehabt[80]; die augustinischen Leitsätze für Krieg seien nur selten in päpstlichen Briefen erwähnt, auch nicht in Predigten und Chroniken, gar nicht in der populären Literatur der Kreuzzugszeit[81]; päpstlicherseits habe es überhaupt keine konsequente Theorie der Kriegsführung gegeben[82], wohl aber Bezugnahmen „auf alttestamentliche Heroen, auf Moses, Joshua, David und Judas Maccabäus"[83]. Und besonders schwerwiegend: „Die Päpste handelten nicht gemäß den kanonistischen Normen, welche aus der Augustinischen Lehre vom gerechten Krieg entnommen worden waren, sondern gemäß der primitiven biblischen Vorstellung vom heiligen Krieg"[84].

Argumente gegen die päpstlich propagierte Tötung der verunreinigenden Muslime lieferten die Kanonisten. Sie argumentierten mit dem Naturrecht, daß doch alle Menschen von selbiger Natur seien und folglich ein von vornherein ‚schmutziger' Heide gar nicht existiere[85]. Dem von Urban II. verkündeten ‚deus vult' setzten nicht wenige Kanonisten ein ‚deus non vult' entgegen[86]. Walter Map († 1209/10) fragte sogar provokant: „Wenn es nicht erlaubt ist, den Heiden Gewalt anzutun oder sie zum Glauben zu zwingen, wie kann man sie, die Gott annimmt, verachten und berauben?"[87] Der Engländer Radulfus Niger († um 1200) gebot, die Sarazenen nicht zu töten, allenfalls zu vertreiben[88]; über die Rückeroberung des Heiligen Landes urteilte er geradezu sarkastisch: Wenn Gott das den Christen weggenommene Jerusalem restituieren wolle, warum er dann nicht zwölf Legionen Engel entsende?[89] Nicht zuletzt bestritt er die Blutsühne: „Die Vergießung des Blutes irgendeines Menschen ist doch keine Genugtuung"[90]. Wolfram von Eschenbach († um 1220) argumentierte im ›Willehalm‹ mit der von Gott jedem Menschen garantierten Geschöpflichkeit. Der Mensch ist von Gott geschaffen, und das verpflichtet zur Schonung: *schônet der gotes hantgetât!*[91] Als Gottes Geschöpf besitzt der Mensch seine besondere Würde, kann darum nicht wie ein ‚schmutziger Hund' totgeschlagen werden. Gegenüber der „mörderisch intoleranten Kreuzzugsideologie" seiner Zeit pocht Wolfram „auf ‚das Recht des anderen' und stellt schonungslos das Leid heraus, das der Mensch dem Menschen – der Bruder dem Bruder – im Krieg antut"[92]; vielmehr soll gelten: „Christen und Heiden sind Gottes Geschöpfe und in diesem Sinne Kinder Gottes"[93].

Festzuhalten bleibt, daß nicht die Päpste, wohl aber die Kanonisten daran festhielten, jeden Menschen als Gottes Geschöpf anzusehen, ihm deswegen eine eigene Würde zusprachen und ihn frei sahen von Pollution.

3. Der umgedrehte Jesus

Der Brauch, einzelne Mitglieder religiöser Gruppierungen bei bestimmten Fehlhaltungen vorübergehend oder für immer auszuschließen, ist ein allgemeines kultur- wie auch religionstypisches Phänomen[94]. Im Mittelalter stellten sich zwei Sonderprobleme: Einerseits die erlebte Demütigung wegen der nicht mehr länger geltenden Geburtsvorrechte, andererseits die Verfluchung als die Überweisung in den Teufelsbereich.

a) Kampf um den ersten Platz

Als Ideal schwebte allen Klosterleuten vor: „Die ‚vita communis‘ im Kloster hob Geburtsprivilegien auf und unterwarf Hoch- und Niedriggeborene einer einheitlichen Regel, die auf Stand und Herkunft keine Rücksicht nahm"[95]. Neutestamentlich gebot sich: „Ihr alle seid ‚einer‘ in Christus" (Gal 3,28). Ebenso galt, nicht die ersten Plätze anzustreben, sondern die letzten (Mk 12, 17b–40; Mt 23, 6). Es ging also um die Ehre und um den letzten Platz.

Als Beispiel sei dafür der Rangstreit angeführt, den Erzbischof Willigis von Mainz († 1011) gegen den Hildesheimer Bischof Bernward († 1022) durchfocht. Auf Bernward wirkte „Großtuerei und Haschen nach Volksgunst [...] wie tödliches Gift"[96]. Dennoch mußte er „von Seiten des Erzbischofs Willigis viel Unerfreuliches und offene Anfeindung erleiden"[97]. Der Zündstoff ging aus von Sophia, einer Tochter Ottos II., die nur von einem Palliumträger den heiligen Schleier überreicht bekommen wollte, wobei der Hildesheimer zwar „am Hauptaltar die Messe feiern durfte"[98], aber die Schleierüberreichung nur zusammen mit Willigis vollziehen konnte, „wenn auch zum größten Unwillen der Schwestern"[99], und deren Unwille sich in einem liturgischen Eklat entlud: „Als man zur Opferung gelangt war, brachten sie es fertig, wütend und mit unglaublichen Äußerungen des Zornes ihre Gaben hinzuwerfen und wilde Schmähworte gegen den Bischof von sich zu geben"[100]. Oder noch ein zweites Beispiel: Lampert von Hersfeld († 1081/1082) berichtet über den zu Goslar ausgetragenen Kampf des Hildesheimers mit dem Abt von Fulda, wobei letzterer

seine Leute „wie durch ein militärisches Trompetensignal zu tapfe-
rem Kampfe" anfeuerte, „damit sie sich nicht durch die Heiligkeit des
Ortes vom Waffengebrauch abschrecken ließen"; „auf beiden Seiten
wurden viele verwundet, viele getötet"[101]. Laut Lampert wurde am
folgenden Tag „eine strenge Untersuchung durchgeführt"[102].

b) Verfluchung statt Segnung

Wer immer die christliche Vollkommenheit erstrebte, mußte den Ab-
bau der Geburtsrechte hinnehmen. Andererseits radikalisierten sich
die Verfluchungen[103]. Beide Momente – für heutiges Verständnis gewiß überraschend – waren ineinander verklammert. Wer die christliche Vollkommenheit anstrebte, war zur Waffenlosigkeit verpflichtet,
sollte nur mit geistlichen Waffen kämpfen, und das geschah jetzt in
den Verfluchungen.

Für die Reaktivierung der Verfluchung im Christlichen lassen
sich zwei historische Anlässe geltend machen: Einmal war es die seit
der Spätantike neu aktivierte Totalgeltung der Religion, die für alles Mögliche und alles Erdenkliche eingesetzt wurde. Als Inbegriff
dieser religiösen Revolution galten die mit überirdischer Macht be-
gabten Gottesmenschen, die gleichsam „Kraftwerke im Kampf gegen
das Böse waren"[104]. Weil aber den Kirchenleuten Waffengewalt verboten war, entsannen sie sich auf andere als kriegerische Mittel, eben
auf die religiösen. Zum Zweiten diente ihnen der Fluch als Waffe
zur geistig-religiösen Selbstverteidigung, intendiert als „heilsamer
Schockzustand"[105]. Allerdings konnte sich dabei die geistlich-legitime
Potestas zur religiösen Violentia verkehren, indem nämlich Tod, Hölle und sogar ewige Verwerfung nicht nur angedroht, ja wie sicher
angekündigt wurden[106]. Dennoch gilt nach den Untersuchungen von
Christian Jaser insgesamt: „Der Vollzug der oder die Drohung mit
der spirituellen Gewalt unterlag nicht einer vindikativen Straflogik,
sondern sollte den Betreffenden zum Einlenken bewegen"[107].

Zentrale Bedeutung erlangte ein Fluchtext, der nach der Ermor-
dung des Reimser Erzbischofs Fulco († 899) ausgesprochen worden ist: Die Mörder gelten anhand alttestamentlicher Formeln als
sogar letztgültig verdammt, denn als Verfluchte sollen sie unter-

gehen bei der zweiten Ankunft des Herrn, sind überdies von allen Menschen strikt zu meiden[108]. Solcherart Verfluchung versperrt dem Betroffenen „ausdrücklich und von vornherein jede Aussicht auf Reintegration"[109], erlaubt zudem „keine Wiedereingliederung in die soziale Gemeinschaft"[110]. Ersichtlicherweise sind von jetzt an archaisch aufzufassende Verfluchungselemente beigemischt[111]. Die von Paulus ausgesprochenen Anathema-Worte und mehr noch seine Überweisung in die Teufelsmacht werden radikalisiert und zugleich sakralisiert, sodaß die völlige Scheidung von Christus, sogar die Verdammnis zur ewigen Höllenstrafe nachfolgt[112]. Trotz solcher Verdammungen wird gleichwohl den Verfluchten immer noch eine Rettungsmöglichkeit offen gehalten, nämlich anhand der *nisi*-Formel, die besagt: ‚Es sei denn', der Verfluchte zeige Reue und kehre um. Insofern hat man Anathem und Exkommunikation „in der Regel als Beugestrafen, als *poenae medicinales* verstanden"[113].

Als weiteres Beispiel für die rituell-liturgisierte Exkommunikation sei Regino von Prüm († 915) angeführt, der in seinem 906 verfaßten ›Sendhandbuch‹ die folgende „schrecklichere Exkommunikation" anführt: „Und verflucht sollen sie sein in der Stadt, verflucht auf dem Land, verflucht sei ihre Vorratskammer und verflucht seien ihre sterblichen Überreste, verflucht sei die Frucht ihres Leibes und die Frucht ihres Landes. Verflucht sollen sie sein, wenn sie kommen, verflucht sollen sie sein, wenn sie gehen, verflucht seien sie zu Hause und heimatlos draußen, und all jene Flüche sollen über sie kommen, die der Herr durch Moses dem Volk, das das göttliche Gesetz übertreten hatte, androhte; und sie sollen *anathema maranatha* sein, das heißt, sie sollen bei der Wiederkunft des Herrn zugrunde gehen. Kein Christ soll zu ihnen sagen: *Sei gegrüßt!*; kein Priester soll es wagen, mit ihnen die Messe zu feiern oder ihnen die heilige Kommunion zu erteilen. Sie sollen bestattet werden, wie ein Esel bestattet wird, und auf einem Misthaufen mit dem Angesicht zur Erde liegen; und wie heute diese Fackeln aus unseren Händen zu Boden geworfen und gelöscht werden, so soll ihr Licht auf ewig ausgelöscht werden – es sei denn, daß sie doch wieder Vernunft annehmen und der Kirche Gottes, die sie verletzt haben, durch Besserung und angemessene Buße Genugtuung leisten"[114]. Regino weitet dabei die *nisi*-Formel aus zu der Möglichkeit, vor Gott durch Besserung und Buße Genugtuung zu leisten; ja, er kennt sogar eine Wiederversöhnung in Absehung der obligaten Bußzeiten, sobald nur der Exkommunizierte und Verfluchte wahre Reue und echten Umkehrwillen bezeuge[115]. Sein Schwergewicht legt Regino auf die bischöfliche Ansprache, „die weniger das Vergehen selbst als die Verstocktheit gegenüber den bischöflichen Mahnungen in den Mittelpunkt rückt"[116].

Als letztes Beispiel für die Ritualisierung und Sakralisierung des Fluches sei das um 950 in Mainz entstandene ›Pontificale Romano-Germanicum‹ angeführt. Die ausgesprochenen Verfluchungen sind wiederum dem Alten Testament entnommen, so den Psalmen und dem Buch Deuteronomium. Das Pontificale versteht das ‚ewige Verfluchtsein' als soziale Isolierung bis zum Versterben, sogar mit Verweigerung noch der Sterbesakramente; angesagt wird ewiges Vergessen und verheißen wird „ewiges Feuer"[117]. Zu Recht ist von einer „Ewigkeitsformel"[118] zu sprechen: „Ihr Licht solle für ewig ausgelöscht werden"[119]. Trotz dieser Totalverfluchung bleibt dennoch die *nisi*-Formel.

Als Gesamttrend streicht Christian Jaser in seiner jüngst vorgelegten Untersuchung zur Exkommunikation und zur Anathematisierung für das Frühmittelalter heraus: Man greife für die europäische Vormoderne zu kurz, „unter Gewalt nur die physische Verletzung des Körpers zu verstehen"; vielmehr werde „ein Katalog von Daseins- und Jenseitsängsten entfaltet, die als reale biographische, die Schwelle zwischen Leben und Tod transzendierende Unheilsperspektive wahrgenommen werden konnten und wurden"[120]. Es wird also geistlicher Terror erzeugt. Sloterdijk zufolge begann eine ‚rasende Eschatologie' und ein „apokalyptischer Furor", obwohl sich doch das frühe Christentum „als Religion der Feindesliebe, der Vergebung, des Racheverzichts und der herzlichen Inklusivität präsentiert [hatte]"[121].

Trotz aller Verfluchungsdrastik bleibt dennoch die *nisi*-Formel, die von der Hoffnung spricht, die Verfluchten kämen doch noch zur Buße und zur Besserung[122]. Daß die *nisi*-Formel überhaupt überlebte, verdankt sich einer weiteren Sonderregelung, nämlich dem *debitum* (vgl. 1 Kor 7,3), dem wechselseitigen Anspruch der Eheleute auf Geschlechtsverkehr. Mehrere spätkarolingische Synoden erlaubten den Eheleuten nicht nur den tagtäglichen Umgang mit Exkommunizierten, sondern ebenso den ehelichen Vollzug: Eheleute sollten auch bei Exkommunikation nicht getrennt werden[123].

Das 12. Jahrhundert, der theologische Wendepunkt des Mittelalters wie ebenso der Exkommunikationsformulare, reduzierte „die amplifizierte Gewaltsprache der Fluchformeln"[124]; von jetzt an werden durchaus zeittypisch die Formeltexte verkürzt[125]. Bereits verkürzt erscheint die Exkommunikation im ›Decretum‹ Gratians; sowohl der Ausschlußritus wie die Rekonziliation werden dargeboten „in der denkbar knappsten Form"[126]. Insgesamt geschah eine Reduzierung „der Diabolizität, Todesnähe, Ansteckung, Unverweslichkeit und postmortalen Unruhe"[127]. Obendrein waren die Verurteilungen nicht länger auf Ewigkeitswirkung angelegt[128], dauerten vielmehr nur so lange, bis sich der Betroffene zu reuevoller Umkehr und zu angemessener Buß- oder Satisfaktionsleistung entschloß[129]. Neue Unterscheidungen nuancierender Art kamen auf mit allerdings wichtigen Folgerungen, so die Unterscheidung von ‚Dolch' für die kirchliche Exkommunikation und ‚Schwert' für die eigentlich verbotene Ketzertötung[130].

c) Rhetorische und faktische Gewalt im Investiturstreit

Die Frage nach der Legitimation von Religionsgewalt kulminierte im Investiturstreit, im Kampf zwischen den Anhängern Papst Gregors VII. († 1085) und dem deutschen König Heinrich IV. († 1106). Sowohl das Anathem wie die Exkommunikation wurden neu diskutiert, jetzt auch mit der Frage, ob Gewalt gegen Häretiker zu rechtfertigen sei.

Die Gregorianer sahen sich vor die Frage gestellt, ob die Kampfrhetorik, die zuvor ausschließlich als geistlicher Kampf verstanden worden war, nunmehr päpstlicherseits als realer Kriegsdienst zur Anwendung von physischer Gewalt berechtigte[131], ja inwieweit diese Neuinterpretationen „die Anwendung von realer physischer Gewalt bei dieser Durchsetzung vorsahen und rechtfertigten"[132]. Der Vorwurf der Heinricianer gegen Gregor VII. lautete auf Militarisierung seitens der Papstgewalt. Der heinricisch gesonnene Scholastiker Wenrich von Trier († nach 1090) erhob gegen die Gregorianer und zumal gegen Papst Gregor VII. die Anklage, „daß sie Weltleute, die Entschuldigungen für ihre Sünden suchen, zum Blutvergießen ermuntern, indem sie auch den kleinsten Anhaltspunkt für Eure Zustimmung als Befehl mißbrauchen; daß Morde – ich weiß nicht, wieso sie zugelassen wer-

den – geringzuachten seien; daß Ihr dem, der dabei umkomme, fest
versprächet, er sei durch seinen Gehorsam frei von jeder Sünde. Ihr
würdet Rechenschaft für den ablegen, der sich nicht gescheut habe,
einen Christen für Christus zu erschlagen. So würdet Ihr unaufhör-
lich allen Zuhörern verkündigen, so daß es bis heute nicht an Bischöfen fehlt, die behaupten, neben anderen Ermahnungen auch diese
von Euch gehört zu haben"[133]. Tatsächlich wird hier an das seit alters
her für Kleriker bestehende Verbot des Waffentragens wie noch des
Jagens erinnert[134]. Kurzum, dem Papst wurde der Vorwurf gemacht,
nunmehr selbst zum Kriegsherren geworden zu sein.

Den Hintergrund für die neue klerikale Kriegsgewalt hat vor fast
100 Jahren bereits Carl Erdmann klargelegt. Angesichts des Rück-
gangs der Staatsgewalt habe die Kirche „einen Teil der staatlichen
Funktionen selbst übernommen"[135] und dabei „eine völlige Aus-
schaltung der Fehde zugunsten des Rechtsweges"[136] zu erreichen
gesucht. Dafür entstanden „Friedensmilizen", und der intendierte
Gottesfriede ist „als erste religiöse Volksbewegung des Mittelalters
zu betrachten"[137]. Ideell sah schon Erdmann hier eine bedeutsame
Verschiebung: „Der Gegensatz zwischen *militia Christi* und *militia
saecularis* wurde überbrückt"[138]. Diese Situation nutzte Gregor VII.
zum Aufbau einer militärischen Ritterschaft des heiligen Petrus (*fide-
les sancti Petri*). Eben das brachte ihm den Vorwurf ein, der Papst
trete als Kriegsherr auf, sogar für die päpstlichen Krieger mit der
Aussicht auf geistliche Belohnung und mit der speziellen Zusicherung, „von allen Sünden frei [zu] werden"[139]. Die nunmehr anstehende
Frage lautete: Hat der Papst diese seine Miliz nur zur Auffüllung der
ausfallenden Staatsgewalt genutzt oder auch für religiöse Ziele eingesetzt, also „Hierokratismus"[140] betrieben? Für Erdmann steht fest:
„Gregor VII. strebte danach, das Papsttum zu einer Militärmacht zu
machen"[141]. Erreicht aber hat der Papst demselben Autor zufolge nur
wenig: „Die wenigen, die sich als *milites s. Petri* eine allgemeine Ver-
pflichtung für die Kurie übernahmen [...], haben den Papst, wenn es
an die Ausführung ging, fast alle im Stich gelassen"[142]. Dem Papst
blieb nur vorbehalten, seine Parteigänger für ihren kämpferischen
Einsatz zugunsten der Sache Petri zu belobigen, mehr nicht.

Gerd Althoff hat nun eine Stelle aus dem ersten Samuel-Buch neu
in die Diskussion gebracht, die eine vom Propheten Samuel dem Kö-

nig Saul anbefohlene ‚Vernichtungsweihe' gegen die Amalektiter und deren König Agag wiedergibt: „Weihe alles, was ihm [Agag] gehört, dem Untergang! Schone es nicht, sondern töte Männer und Frauen, Kinder und Säuglinge, Rinder und Schafe, Kamele und Esel" (1 Sam 15,3). Diese Vernichtungsweihe hat aber Saul nicht durchgeführt, woraufhin Samuel zum eigenen Schwert greift und den König Agag „in Stücke" schlägt (1 Sam 15,32 f.)[143]; Samuel agiert hier „als Vollstrecker des Gotteszorns"[144]. Papst Gregor VII. benutzte diese Stelle, um damit Gehorsam gegenüber seiner Papstautorität zu fordern[145], wobei er Ungehorsam mit Häresie gleichsetzte. Gregor selbst hat aber, anders als manche seiner Anhänger, den König Agag und dessen Zerstückelung durch Samuel „interessanterweise nie zitiert"[146]. Dem Papst ging es um den von ihm als Häresie gedeuteten Ungehorsam Sauls gegen Samuels göttliche Prophetenweisung, der tatsächlich als Strafe Jahwes die Verwerfung Sauls als König folgte: „Weil du das Wort des Herrn verworfen hast, verwirft er dich als König" (1 Sam 15, 22 f.). Es war also die Gehorsamsforderung, die Gregor VII. nun für sich beanspruchte, durchaus mit der Erwartung, daß die göttlich verfügte Verwerfung Sauls auch seinen königlichen Gegenspieler Heinrich IV. treffen möge. Die Hinzunahme weiterer Äußerungen Gregors VII. zeigt zweifelsfrei, „daß physische Gewalt der Himmlischen angefordert wurde"[147], wodurch Gott selbst zum „Gewaltakteur"[148] geworden wäre. Die auch von antiken Herrschern lange noch befolgte altchristliche Auffassung, daß Gott selber zuerst die Frevler tötet und nicht der Mensch, scheint gleichwohl weitergewirkt zu haben. Wenn einzelne Bischöfe auf Seiten der Antigregorianer eines plötzlichen Todes verstarben, erklärt der heinrizisch gesonnene Chronist Berthold von Reichenau († 1088) solche Fälle mit der in der Apostelgeschichte an Hananias bezeugten Gottesbestrafung, vollführt aber jetzt durch Petrus: „Siehe, schon ist das Schwert Petri gezückt [...], mit welchem er Ananias und Saphira tödlich traf"[149].

Hören wir zunächst den Text der ersten Bannung Gregors VII. über Heinrich IV.: „Heiliger Petrus, Fürst der Apostel [...], erhöre mich, deinen Knecht [...], daß mir um deinetwillen von Gott Gewalt gegeben ist, zu binden und zu lösen, im Himmel und auf Erden. [...] kraft deiner Gewalt und Vollmacht spreche ich König Heinrich [...] die Herrschaft über Deutschland und Italien ab, und ich löse alle Christen vom

Eid, den sie ihm geleistet haben […] und untersage, ihm fürderhin als König zu dienen. […] Und weil er es verschmäht hat, wie ein Christ zu gehorchen, und nicht zu Gott, den er verlassen hat, zurückgekehrt ist, […] sich von deiner Kirche trennt und sie zu spalten sucht, darum binde ich als dein Stellvertreter ihn mit der Fessel des Fluchs [Anathems]"[150]. Ausgesprochen wird dieses verfluchende Anathem in einem persönlichen Gebet des Papstes an Petrus, versteht sich doch Gregor dank päpstlicher Anteilhabe an der Binde- und Lösegewalt als zuständige und legitimierte Autorität. Nur verklausuliert erscheint die nisi-Formel, sowohl für die Ablehnung der Unterwerfung wie auch für die Rückkehr zur Kirchengemeinschaft. Einzubeziehen ist weiter die von Gregor angerufene Himmelsstrafe bei Heinrichs zweiter Absetzung, wiederum gedeutet als Strafe durch die himmlischen Apostelfürsten Petrus und Paulus. Althoff zufolge kann gerade hier „nicht zweifelhaft sein, dass physische Gewalt der Himmlischen angefordert wurde"[151]. Hören wir wiederum den Wortlaut selbst: „Im Vertrauen auf das Urteil und das Erbarmen Gottes […] unterwerfe ich den oft genannten Heinrich, den sie König heißen, und alle seine Begünstiger der Exkommunikation und binde sie mit den Fesseln des Anathems"[152].

In der Umgebung Papst Gregors fallen indes zwei Scharfmacher auf, die tatsächlich für Gewalt in Religionsdingen plädierten: Bonizo von Sutri (†nach 1090) und Anselm von Lucca (†1086)[153]. Für Bonizo wird man als bezeichnend nehmen dürfen, daß er das zweifellos auch ihm bekannte Weizen-Unkraut-Gleichnis nicht zitiert, mit der Nachfrage allerdings, ob er bereits der von Petrus Damiani (†1072) vertretenen Deutung angehangen hat. Bonizos Kampf richtet sich gegen die Wibertiner und den Gegenpapst Wibert von Ravenna (†1100): „Wenn jemals für einen Christen erlaubt war, für irgendeine Sache mit Waffen zu kämpfen, dann ist es gegen die Wibertinisten erlaubt, mit allen Mitteln zu kämpfen"[154]. Zusätzlich ist Bonizo zufolge gerade auch für die rechte Wahrheit zu kämpfen erlaubt, zumal wenn diese gegen die Häresie zu verteidigen ist: „Daher mögen die ruhmreichen Krieger Gottes für die Wahrheit kämpfen, in rechter Gesinnung gegen die Häresie, sich gegen alles erheben, damit Gott geheiligt und verehrt wird"[155]. Bonizo unterscheidet dabei genau, wem er die Sichel (falx) der Exkommunikation zuordnet und davon das gewalttätige Schwert abtrennt, mit dem er die außerhalb der kirchlichen Gemeinschaft Stehenden „mit allen Kräften und Waffen bekämpfen"[156] will. Zu Recht ist Bonizo die Legitimierung militärischer Gewalt in Religionsdingen zu unterstellen, indem er „direkt die theologische Argumentation auf Legitimierung realer Gewaltanwendung zielte"[157]. Anselm von Lucca befolgt radikale Vorstellungen über die Behandlung der Exkommunizierten, und Althoff hat sie aufgelistet: Weltliche Machthaber sollen schismatische Bischöfe zum Gehorchen zwingen; die Bösen sollen zum Guten gezwungen werden; Moses habe die Frevler niedergemacht; im Kampf Verwickelte könnten durchaus Gerechte sein; die Kirche könne zurecht Verfolgung ausüben; die Gottlosen seien zu verwirren, sonst stimme man ihnen zu; den Menschen stehe Barmherzigkeit zu, den Sündern aber Verfolgung[158].

Eigentlich würde man erwarten wollen, daß gerade der berühmteste Exkommunikationsakt der Kirchenreform, die Exkommunikation Heinrichs IV. durch Gregor VII., dem Inszenierungsmuster der rituellen Exkommunikation mit ihrer Kerzenlöschung gefolgt sei[159]. Aber schon der rituelle Ablauf geschah Jaser zufolge anders: Der Vollzug lasse kaum Analogien zu vorausgehenden Anathematisierungen erkennen, sodaß die tatsächliche Verfluchung den jeweiligen liturgischen Vollzug nur rudimentär andeute[160]. Bislang wurde auch übersehen, daß sich in den genannten Exkommunikationen die päpstliche Oberhoheit über alle in der Christenheit getätigten Eide spiegelte, eingeschlossen die weltlichen Feudaleide mit ihrer politischen Treuebindung[161]. Auch das bringt die päpstliche Exkommunikation zum Ausdruck: „Kraft deiner [Petri] Gewalt und Vollmacht spreche ich König Heinrich [...] die Herrschaft über Deutschland und Italien ab, und ich löse alle Christen vom Eid, den sie ihm geleistet haben"[162]. Beide Verzichte, sowohl die auf liturgische Ausgestaltung der Anathematismen wie die Auflösung der Eidbindungen, sind möglicherweise anhand der neuartigen Papstautorität zu erklären[163].

Zu Gewaltlosigkeit riet auch Humbert von Silva Candida († 1061). Bei seinem Kampf gegen Simonie, also dem Kauf geistlicher Ämter, „sind direkte Aufforderungen zur Gewaltanwendung gegen Simonisten seiner Zeit im Werk Humberts nicht enthalten"[164]. Wohl aber hat Gregor VII. insofern Gewalt gegen die ‚unreinen Priester' gebilligt, als er den kämpferischen Erlembald († 1075) gerade wegen seines teilweise gewalttätigen Kampfes gegen den unreinen und ungehorsamen Mailänder Klerus unterstützte[165]. Zuletzt nochmals zu Petrus Damiani: Wenn er für Priester die Durchsetzung der kultischen Reinheit fordert und dafür alttestamentliche Bestrafungsbeispiele mit Tötung zitiert, klingt das wie ein „Plädoyer für Anwendung physischer Gewalt gegen unkeusche Priester"[166]. Immerhin weiß Damiani die für klerikale Sexualvergehen erforderlichen Bußzeiten anzugeben, befürwortet damit offenbar eine geistliche Bestrafung und nicht eine physische; gelten sollte ihm zufolge, unreine Kandidaten nicht zu den Weihen zuzulassen oder aber sie nach der Weihe aus dem Amt zu verstoßen; gestraft werden sollen sie aber nicht mit Gewalt an Leib und Leben, sondern offenbar mit den erwähnten Bußriten[167]. Wie zudem Carl Erdmann bereits feststellte, war Petrus Damiani „ein bewußter Gegner des heiligen Krieges"[168].

d) Neues Verständnis der Papstautorität

Für die Exkommunikationen Gregors VII. gegen Heinrich IV. ist ein neues Verständnis von Papstautorität zu unterstellen, wie es zuerst der Zeitgenosse Petrus Damiani formulierte. Obwohl Damiani jede allzu forcierte Anathematisierung mißbilligte[169], befürwortete er dennoch eine Hochsteigerung der Papstgewalt, und zwar anhand unserer beiden wichtigsten Gleichnisse, nämlich dem vom Weizen und Unkraut (Mt 13, 24–30) und dem von den guten und bösen Fischen (Mt 13, 47–50). Beide Gleichnisse hat Damiani des eschatologischen Charakters entkleidet, sie in die Jetztzeit versetzt und als vorzeitige Verurteilungsmöglichkeit in die Hände des Papstes gelegt. Zuerst spricht er „vom Unkraut, das der böse Feind auf dem Acker Christi ausgestreut habe", und fordert den Papst auf, das böse Unkraut mit der Hacke auszurotten; desweiteren fordert er, „die bösen Fische von den guten zu trennen"[170]. Für das Papstamt ergibt sich laut Damiani daraus die Aufgabe: „Wer anstelle des heiligen Petrus die Schlüssel hat, der müsse gegen jedes neue Dogma sich erheben"[171]. Dem Papst obliegt also, noch vor dem eschatologischen Endgericht Gottes bereits die Entscheidung über gute oder böse Dogmen zu fällen. Die durch Damiani vertretene Umdeutung läßt Gregors Exkommunikation Heinrichs IV. in neuem Licht erscheinen, nämlich als derzeitiger und irgendwie auch endgültiger Ausschluß aus der Kirche. Schon die Form des persönlichen Gebetes an Petrus wirkt verräterisch: „Darum binde ich als dein [Petri] Stellvertreter ihn mit der Fessel des Fluchs und binde ihn im Vertrauen auf dich derart, daß alle Völker es wissen und erkennen, daß du bist Petrus"[172]. Doch hatte die neue, dem Papst obliegende Dogmenkorrektur noch nicht zur Folge, die ‚neuen Dogmatiker' zu verbrennen: Diesen Schritt tat erst die Hochscholastik.

4. Die anhaltende Wirkung des Weizen-Unkraut-Gleichnisses

a) ‚Reißt nicht aus'

Für den Übergang von der Gewaltrhetorik zur real angewendeten Gewalt ist als Ergebnis formuliert worden: „Nicht immer, aber häufig genug zielt die Argumentation der gregorianischen Parteigänger direkt auf die Legitimierung realer Gewaltanwendung im Dienste und Auftrag kirchlicher Akteure"[173]. Der Schlagabtausch zwischen den beiden zuhöchst angesehenen Mächten, dem Papsttum und dem Kaisertum, scheint zunächst wie betäubend gewirkt zu haben, um dann aber heftige Stellungnahmen auszulösen. Auf beiden Seiten erhob sich eine entschlossene Phalanx von Gewaltgegnern, welche den kriegerischen Kampf in Religionsdingen – wenn überhaupt, nur begrenzt – zulassen wollten und die sich zudem entschieden gegen jede Ketzertötung aussprachen. Wir brauchen nur unserem Leitmotiv, dem Weizen-Unkraut-Gleichnis, zu folgen und stoßen auf hochgewichtige Autoren, die fast alle in den Investiturstreit verwickelt waren.

Einen sogar überpointierten Protest gegen das gewaltsame Ausreißen des Unkrauts erhob Anselm von Lüttich († vor 1056)[174], zugehörig zum Kreis des dortigen Bischofs Wazo († 1048): Die christliche Religion folge jenem Heiland, „der milden und demütigen Herzens" war, der „lieber Vorwürfe, Bespuckungen, Backenstreiche, ja zuletzt den Kreuzestod erlitt"[175]; Jesus habe die Sünder in seiner Barmherzigkeit nicht sofort abgeurteilt, sondern habe Gleichmut bewiesen, wie es

das Gleichnis vom Weizen und Unkraut lehre: „Was anderes habe
der Herr mit diesen Worten ausgesagt als Geduld, die er von seinen
Predigern gegen die irrenden Nächsten zu erweisen verlangt, zumal
das heutige Unkraut morgen sich zu Weizen bekehrt haben kann"[176].
Weil Gott nicht den Tod des Sünders wolle, sondern solche alle mit
Geduld und Langmut zur Buße geführt sehen möchte, „dürfen wir sie
nicht durch das Schwert aus diesem Leben zu entfernen suchen"[177].
Gerade Bischöfe sollten sich erinnern, „nicht das Schwert weltlicher
Herrschaft empfangen zu haben, von Gott nicht [die Aufgabe] zum
Töten, sondern zur Lebenserweckung empfangen zu haben"[178]. Die
Warnung vor Ketzertötung gipfelte in dem ungewöhnlichen Argu-
ment, daß die auf Erden vorschnell Abgeurteilten im himmlischen
Heimatland von Gott über ihren irdischen Richtern platziert werden
könnten: Einige von denen, „die wir heute auf dem Weg des Herrn
als Feinde wahrnehmen, können möglicherweise beim allmächtigen
Gott im himmlischen Heimatland über uns stehen"[179]. Das heißt: Der
für Menschen vermeintliche Ketzer kann bei Gott der besser Gerecht-
fertigte sein.

In Lüttich scheint überhaupt die tolerante Auslegung des Weizen-Unkraut-Gleichnisses Tradition gehabt zu haben. Darauf beruft
sich auch der in höchstem Ansehen stehende Gelehrte Sigebert von
Gembloux († 1112), der, obzwar auf kaiserlicher Seite stehend, immer
um Ausgleich bemüht war. Auch er wendet sich gegen vorschnelles
Ausreißen des Unkrauts: „Wie viele Garben Weizen reißt der aus, der
vor der Zeit das Unkraut vom Weizen zu trennen sich beeilt"[180]. Eine
weitere, wiederum weitgehend unpolemische Darstellung zugunsten
Heinrichs IV. hat ein namentlich nicht bekannter Mönch aus Hersfeld verfaßt; ihm ging es ebenfalls um die Einheit der Kirche, und
dafür verweist er gleich mehrmals auf das Weizen-Unkraut-Gleichnis:
Den Frieden abspenstig zu machen, sei eine Bemühung, „die Ähn-
liches auf dem Acker des Herrn zu bewirken scheint, von dem der
Herr im Evangelium gesagt hat, daß nämlich ein Feind mitten unter
den göttlichen Samen Unkraut säte"[181]. Wenn Hildebrand, also Papst
Gregor VII., behaupte, frühere Päpste hätten Kaiser exkommuniziert,
bleibe die kritische Frage, „warum er das geschrieben und auf dem
Acker des Herrn ausgesät hat"[182]. Daß bestimmte Bischöfe zur Par-
tei Hildebrands hielten, bewirke, daß „der Menschenfeind auf dem

Acker des Herrn das Unkraut vieler Ärgernisse sät"[183]. Aus England ist Johannes von Salisbury († 1180)[184] anzuführen, ein Freund des Thomas Becket († 1170) und in dessen Investiturkämpfe einbezogen, dazu juristisch gebildet, auch diplomatisch versiert und in seinem Werk ›Policraticus‹ streitbar für die Freiheit der Kirche. Wie selbstverständlich vertritt er die kirchliche Gewaltlosigkeit: „Für die Zwischenzeit hält die Kirche ihre Hände zurück, denn das Schwert des Petrus, das auf fleischliche Weise nach Blut dürstete, wird auf Geheiß des Herrn für jetzt in der Scheide behalten [vgl. Mt 26,52], und die Jünger, die zur Ausreißung des Unkrauts herzueilen, sind gehalten, die Engel der Ernte zu erwarten"[185]; zu beten sei dafür, „daß der Glaube nicht abnehme und der versucherische Satan nicht das Worfeln (vgl. Jes 41,16) verderbe und den Weizen zertrete"[186].

Eine grundsätzliche Argumentation bietet Gerhoch von Reichersberg († 1169), der auf strikte Trennung von Kirche und Staat bestand und deswegen das Wormser Konkordat als falschen Kompromiss abtat[187]. In Ketzerfragen lehnte er jegliche Gewalt ab. Gerhochs tolerante Einstellung ist durchaus bekannt, aber bislang nicht als vom Weizen-Unkraut-Gleichnis herkommend gedeutet worden. Zuerst hebt er den eschatologischen Vorbehalt hervor: „Letztlich kann nur Gott in seinem Gericht die Bürger der zwei Städte (*civitates*) scheiden. Diese Erkenntnis enthebt die Kirche aber nicht der Pflicht, zu scheiden, wo immer schon jetzt offenkundig werde, was zu Babel und was zu Zion gehört"[188]. Dennoch verzichtet die Kirche auf Blutsgerichtsbarkeit gegen Ketzer, duldet doch die neutestamentliche Ordnung keine Bischöfe, „die Schwerter zu verleihen haben; handelt einer dagegen, so kommt das Blut [des Schwertes] über ihn"[189]. In einem 1131 abgefaßten Brief an Innozenz II. († 1143) mahnt Gerhoch den Papst, nicht ungeduldig zu werden: „Dein ungeduldiger Geist hält nichts Unentschiedenes aus, erträgt nichts, so daß er, wenn möglich, vor der Ernte das Unkraut ausreißen möchte, wo doch der Herr sage, ‚Lasset beides wachsen bis zur Ernte'"[190]. Im gleichen Mahnschreiben bringt er zusätzlich das paulinische Argument der Erprobung der Guten durch die Bösen: Durch die vielen Bösewichte „werden die Guten gereinigt, indem sie die kenntnislosen, aber noch nicht verdammten Bösen innerlich ertragen; denn von Gott wird den Prälaten gesagt, daß sie beides wachsen lassen sollen, und so sollen sie [die Prälaten] diesem

Wort folgend beides wachsen lassen, weil beide Elemente noch klein sind und sowohl böses Unkraut wie guten Samen haben, worin beide noch wachsen können"[191]. Als Skandal empfand Gerhoch die Hinrichtung des Arnold von Brescia (†1154) ob dessen Aufstands gegen das weltliche Papstregiment. Die Hinrichtung von Ketzern durch Päpste bewertet Gerhoch als hochproblematisch: „Dafür habe man ihn [Arnold] nicht nur mit dem Dolch des Anathems abgetrennt, ihn vielmehr durch Aufhängen dem Tod überliefert, nach dem Tod ihn dann im Feuer verbrannt und in den Tiberfluß geworfen [...]. Ihn wollte ich lieber für solche nur unerhebliche Lehre mit Exilierung oder Gefängnis oder sonst einer Strafe außer Tötung bestraft oder wenigstens solcher Art getötet sehen, daß die römische Kirche oder die Kurie von der Frage der Tötung verschont bliebe [...], damit vom Hause des Herrn die Frage des Blutes fernbleibe"[192]. In seinem Psalmen-Kommentar, an dem Gerhoch zwanzig Jahre gearbeitet hat, heißt es zu Psalm 64: „Wo also beide [Weizen und Unkraut] zugleich wachsen, sind sie auf Geheiß Gottes zu ertragen. Selbst wo das Unkraut zu stark überwiegt und den Weizen zu ersticken droht und allein auf dem Akker vorzuherrschen beginnt, [...] muß man sich hüten, daß man nicht das Unkraut beseitigt und zugleich auch den dazwischen stehenden Weizen"[193]. Das Eingreifen der amtlich-kirchlichen Autoritäten bleibt zwar geboten, aber deren Urteil ist niemals letztgültig: „Nicht falsch ist zu glauben und zu hoffen, daß durch die Priester teilweise engelsgleiche Dienste schon vor dem Ende der Welt geschehen, indem sie mit klarem Schriftbeweis die bösen Sitten wie Unkraut zusammenbinden und als mit Höllenfeuer zu bestrafen ausweisen, dabei die guten Sitten wie Weizenkörner als mit himmlischem Lohn vergeltbar aufzeigen"; bei allem gerechtfertigten Vorgehen gegen das Unkraut bleibt stets die Mahnung, nicht einer Verwechslung zu erliegen: „Zu fordern ist Sorgfalt bei der Trennung von Weizen und Unkraut, damit nicht anstelle des Guten das Böse angenommen wird, für das Wahre das Falsche"[194]. Gerhochs selbst formuliertes Resümee lautet: „In der gegenwärtigen Kirche verbleibt mit dem guten Samen das Unkraut, das heißt, mit den Söhnen des Himmelreiches verbleiben bis zur Ernte die unguten Söhne, die der Teufel eingesät hat; das heißt: Sie bleiben bis zum Ende der Welt eingemischt. Sie zu ertragen gebietet der Herr, wenn er sagt: ‚Lasset beides wachsen bis zur Ernte'"[195].

Unser Fazit lautet: Beide Parteien, sowohl die Heinricianer wie die Gregorianer, benutzen das Weizen-Unkraut-Gleichnis. War aber damit die ganze Argumentation nur eine wetterwendische?

b) Gratians ›Decretum‹

Das nach 1130 in zwei Schüben von dem Mönch Gratian geschaffene ›Decretum‹ wurde zur Grundlage des mittelalterlichen Kirchenrechts. In ›Causa 23‹ wird eine genauestens differenzierende Analyse erlaubter Gewaltanwendung aufgezeigt. Die Argumentation beginnt gleich mit dem Gleichnis von Weizen und Unkraut: „Denn der Hausvater sagt den Knechten, die das Unkraut einsammeln wollen: ‚Laßt beides wachsen bis zur Ernte; dann werde er den Erntenden sagen, sammelt das Unkraut und bindet es zu Büscheln zum Verbrennen'“[196]. Gratian beruft sich dafür auf Augustinus: „Zu ertragen sind nämlich die Bösen um des Friedens willen; nicht körperlich soll man sie verloren geben, sondern geistlich hingehen und tun, was zur Korrektur der Bösen dient“[197]. Oder ganz knapp: „Der Gute ertrage den Bösen“[198]. Desweiteren erfolgt eine Berufung auf Jesu Weigerung, vom Himmel das Gottesfeuer über die Samariter herabzurufen, mit der Konsequenz: „Seht, die Bösen sind zu ertragen, sind nicht körperlich, sondern mit geistlicher Strafe zu belegen“[199]. Ebenso prangert Gratian die Vermessenheit all derjenigen an, die für sich selbst mehr beanspruchen als den Aposteln zugebilligt war, die da meinen, das Unkraut vom Weizen trennen zu können[200]. Gleichwohl bleibt eine kirchliche Pflicht zur Vermahnung: „Wer Sünder ist, den weise zurecht; weil er [der Sünder] Mensch ist, habe Erbarmen“[201]. Gratians erstes Resümee lautet: „Aus all dem ergibt sich, daß die Strafe der Bösen Gott vorbehalten ist; sie sind nicht körperlich zu bestrafen, sondern durch häufige Ermahnung und Wohltun in Liebe zur Umkehr einzuladen“[202].

Dieser Befürwortung von Toleranz folgen dann genau unterscheidende Überlegungen zu ‚Rechtsgewalt‘ und ‚Willkürgewalt‘. Die öffentliche Rechtsgewalt sei schon wegen der Unruhestifter notwendig; solche seien „durch die von Gott angeordneten Gewaltträger einzuschränken und zu korrigieren“[203]; denn „die Bosheit der Menschen habe auch Paulus nicht nur dem künftigen Gericht als Schrecken überlassen, sondern auch den gegenwärtigen weltlichen Gerichten"[204]. Eingehend wird erörtert, ob und wie ein Richter eine Strafe und welche er verhängen darf, ob auch eine solche zum Tode. Der Griff zum Schwert, das allzeit der Rechtsgewalt zu dienen hat, darf nie ohne Legitimierung geschehen: „Wer das Schwert ergreift, dabei ohne Befehl oder ohne Billigung legitimer Gewalt (*legitima potestate*) vorgeht, bewaffnet sich gegen das Blut der Anderen"[205]. Bei öffentlicher Legitimierung allerdings ist das Töten nicht sündhaft; denn „von Amts wegen zu töten ist keine menschliche Sünde"[206]; ebensowenig „ist des Mordes schuldig ein Soldat, der einer höheren Gewalt gehorcht und einen Menschen tötet"[207]. Ja, „Mörder und Gottesfeinde und Giftmischer zu bestrafen ist nicht Blutvergießen, sondern Befolgung der Gesetze"[208]. Im Kampf gegen die Willkürgewalt konnte Gratian das Wort der Bergpredigt, selig die Verfolgung leiden, auch umdrehen: „Jene Verfolgung ist glückselig, die wegen der Gerechtigkeit erlitten wird"[209].

Der weitere Schritt führt zu der Frage, wie Ketzer zu behandeln seien. Gerade für sie gilt laut Gratian immer zuerst Milde: „Jene, die unter dem Namen Christi waren und von Falschlehrern verführt worden sind, sollen auf andere [als gewaltsame] Weise zurückgerufen werden; bei ihnen ist gemäßigte Strenge und mehr noch Milde einzuhalten"[210]. Zu steigern ist das Vorgehen beim Gottesfrevel: „Wenn wir bei dem, wodurch Gott heftig beleidigt wird, die Verfolgung und Rächung hinauszögern, provozieren wir die Geduld Gottes"[211]. Wer gar einen anderen Altar errichtet und eine Spaltung der Kirche herbeiführt, „ist zu exkommunizieren und abzuurteilen"; hieran hat sich auch die öffentliche Gewalt zu beteiligen: „Wer dies verachtet und bei Trennung und Schismen bleibt, der soll von den öffentlichen Gewalten unterdrückt werden"[212]. Verschärfend stellt Gratian die Frage, ob der Papst die bewaffnete Verteidigung der von Häretikern bedrängten Katholiken anordnen dürfe[213]; das scheine dem Evangelium fremd, nämlich wegen des „lasset beides wachsen"[214]. Darum dann die Antwort: „Die Gebote der Geduld sind nicht durch Maßnahmen des Körpers als vielmehr durch Bereitung des Herzens einzuhalten"[215]. Erneut folgt eine lange Kette von Ermahnungen zur Geduld, wofür Jesus selbst mit seiner Passion das erste Beispiel bietet[216]. An sich ist „Kriegführen keine Sünde", sofern es allein um die öffentliche Sache geht, nämlich um das Einschreiten der legitimen Gewaltträger gegen Willkürgewalt[217]. Darum können gerade auch Rechtgläubige von den rechtmäßigen Gewalten ihre Verteidigung einfordern[218], freilich immer mit der Mahnung, die Guten sollten die Bösen lieber um des Friedens willen ertragen[219]; denn „die Bösen, welche die Kirche annimmt und nicht vertreibt, sind zu ertragen"[220]. Erinnert wird nochmals an das Jesuswort, kein Feuer über die Samariter herabzurufen, ebenso an das Wort, wer zum Schwert greife, werde dadurch umkommen[221]. Gewarnt wird abermals vor der Arroganz, mehr als die Apostel zu wissen, was nämlich genau das Unkraut sei[222]. Deutlich auch erscheint der eschatologische Vorbehalt: „Aus alledem ergibt sich, daß die Bestrafung der Bösen Gott vorbehalten ist; solche sind nicht körperlich zu bestrafen, sondern durch künftige Ermahnung und Wohltat der Liebe zur Umkehr einzuladen"[223]. Oder: „Die Bösen, die den Guten beigemischt sind, müssen bis zum Ende der Welt und bis zum künftigen Gericht ertragen werden"[224]. Ja, eine Strafe ist gar nicht einfachhin bei allen, die Häresien vertreten, nötig; Kaiser Theodosius († 394/395) habe ein Häretiker-Gesetz erlassen, demzufolge Bischöfe und Kleriker nur mit höchstens zehn Pfund Gold bestrafen sollten[225]. „Zuweilen ist die Vielzahl der Übeltäter zu Geduld und Buße umzulenken; manchmal sind nur wenige zu bestrafen, auf daß die Übrigen dadurch aufgeschreckt werden"[226]. Tatsächlich seien Güte und Geduld für Abgefallene oft besser als eine Zurechtweisung; so seien die Samariter schneller zum Glauben gekommen wegen Jesu Verweigerung des Feuers; andererseits seien Hananias und Saphira wegen ihrer Lüge vor Gott zu Tode gekommen[227]. Daß nicht immer die Sünder zu bestrafen seien, zeige beispielhaft gerade Christus selbst, „der als einziger [den Apostel] Judas als Dieb erkannt hatte, ihn nicht hinauswarf, sondern geduldig ertrug"[228]. Sofern eine sündhafte Ansteckung die Menge befallen habe, „ist in göttlicher Disziplin strikte Barmherzigkeit erforderlich; denn die Ratschläge zur Aussonderung sind verderblich und sakrilegisch, weil unfromm und hochmütig; sie verwirren mehr die Unterdrücker, als daß sie die aufgebrachten Bösen verbessern"[229].

Zuletzt aber radikalisiert sich der Ton: „Die Häretiker sind auch gegen ihren Willen zu ihrem Heil zu ziehen"[230]. Die einmal unter dem Namen Christi standen und dann „von Verdrehern (*perversis*) verführt wurden, sind, um nicht verirrte Schafe Christi zu bleiben, auf andere Weise zurückzurufen; bemessene Strenge und doch mehr noch Milde sind einzuhalten, daß sie durch die Zwangsmaßnahmen der Exilierung und Vermögenseinbuße zu bedenken angehalten werden, was und warum sie solches erleiden[231]. Es sind also zwei Arten von Zwangsausübung, bei der aber die erste immer die Liebe ist: „Die eine erfolgt in Liebe, die andere mit Wut; die eine korrigiert, die andere vernichtet; die eine ruft zurück vom Irrtum, die andere stützt den Irrtum"[232]. Gegen die für den gewaltlosen Glaubensentscheid Eintretenden wird Paulus als von Gott zum Glauben Gezwungener angeführt: „Sie sollen den zwingenden Christus zuerst anerkennen, dann den lehrenden [Paulus] [...]. Sollte darum nicht auch die Kirche die verlorenen Söhne dazu zwingen zurückzukehren?"[233] Ja, der Zwang kann sogar kriegerisch werden: „Die Feinde der kirchlichen Religion sind auch mit Kriegen zu züchtigen"[234], für den Fall nämlich, „wenn ihnen [den Feinden] die Möglichkeit zur Schädigung gegeben wird gegen die katholische Religion"[235].

Bei Unterlassung solcher Gegenwehr droht erneut der Gotteszorn: „Wenn Gott heftig verletzt wird, dürfen wir die [menschliche] Rache nicht verzögern; sonst provozieren wir den Gotteszorn"[236]. Hierfür kennt Gratian auch eine körperliche Bestrafung; das Wort des Hieronymus († 420), demzufolge der Kirche die Verfolgung verboten sei, müsse man nicht so verstehen, daß die Kirche generell niemanden verfolge, sondern niemanden ungerecht verfolge, weswegen nicht jede Verfolgung schuldhaft sei: „Vielmehr verfolgen wir begründet (*rationabiliter*) die Häretiker, wie auch Christus jene körperlich (*corporaliter*) verfolgt hat, die er aus dem Tempel vertrieben hat"[237]. Gemäß dem Johannes-Evangelium hat Jesus die Händler wirklich ‚körperlich‘, nämlich mit einer Geißel, vertrieben, sie aber keineswegs getötet (vgl. Joh 2,15). Immer bleibt es Pflicht, „daß Strafe nicht aus Lust an Strafe sein soll, sondern aus Eifer für das Recht, daß nicht Hass geschieht, sondern die Bosheit gebessert wird"[238]. Die weltlichen Rechtspersonen, die zum Schutz der Kirche, der Waisen und Witwen bestellt sind, „sollen, wenn sie mit den kirchlichen Bischöfen zusammen sind, deren Klagen sorgfältigst hören und gemäß Gebühr ohne Nachlässigkeit überprüfen und mit aufmerksamem Eifer korrigieren"[239]. Als wirklicher Diener Gottes erweist sich, „wer die Bösen schlägt in dem, wo sie böse sind"[240]. Die weltlichen Rechtsträger verstehen sich als legitime Gegenkräfte gegen alle, welche Böses tun; sie sind auf ihre Weise „Rächer des Zornes Gottes"[241]. Auch für offensichtliche Ablehnung der Sakramentshandlungen können die legitimen Rechtsträger Bestrafung gebieten: „Unrechtstaten gegen die Sakramente Christi sind von den Königen zu bestrafen"[242]. Hierbei erscheint nun auch der ‚weltliche Arm' der rechtsöffentlichen Autoritäten: „Wir bitten Gott, daß er euren Arm zur Unterdrückung der Feinde stark mache und seinen Geist mit dem Eifer des Glaubens wie mit einem Dolch des geschleuderten Schwertes verschärfe"[243]. Tausendfach gebe es Beweise aus der Väter-Literatur dafür, „daß Schismatiker in der Kirche nicht nur mit Exilierung, sondern auch durch Enteignung des Besitzes und durch harte Bewachung gestraft werden müssen"[244]. Denn „sowohl die göttlichen wie die menschlichen Gesetze bestimmen, daß jene, die sich von der Einheit der Kirche getrennt haben und den Frieden bösartig stören, von den weltlichen Gewalten unterdrückt werden sollen"[245]; das gelte sogar auch noch für solche, deren Bosheit den Guten nutze[246]. Und zuletzt: Wer im Kampf gegen Ungläubige zu Tode kommt, „verdient das himmlische Reich"[247].

Gratians Dekret vergegenwärtigt die ganze voraufgegangene Diskussion um Toleranz und Gewalt, wobei das Dekret zusätzlich „die Verwissenschaftlichung des Rechts"[248] spiegelt. Positiv fällt auf, daß die Mahnung zur Geduld, ja zur Liebe voransteht; weiter auch, daß das Dekret eine hohe Sensibilität für das Problem der Rechts- und Willkürgewalt aufweist; legitime Gewalt gilt als rechtens erlaubt, auch mit Todesstrafe. Zuletzt behandelt das Dekret die Gewalt gegen Ketzer. Ob Gratian für diese schon die Todesstrafe befürwortet, ist „in der Forschung umstritten"[249]. Denn ebenso ist die Meinung vertreten worden, daß die Kanonisten Heidenkriege und Zwangstaufen abgelehnt hätten, dabei speziell Gratian „auch die Todesstrafe für Häretiker"[250]. Deutlich aber rechtfertigt das Dekret „repressive Maßnahmen gegen Häretiker und bot eine theoretische Grundlage für die Einbeziehung des weltlichen Arms in die Ketzerbekämpfung"[251]. Dafür erlaubt Gratian körperliche Strafen, „daß die Schlechten (*mali*) mit ‚Peitschen(hieben)' (*flagelli*) bestraft werden sollten, nicht jedoch mit der Abschlagung von Gliedern oder mit dem Tod des Leibes"[252]. Hier wird zwar Gewalt empfohlen, nicht aber wird eine Tötung von

Ketzern verordnet. Im Zweifelsfall soll man beim kirchlichen Straf-
anspruch die Geduld aufbringen und „mit Gleichmut (*equo animo*)
Unerlaubtes von demjenigen zu dulden, den man eigentlich bestraft
sehen möchte, gleichgültig, ob man gegen ihn über eine Strafgewalt
(*potestas cohercendi*) verfügt oder nicht"[253].
Fürs Ganze bildet das Weizen-Unkraut-Gleichnis in Causa 23 des
gratianischen ›Decretum‹ eine Art Basso continuo. Gleich eingangs
wird es zitiert und dann fortwährend verbunden mit Mahnungen zur
Geduld und zum Ertragen der Bösen.

c) Verbrechen gegen die Majestät Gottes

Schaut man weiter auf die synodalen und kirchenoffiziellen Äußerungen, bleibt es vorerst beim Aufruf an die öffentliche Gewalt, aller
Ketzerei keinerlei Schutz zu gewähren, um dadurch die wahre Kirche
zu schützen; wen immer aber die Kirche exkommuniziert, den sollen
die Träger der öffentlichen Gewalt als Friedensbrecher mit Gefangennahme, mit Konfiskation und der Entbindung von Treueeiden
belangen; die legitimen Gewaltinhaber dürfen dabei sogar das kriegerische Schwert benutzen[254]. Für die Bewertung der verwendeten
Ausdrücke ‚Ketzerkrieg' oder ‚Ketzerkreuzzug' ist bis Innozenz III.
genau zu unterscheiden: Beide Aktionen bezeichnen „keinesfalls eine
direkte militärische Aktion gegen Ketzer, sondern [sind als] eine vom
Papst wegen Begünstigung der Ketzerei angeordnete Verdrängung
lokaler und territorialer Herrschaftsträger durch katholische Adelige
zu verstehen"[255]. Innozenz III. spielt hier eigentlich doppelhändig.
Einmal erinnert er an das Weizen-Unkraut-Gleichnis: Der erfahrene
Bauer wie der kundige Winzer wüßten Mittel zu finden, daß kein Weizen mit Unkraut ausgerissen und kein Weinberg bei Beseitigung von
Schädlingen geschadigt werde; daraus folgt die Konsequenz: „Nicht
darf der Unschuldige verdammt und der Schuldige freigesprochen
werden"[256]. Zum anderen verschärfte Innozenz III. insofern, als er die
antike Bestrafung der Majestätsbeleidigung jetzt auf Gott übertrug:
Wenn schon auf Erden das *crimen laesae maiestatis* bestraft werde,
dann umso konsequenter auch die Beleidigung der allerhöchsten Majestät Gottes; das hat wiederum zur Konsequenz: „Physische Maßnah-

97

men, insbesondere die Todesstrafe, scheint Innozenz mit Rückgriff auf das *crimen laesae maiestatis* nicht im Auge gehabt zu haben"[257].

d) Abaelard und die Vielheit der Glaubenswege

Mit Abaelard (†1142) ersteht noch einmal ein Verteidiger der gewaltfreien Toleranz, ja besser noch der anerkennenden Toleranz: Solange unterschiedslos die Spreu zusammen mit den Körnern in der Kirche fortbesteht, hört der Feind des Menschen nicht auf, Unkraut vor der Ernte des Herrn hinein zu säen; folglich können „Schismatiker nicht fehlen, ebenso wenig die Häretiker"[258]. Beide Gruppen sind zu ertragen: „Immer hat die Kirche in ihrem Schoß mehrere, die sie als Antichristen erträgt und für die sie täglich unter Seufzen sagt: ‚Aus uns sind sie hervorgegangen, aber nicht waren sie von uns ausgegangen'; mit mütterlichem Affekt bringen wir ehrfürchtige Opfer dar, daß sie zurückkehren"[259]. Letztlich stößt Abaelard zu einem Toleranz-Verständnis vor, das eben deswegen so modern klingt, weil es den Anderen in seiner je eigenen Besonderheit anerkennt. In seinem ›Gespräch eines Philosophen, eines Juden und eines Christen‹ läßt er den Christen bekennen: „Mein Vorhaben ist […], dir nicht meine Meinung aufzudrängen, sondern dir den gemeinsamen Glauben oder die Lehre unserer Vorfahren zu erschließen"; dafür „beabsichtige ich nicht, daß du dadurch bezwungen werdest"[260]. Hier wird Abstand genommen von jeder Art Bekehrung zur eigenen Position: Der Andere wie das Andere haben ihr je eigenes Recht. Obwohl die Diskurse zwischen den verschiedenen Vertretern der Religionen in Wahrheit „Diskurse der Wahrheitsdurchsetzung" sind, beginnt laut Forst mit Abaelard „der Gedanke der tieferen religiösen und sittlichen Einheit in und trotz der Vielheit der Glaubenswege"[261]. Abzuschließen ist mit Jan Assmann, jetzt in durchaus zustimmender Weise: „Intoleranz beruht auf der Unfähigkeit bzw. Unwilligkeit, abweichende Anschauungen und daraus folgende Praktiken zu ertragen"[262]. Eben das hat Abaelard positiv zu vermitteln gesucht.

Anselm von Havelberg (†1158)[263] zählt mit zu den Abaelard-Begeisterten. Als Unterhändler des Westkaisers nach Konstantinopel entsandt, berichtet er darüber in seinem Jahre später abgefaßten

Werk ›Anticimenon‹[264]. Zuerst nimmt er das Häretiker-Problem in
den Blick und verwendet dabei das Fischfang-Gleichnis und unser
Weizen-Unkraut-Gleichnis: „Das Himmelreich ist einem Netz gleich,
das ins Meer geworfen wurde und von jeder Art von Fischen einsam-
melt. Wenn es voll ist, zieht man es heraus, setzt man sich an das Ufer
und liest die guten Fische in ihre Gefäße, die schlechten jedoch wirft
man weg (Mt 13,47–48). Und zum Gleichnis vom Unkraut heißt es:
‚Lasst beides wachsen, damit ihr nicht beim Sammeln des Unkrautes
zugleich auch den Weizen ausreisst' (Mt 13,29 f.)"[265]. Im Streit zwischen den alten Orden und den neuen Priestergemeinschaften sieht
er sich vor ein Entweder-Oder gestellt: „Wir wachsen gemeinsam auf
einem Acker auf, doch zur Zeit der Ernte werden wir nicht gemeinsam in die Scheune gesammelt"[266]. Am Ende steht Versöhnung: Pro-
tokollgemäß bezeichnet er sich als „Bischof von Havelberg" und läßt
ein persönliches Bekenntnis folgen: „Ich danke Gott, der auch dieses
Ärgernis von mir genommen hat und diese Schande für den christlichen Namen beseitigt hat, mit der ich bis zur Stunde das hochweise
Volk der Griechen verdächtigt habe"[267]. Immer noch bewirkt unser
Gleichnis Frieden und Versöhnung.

5. Der unerhörte Umbruch

Angesichts des bis dahin befolgten Weizen-Unkraut-Gleichnisses geschah ein bis dahin nur schwer erklärbarer Umbruch, nämlich die
ausdrückliche Befürwortung der Ketzertötung, nun sogar gebilligt
durch die obersten Kirchenautoritäten, sowohl durch Bischöfe und
Päpste wie ebenso durch Theologen[268]. Für Papst Gregor IX. (†1241)
ist gesichert, „dass hier erstmals von Seiten des Papsttums implizit
die Todesstrafe für hartnäckige Ketzer gebilligt wurde"[269], sogar „mit
dem Tod auf dem Scheiterhaufen"[270].

a) Thomas von Aquin: ‚Reißt aus'

Entscheidend wurde der theologisch schwergewichtige Thomas von
Aquin († 1274). Er behandelt die wichtigsten Toleranzstellen des Neu-
en Testaments, beginnend mit Jesu Fluchverbot wie ebenso dem Segensgebot. Beide Gebote übernimmt Thomas aus Pauli Römerbrief:
„Segnet, und fluchet nicht"[271]; noch verstärkend führt er den Jakobus-
Brief an: „Aus demselben Munde aber kann nicht zugleich Segnung
Gottes und Verfluchung des Menschen hervorgehen"[272]. Die daraus
abgeleiteten Pflichten heißen: „Es ist aber nicht erlaubt, jemandem
Böses zu wünschen; vielmehr muß man für alle beten"[273]; man darf
„noch viel weniger den Menschen verfluchen"[274]; erst recht ist es „keinem [Menschen] erlaubt, den Teufel zu verfluchen"[275].

Dann aber wird Thomas grundsätzlich. In der Ketzerfrage zeigt
sich sein volles Vertrauen in die rechte Theologie: „Wenn man auch
nicht wissen kann, wen Gott verflucht in bezug auf die endgültige
Verwerfung, so kann man doch wissen, wer von Gott verflucht ist in
bezug auf die Makel der gegenwärtigen Schuld"[276]. Den ersten Anlauf
zur erlaubten Ketzertötung macht Thomas in seiner ›Summa contra
gentiles‹, mit einer nunmehr grundstürzenden Uminterpretation.
Zunächst bestätigt er die Notwendigkeit weltlichen Richtens, „daß es
auf Erden Menschen gibt, die andere durch fühlbare und gegenwär-
tige Strafen zur Wahrung der Gerechtigkeit zwingen"[277]: „Zu Recht
und ohne Sünde tötet also der Staatslenker die verbrecherischen
Menschen"[278]. Die Richter sind für Thomas „gleichsam Sachwalter der
göttlichen Vorsehung"[279]. Trifft aber dieses gesellschaftlich notwendi-
ge Richten – so die nächste Frage – auch auf religiöse Vergehen zu?
Als Einwand führt Thomas das Weizen-Unkraut-Gleichnis an: „Der
Herr habe (im Gleichnis) seinen Knechten, die das Unkraut vom Wei-
zenfeld sammeln wollten, geantwortet: ‚Laßt beides wachsen'"[280]. Die
sich daraus ergebenden Bedenken sind letztlich aber nur „nichtige
Einwände"[281]; denn „die Tötung der Bösen [des Unkrauts] wird also da
untersagt, wo es nicht ohne Gefahr für die Guten [den Weizen] geschehen kann"[282]; eine mögliche Besserung der Bösen „verbietet nicht, daß
sie zu Recht getötet werden"[283], zumal ihnen im Angesicht des Todes
offensteht, „durch Reue zu Gott umzukehren"[284]. Die Kirche handelt
zwar immer nur vorbehaltlich, aber doch in voller Kenntnis offen zu-

tage liegender Schuld, womit vorausgesetzt wird, daß die kirchlichen Autoritäten die tatsächlich vorliegende Schuld zu entdecken und zu beurteilen vermögen.

In seiner ›Summa‹ zieht Thomas die letztgültigen Konsequenzen. Erneut anerkennt er die öffentliche Gewalt: „Wenn daher ein Mensch auf Grund eines Verbrechens der Gemeinschaft zur Gefahr und zum Verderben wird, ist es vernünftig und heilsam, ihn zu töten"[285]. Ist es aber darüber hinaus auch erlaubt – so seine weitere Frage – einen Sünder wegen seiner Sünde zu töten? Wie das Alte Testament Verfluchungen kennt, so verfährt laut Thomas jetzt ebenso die Kirche: „So sagt auch die Kirche Böses, indem sie den Bannfluch spricht"[286]. Erinnert wird nochmals an das Weizen-Unkraut-Gleichnis, an die Schonung des Sünders durch Gott selbst, dazu an die Schändlichkeit einer jeden Menschentötung. Die letztgültige Antwort des Thomas geht über alle denkbaren Einwände hinweg und argumentiert mit dem geistlichen Allgemeinwohl, und dieses erfordert gegebenenfalls die Tötung: „Wenn daher ein Mensch auf Grund eines Verbrechens der Gemeinschaft zur Gefahr und zum Verderben wird, ist es vernünftig und heilsam, ihn zu töten, damit das Gut insgesamt gerettet werde"[287]. Das Verbot des Ausreißens wird eingeschränkt auf allein den Fall, „wenn die Bösen nicht getötet werden können, ohne daß auch die Guten getötet werden [...]. – Wenn aber aus der Tötung der Schlechten keine Gefahr für die Guten erwächst [...], so ist es erlaubt, die Bösen zu töten"[288].

Die letztgültige Erlaubtheit der Ketzertötung steht für Thomas nicht mehr in Frage. Zwar bleiben weiterhin Warnungen gegen Voreiligkeit, durchaus mit der Erinnerung daran, „das Unkraut wachsen zu lassen bis zur Ernte"[289]. Abermals unter Zitation des „Lasset beides wachsen bis zur Ernte" deutet Thomas in Anlehnung an Augustinus und dessen *compelle intrare*: Wenn nicht zu befürchten sei, auch Weizen auszureißen, „so soll die Strenge der Zucht nicht schlafen"[290]. Daraus folgert Thomas die Rechtfertigung der Häretiker-Tötung: „Auf seiten jener [Häretiker] liegt eine Sünde vor, durch die sie verdient haben, nicht nur von der Kirche durch den Bann ausgeschieden, sondern auch durch den Tod von der Welt ausgeschlossen zu werden. Denn es ist weit schwerwiegender, den Glauben zu entstellen, durch den die Seele ihr Leben hat, als Geld zu fälschen, das nur dem irdischen Leben dient. Wenn nun die Münzfälscher und andere Übeltäter ohne weiteres durch die weltlichen Fürsten von Rechts wegen dem Tod überliefert werden, so können um so mehr die Häretiker, sobald sie der Häresie überführt sind, nicht nur aus der Gemeinschaft ausgeschlossen, sondern auch rechtens getötet werden"[291]. Mit dem Stichwort ‚die Zucht sollte nicht schlafen' stellt sich Thomas hinter Augustinus, der aber die Ketzertötung strikt abgelehnt hatte, demgegenüber Thomas sie nun billigt. Faktisch bedeutet das einen offenen Bruch mit der ganzen zuvorigen Tradition, der zufolge in Glaubensdingen physische Gewalt wie erst recht die Tötung der Häretiker verboten waren.[292]

Die Befürwortung der Ketzer-Vernichtung wirkt bei Thomas doppelt erstaunlich. Einmal fordert er die strikte Befolgung des eigenen Gewissens, sogar auch des irrenden, denn gerade hier gestattet Thomas keine Kompromisse[293]. Demzufolge hätte jede Ketzertötung als Verstoß gegen den je eigenen Gewissensentscheid gelten müssen. Zusätzlich konnte sich das je eigene Gewissen auch gegen die kirchlichen Oberen richten, denn letztlich ist für Thomas „die Bindung durch die conscientia [Gewissen] stärker als die Anordnung eines kirchlichen Vorgesetzten"[294].

Letztlich dürfte die seit Thomas von Aquin angemaßte Fähigkeit der Theologen in Anschlag zu bringen sein, das Unkraut tatsächlich identifizieren zu können und darum auch ausreißen zu dürfen. Vorausgesetzt wird dabei, daß schon jetzt auf Erden, also im Vorgriff auf Gottes Letzturteil, die Scheidung des Unkrauts aus dem Weizen möglich ist, daß obendrein Ketzer ohne Bedenken mit dem Tode zu bestrafen sind. Höhnisch urteilt Peter Sloterdijk: „Große Theologie ist die Anleitung, Gott besser zu verstehen, als dieser sich selbst versteht"[295].

b) Ketzerische Hartnäckigkeit

Für alle Frühzeit hat mit dem Rechtshistoriker Hans Hattenhauer (†2015) zu gelten: „Das alte Recht fragte nicht nach dem Täter, nicht nach Fahrlässigkeit und Vorsatz. Anlaß der Bußpflichtigkeit war der Rechtsbruch als ein äußeres Ereignis. Er wurde nicht ethisch gewertet, so schwer verständlich dies auch modernem Denken ist"[296]. Im alten Recht galt zuerst die Tat, nicht die Intention, also nicht, was man sich bei der Tat gedacht hatte. Das Frühmittelalter ist dadurch gekennzeichnet, daß man sowohl das äußere Faktum wie die christlich zu fordernde innere Gesinnung nicht wirklich auszutarieren vermochte. Typisch dafür ist ein in frühmittelalterlichen Bußbüchern des öfteren zitierter Kanon: „Wenn jemand zufällig eine Tötung begeht, das heißt, ohne es zu wollen, so soll er sieben Jahre büßen. Wenn jemand einer Tötung zugestimmt hat und dieselbe auch geschehen ist, soll er sieben Jahre büßen. Wer aber wollte und nicht konnte, der soll drei Jahre büßen"[297]. Wir treffen hier auf eine Gemengelage, die als Widerstreit zwischen Tathaftung und Intentionshaftung zu charakterisieren ist; wohl zählt auch die subjektive Einstellung, aber bußfällig macht hauptsächlich die vorliegende Tat.

Bekanntlich ist es Abaelard gewesen, der die Intentionsethik wieder hervorgekehrt hat. Schon der Titel seines epochemachenden Ethik-Buches fordert Selbsterkenntnis: ›Nosce te ipsum‹. Demzufolge entscheidet allein die Zustimmung über Sünde und Schuld: „Diese Zustimmung (consensus) nun nennen wir im eigentlichen Sinn Sünde, d. h. eine Schuld der Seele, durch die sie Verdammnis verdient oder vor Gott angeklagt wird"[298]. Die Zustimmung zur Sünde wird in einem Folgeschritt erweitert zur Zustimmung auch zur Häresie. Von einer solchen ist zu sprechen, wenn der subjektive Tatbestand der *pertinacia* gegeben ist, also „eine zurechenbare, schuldhafte Häresie als Straftat" vorliege[299], wobei diese *pertinacia*[300] als Allererstes zu untersuchen ist und über eine mögliche Ketzerei den Ausschlag gibt[301]. Um diese Hartnäckigkeit zu brechen, wurde sogar auch die Folter zugelassen, wie sie damals im Rechtswesen allgemein üblich war, aber kirchlicherseits idealiter nur maßvoll angewandt werden sollte[302]. Absehbar war dabei, wo immer diese Hartnäckigkeit zu inquirieren war, daß sich der Ketzerprozeß dramatisch verkomplizierte. Denn was alles war zu tun, um wirklich in das Innere des Menschen zu schauen, sogar in die ketzerische Seele? Dem sollte der neugeschaffene Inquisitionsprozeß dienen. Laut Kirchenrecht konnte als Häretiker nur jemand bezichtigt werden, „der nach Anzeige, einem Gerichtsverfahren und der Ermahnung zur rechten Lehre bei seinen Irrtümern verblieb"[303].

c) Inquisition als Justizverfahren

Der Blick in die innere Verfaßtheit des Häretikers sollte fortan auch das Gerichtsverfahren bestimmen. Gemäß einem uralten Schema, daß die Priester den Frevler bzw. Ketzer bezichtigen und die Inhaber der öffentlichen Gewalt ihn vernichten, entsteht im Hochmittelalter ein neuartiges Verfahren: die Inquisition. Der juristische Fortschritt ist darin zu sehen, daß erst jetzt eine offiziöse Anklagebehörde geschaffen wurde, um beispielsweise Bischöfe bei gegen sie vorgebrachten Anklagen wirklich belangen zu können. Diese offiziöse Anklagebehörde wurde nun auch gegen die Ketzer eingesetzt. Beabsichtigt war ein juristisch abgesichertes Verfahren, das gerade auch die Belange der Beschuldigten sichern sollte, näherhin deren innere Verfaßtheit. Denn, so der Rechtshistoriker Winfried Trusen (†1999), „der Beschuldigte, gegen den inquiriert wurde, mußte zur Gültigkeit des Verfahrens anwesend sein [...]. Ihm müssen die *capitula* vorgelegt werden, über die die *inquisitio* erfolgen soll, damit er die Möglichkeit besitzt, sich zu verteidigen. Es müssen ihm auch die Namen der Zeugen und das[,] was und von wem stammt, genannt werden"[304]. Letztlich war „eine Verurteilung nur bei vollem Beweis, in der Regel durch Geständnis oder wenigstens zwei übereinstimmende Zeugenaussagen"[305] möglich. Diese neugeschaffene Inquisition war, wie hier zu sehen ist, vom Ansatz her ein differenziertes, sogar ein modernes Rechtsverfahren. Alle Lynchjustiz, wie sie zuvor gegen Ketzer vorgeherrscht hatte, war zu beseitigen[306]. Die theologische Bedenklichkeit ist darin zu sehen, daß diese neue Inquisition vermeintliche Ketzer dem weltlichen Arm zur Hinrichtung überstellte.

Diese neuartige Inquisition institutionalisierte sich und überdauerte für Jahrhunderte bis in den neuzeitlichen Katholizismus. Im mittelalterlichen Heiligen Römischen Reich galt als Regel, zuerst eine kirchliche Untersuchung durchzuführen mit nötigenfalls der Aburteilung zum Ketzer, anschließend den Verurteilten an den weltlichen Arm zur Hinrichtung auszuliefern – so festgeschrieben von den Staufer-Kaisern Friedrich I. (†1190) und Friedrich II. (†1250)[307]. In Frankreich nahmen alsbald königliche Inquisitoren die Untersuchung vor, sodaß man von einer „Laisierung der Inquisition" hat sprechen können[308]. Immer deutlicher wird heute auch gesehen, daß die meisten Inquisitoren „offensichtlich nicht aus perverser Grausamkeit oder unmäßigem Machttrieb heraus handelten"[309].

Die verbleibenden Zwischentöne sind im ›Buch der Inquisition‹ des Bernard Gui (†1331) zu vernehmen. Jedem Inquisitionsrichter werden angesichts seiner diffizilen Aufgabe die folgenden Ratschläge erteilt: Sofern ihn sein Gewissen quäle, „wenn der Ketzer bestraft wird, ohne gestanden zu haben", überdies sein Herz sich beunruhige, „wenn Ketzer durch ihre füchsische Schlauheit zum Schaden für den Glauben davonkommen"[310], dann solle der Inquisitor wie „ein kluger Seelenarzt gegen Personen, die er verhört oder bei denen er eine Untersuchung durchführt, ihr Wesen, ihre Situation, ihren Zustand, ihre Krankheit und die örtlichen Umstände überbedenkend, bei der Untersuchung und Überprüfung dieser Aspekte vorsichtig vorgehen, nicht allen Personen in ähnlicher Form oder in derselben Reihenfolge alle folgenden Fragen stellen oder ihnen etwas einschärfen"[311]. Aber nicht nur den Inquisitor nimmt Gui in den Blick, auch den zu Inquirierenden: „Und bei manchen soll er [der Richter] auch nicht mit demselben oder ebenso vielem zufrieden sein, sondern schlaue Ketzer mit dem Zügel der Unterscheidung an der Nase herumführen, damit durch die Gnade des Herrn und mit seiner helfenden Hand die sich windende Schlange aus dem Dornbusch und dem höllischen Abgrund ihrer Irrlehren herausgezogen wird"[312]. Die Extreme lassen sich nicht verbergen: der Inquisitor als überaus schlauer Seelenarzt, der Inquirierte als sich windende Schlange.

d) Häresie in den Universitäten

Die Grundlage für den intellektuellen Ansatz aller Theologie hatte Tertullian (†um 220) gelegt mit seinem Ausspruch, die christliche Botschaft sei nicht einfach nur ‚Brauch' (*consuetudo*), sondern sei schlechthin die Wahrheit (*veritas*)[313]. Die Folge war die Geburt der christlichen Theologie, die sich anspruchsvoll ‚christliche Philosophie' nannte. Dementsprechend unternahmen es die Theologen der neuen Scholastik, rational zu ‚erklären'; so etwa der Vater der Scholastik, Anselm von Canterbury (†1109), mit seinem Ansinnen, „den Glaubensinhalt [...] allein aus der Vernunft (in Absehung der Schrift)" begründen zu wollen[314]. Wenig verwunderlich, daß angesichts dieser neuen Ansprüche bald auch Theologen wegen Häresie in Streit gerieten, wobei sich die Bezichtigten oft genug mit Gelehrsamkeit und Scharfsinn verteidigten[315]. Zur Beilegung erfolgte die Hinzuziehung von kirchlichen Oberen wie auch von Sachverständigen. Das erste und nächststehende Gremium, das sich mit inneruniversitären Häresie-Vorwürfen zu befassen hatte, waren in Paris der Universitätskanzler, der zugleich päpstlicher Beauftragter war, und mit ihm zusammen die Theologie-Magister. Sofern hier keine Bereinigung erzielt wurde, ging man vor das bischöfliche und zuletzt vor das päpstliche Gericht[316]. Das Verfahren vor dem Kanzler und den Magistern blieb rein disziplinär; erst die kirchlich-amtlichen Verfahren galten mit ihren Verurteilungen als rechtswirksam. Vor Kanzler und Magistern genügte die Selbstkorrektur, bei bischöflichen und päpstlichen Verfahren erging ein Urteil, dem man sich zu unterwerfen hatte. Die Anklage erfolgte für gewöhnlich nicht von Seiten der Bischöfe oder der Päpste, die sich meist nur als reaktive Instanzen verhielten[317]. Die Anklagen kamen in der Regel von dritter Seite, von den Kollegen und Ordensmitbrüdern. Der Zahl nach lassen sich etwa fünfzig Fälle von universitären Häresie-Verfahren ausmachen[318], die sich normalerweise nur als „ein Instrumentarium mittlerer Reichweite"[319] erwiesen und die sich – so der Germanist Kurt Ruh († 2002) – „meistens im Sande verliefen"[320]. Umgekehrt gilt für die Ketzerprozesse an der päpstlichen Kurie: Keineswegs jeder Verdächtige hatte das Glück – so Jürgen Miethke –, „daß das angesteuerte Verfahren an der Kurie versickerte oder versandete"[321].

Zusätzlich etablierte sich nun eine Beurteilungsliste mit bewertenden Zensuren wie ‚irrig', ‚falsch', ‚dumm', ‚verwegen', ‚lachhaft', zuletzt auch ‚häretisch'[322]. Seit 1280 wurden solche Zensuren angewendet, zumeist fachtheologisch abgesichert mit Gutachten und zugleich mit juristisch bindenden Verurteilungen. Dieses Häresie-Verfahren obsiegte auch an der Kurie. Es beschränkte sich in der Regel auf ‚Zensurierung', der zufolge wohl einzelne Sätze, nicht aber der jeweilige Autor als verurteilt galt. Der Rechtshistoriker Winfried Trusen hat dieses Verfahren herausgearbeitet: „Verlangt wurde in allen diesen Fällen lediglich ein Widerruf bestimmter Sätze, ohne daß der Autor persönlich weiter belastet wurde"[323]. Zuletzt ging es nicht einmal mehr darum, ob letztgültig eine Häresie vorliege; das heißt, man enthielt sich zumeist eines letztgültigen Sachurteils, und wer als Beklagter das *prout sonat*, die mißverständliche Verstehungsmöglichkeit seiner Aussagen oder Schriften, akzeptierte, galt nicht als verurteilt, mußte sich persönlich auch nicht gebrandmarkt fühlen, ja behielt weiter Amt und Ehren. Ein solcherart Verurteilter hatte, so bestätigt Jürgen Miethke, nicht „in seiner kirchlichen Karriere zu leiden"[324]. Die Orden drängten indes die aus ihren Reihen zensierten Theologen in den Hintergrund oder gar in die Klosterhaft[325].

Als Beispiel für diese Art neuer Vorgehensweise kann das Verfahren gegen Meister Eckhart († 1327/28) gelten, wie schon Thomas von Aquin war auch er Dominikaner. Eckhart beruft sich, mit Verweis auf Origenes, auf den durch Gott selber eingesäten guten Samen: „Ist's aber so, daß der gute Same einen törichten und bösen Ackerer hat, so wächst Unkraut und bedeckt und verdrängt den guten Samen, so daß er nicht ans Licht kommt noch auswachsen kann. Doch spricht Origenes, ein großer Meister: Da Gott selbst diesen Samen eingesät und eingedrückt und eingeboren hat, so kann er wohl bedeckt und verborgen und doch niemals vertilgt, noch in sich ausgelöscht werden; er glüht und glänzt, leuchtet und brennt und neigt sich ohne Unterlaß zu Gott hin"[326]. Die von Papst Johannes XXII. († 1334) gegen Meister Eckhart erlassene Bulle beginnt zunächst mit ›In agro dominico‹, und man weiß sofort, wie es weitergeht, „daß auf ihn der Menschenfeind den Samen des Unkrauts sät"[327]. Längst aber ist der Beweis erbracht, „daß Eckhart kein formaler Häretiker war"[328]. Dem schließt sich die neuere Forschung an, so Winfried Trusen: Im zweiten Prozeß am Papsthof in Avignon ging es „nur um die *verba prout sonant*"; die Doctrina, also das von Eckhart Gemeinte, bleibt ausgeklammert. „Die Rechtgläubigkeit stand nicht mehr in Frage", wobei durchaus eingeräumt wurde, „daß jene beanstandeten Sätze bei manchen Gläubigen einen häretischen Sinn hervorrufen *könnten*"[329]. In Wirklichkeit zeigt aber das Verfahren gegen Meister Eckhart eine gravierende Umgewichtung an: Die Wahrheitsfrage kehrte sich für den Beklagten um zur Gehorsamsfrage, „indem er sowohl sich als auch alle seine Schriften und Aussagen der Bestimmung des Apostolischen Stuhles und der Unseren unterwarf"[330].

Der amerikanische Historiker William Courtnay führt für die mittelalterliche ‚akademische Freiheit' drei Punkte an: „Erstens, die

Universitätsgemeinschaft erlaubte ein beträchtliches Maß an debattierbaren Thesen, selbst auch solche, die auf den ersten Blick blasphemisch oder häretisch erscheinen mochten [...]. Zweitens, die Zensur hatte kaum ernsthafte Auswirkung für die weitere Karriere, selbst bei Widerspenstigen [...]; selten wurde die Person verurteilt [...]. Zum Schluss das Recht der Theologie-Magister, die Meinungen der Universitätsmitglieder zu bewerten und zu zensieren, war letztlich dauerhafter als alle bischöfliche oder päpstliche Kontrolle"[331]. Dem stimmt auch Jürgen Miethke zu: „Der Versuch der institutionellen Amtskirche, auf diesem Wege die Lehrentwicklung in den Universitäten im Griff zu behalten, schlug fehl"[332].

Sofern wir die universitären Häresie-Verfahren in unsere Großthematik einordnen und den altkirchlichen Rückbezug herstellen wollen, bleibt allein nur der Verweis auf die altkirchlich geübte Trennung von Person und Sache, also keine persönliche Feindschaft gegen den Irrlehrer, aber Ablehnung von dessen Irrlehren. Das universitäre Disziplinierungsverfahren hat dem am ehesten noch entsprochen. Im Vergleich mit den Tausenden von hingerichteten Katharern, Waldensern und Franziskaner-Spiritualen nimmt sich die Zahl von 50 Verfolgungen fast wie eine Quantité négligeable aus, wobei wir heute, sofern es um Menschenrechte geht, absolut denken: Schutz für jedwede Person.

e) Entsetzen ob der ersten Ketzertötungen

Welche Auswirkungen, genauer, welches Entsetzen die von Thomas von Aquin gebilligte Ketzertötung auslöste, zeigen die Anfänge der Inquisition in Deutschland. Der erste von Papst Gregor IX. beauftragte Inquisitor, Konrad von Marburg († 1233), erhielt eine judikative Bevollmächtigung zum Aufspüren wie auch Aburteilen von Ketzern. Sein Vorgehen löste indes den allgemeinen Vorwurf aus, daß er sein Amt „ohne Ansehen der Person mit einer die Zeitgenossen entsetzenden Härte ausübte"[333]. Als Konrad am 30. Juli 1233 ermordet wurde, hatte das zur Folge, daß „die inquisitorische Ketzerverfolgung in Deutschland zunächst zum Erliegen"[334] kam. Die päpstliche Bevollmächtigung bewegte sich in den vom Aquinaten vorgezeichneten Bahnen, daß der Menschenfeind Teufel „durch ganz Allemanien Unkraut gesäht hat", das nun durch Konrad „vom Acker des Herrn zu beseitigen ist"[335]. Die zweite Deutschland betreffende Inquisitionsanweisung kam wiederum von Gregor IX. und richtete sich an Dominikaner in Regensburg, daß kein Inquisitor allein, sondern mit mindestens einem Ordensbruder tätig werden solle[336]. Eben damit begann die Inquisition in Deutschland.

Für Frankreich ist das Schicksal der verbrannten Begine Margareta Porete († 1310) anzuführen, geboren um 1250/60 und herkünftig aus der Umgebung von Valenciennes[337]. Louise Gnädinger, die den Traktat der Porete ›Spiegel einfacher Seelen‹ neu übersetzt hat, definiert den Inhalt als „Gott, der Fernnahe"[338]. Die eigene geistesgeschichtliche Situation beschreibt Porete gleich eingangs: „Laßt demütig werden eure Wissenschaften, die auf der Vernunft sich gründen"[339]. Sie beherrscht die Sprache der edlen Liebe, übernimmt Anregungen aus der neuen Liebeslyrik, transformiert dies alles auf das Verhältnis von Erkenntnis und Liebe: „Ganz global gesprochen betreffen sie alle [die vorgenannten Aspekte] mehr oder weniger direkt die Rückkehr der Menschenseele in Gott und die im Gottmenschen Jesus Christus angebotene Möglichkeit einer transformierenden Freundschaft und Liebesgemeinschaft mit Gott"[340]. Mit ihrem ›Spiegel einfacher Seelen‹ hat sie auf sublime Weise etwa Meister Eckhart inspiriert[341]. Als der Ketzerprozeß gegen sie anstand, verurteilte ein Gremium von 21 Theologen 15 Sätze ihres ›Spiegels‹ für häretisch, wobei man allerdings nichts unterließ, ihr das Abschwören zu erleichtern. Den Flammentod erlitt Porete auf der Pariser Place de Grève, wohin unzählige Menschen zusammenliefen und von Mitleid gepackt wurden[342].

6. Das Spätmittelalter

a) Zersplitterte Toleranz

Trotz des theologisch schwergewichtigen Thomas von Aquin verschwand die altkirchliche Toleranz nie ganz. Wiederholt hat sie beispielsweise Marsilius von Padua (†1343): Aufgabe sei es allein des geistlichen Amtes bzw. des Bischofs, über das Verbrechen der Ketzerei zu entscheiden, aber keines anderen Aufgabe; allein der Geistliche sei Diener und Richter des göttlichen Gesetzes; folglich stehe das Urteil allein der geistlichen Hoheit zu und keinesfalls der weltlichen[343]. Von der Sache her zitiert Marsilius den eschatologischen Vorbehalt, ohne das Weizen-Unkraut-Gleichnis eigens anzuführen: „Christus jedoch wollte und ordnete an, alle Übertreter dieses Gesetzes sollten durch ein zwingendes Gericht erst in der kommenden Welt gerichtet und nur in der künftigen durch Strafe oder Pein getroffen werden, nicht in der irdischen"[344]. Den Sündern gewähre Gott bis zu ihrem Tode die Möglichkeit, neue Verdienste zu erwerben und ihre Sünden zu bereuen: Christliche Herrscher oder auch Päpste dürften darum keinen Ketzer oder Ungläubigen vor Gericht ziehen und ihn als Person oder am Besitz im gegenwärtigen Leben strafen[345].

Ähnlich argumentierte zweihundert Jahre später Erasmus von Rotterdam (†1536): Dem biblischen Gleichnis zufolge sei es Gottes Wille, daß nicht vor der Zeit das Unkraut vom Weizen getrennt und gewalttätig durch Schwert und Tod ausgerottet werde; mit Unkraut meine der Evangelist alle diejenigen, ob nun Pseudo-Apostel oder Ketzermeister, welche die evangelische Lehre nicht rein und unverfälscht lehrten. „Der ‚göttliche Hausvater sage ausdrücklich, daß diese nicht ausgelöscht, sondern geduldet werden sollen' (*paterfamilias nolit eos exstingui, sed tolerari*)"[346]. Doch deuten andere Äußerungen des großen Humanisten darauf hin, daß Ketzer in extremen Fällen gleichwohl die Todesstrafe erhalten sollten[347].

Trotz solcher Toleranz-Bezugnahmen zersplitterte sich die Argumentation zusehends. Bei Einzelpersonen kam es zu verdrehten Beurteilungen und gegensätzlichen Behandlungsweisen. Zu nennen ist wiederum Marsilius von Padua; er wurde an der Kurie in Avignon verurteilt, wobei für die von den Gelehrten eingereichten Anklagelisten gilt: „Keine einzige ihrer Schriften läßt eine eigene Lektüre der bedeutenden und [...] recht markanten Schrift des Paduaners, des ›Defensor Pacis‹, erkennen"[348]. In Wirklichkeit kennzeichnet sich Marsilius durch eher zukunftsträchtige Gedanken aus: „Die moderne Trennung von Staat und Kirche zeichnet sich [bei ihm] ab"[349]. Vergleichbar erging es Wilhelm von Ockham (†1346), der zeitweilig in Haft saß, aber doch zu Lebzeiten keine Verurteilung erfuhr[350]. Der beiden Zusammenwirken endigte bei Ludwig dem Bayern (†1347), der 1328 in Rom dank antikurialer Kräfte zum Kaiser gekrönt wurde[351]. Weiterhin zu nennen ist John Wyclif (†1384)[352], der mit seinen Lehren erst posthum zum Ketzer erklärt wurde, hatte selber dafürgehalten, das Weizen-Unkraut-Gleichnis nicht als „Freibrief für Häretiker"[353] anzusehen; ein wirklicher Häretiker sei durchaus mit dem Tode zu bestrafen[354]. Humbert von Romans (†1277), für viele Jahre der Ordensmeister der Dominikaner, rechtfertigte mit dem Weizen-Unkraut-Gleichnis sogar die kriegerische Abwehr der Sarazenen; bei ihnen handele es sich um nichts anderes als Unkraut, das ausgerissen werden müsse[355].

Weiter ist Gabriel Biel (†1495) anzuführen, der eine über die mittelalterliche Tradition hinausblickende Position lieferte, nämlich in seinem großen Meßkommentar: In allen Religionen hatten die von den Priestern allzeit unterschiedenen „Könige solche Vergehen bestraft, die sie gegen Gott oder Götter und gegen ihre Religionen begangen glaubten. [...] So bestrafen rechtmäßig auch die christlichen Fürsten und töten die Priestermörder, die Kirchenräuber, [...] die Sakramentenschänder [...]; noch mehr bestrafen sie die Verbrechen gegen Gott"[356]. Das betrifft zuvorderst wieder den Häretiker: „Er wird durch die Kanones aufgrund der Exkommunikation zugleich durch die Hinrichtung aufgrund der weltlichen Gesetze vernichtet"[357]. Biels Letzturteil lautet: „Es steht den Kaisern, Königen und Fürsten zu [...], bei ihren Untertanen die Unrechtstaten gegen den wahren Gott zu rächen und so die Sünden zu bestrafen"[358]. Erneut obliegt den Menschen die Rächung aller Gott beleidigenden Freveltaten.

b) Jan Hus und seine Verbrennung zu Konstanz

Nicht ohne Eindruck bleibt das Verhalten des auf dem Konstanzer Konzil als Ketzer verbrannten Jan Hus (†1415).[359] Möglich wird bei ihm der Einblick in sein Inneres, speziell in seine Hartnäckigkeit, wofür er sich mehrmals auf das Weizen-Unkraut-Gleichnis beruft. So bereits 1409 in einer zugespitzten Situation, als er gegen das ihm auferlegte Predigtverbot protestierte, als er gegen die Verbrennung seiner Schriften und zuletzt, als er gegen seine Exkommunikation rea-

gierte: „Wie die Ochsen [in der Mühle] das Getreide trennen von der
den Weizen bedrängenden Spreu, so sollen die Prediger die Tugenden
und Laster trennen, also trennen, was kostbar ist und was heilig ist.
Was ist das Getreide, wenn nicht die Gebote Gottes, und was ist die
Spreu, wenn nicht die Gebote der Menschen, die nicht auf göttlichem
Recht beruhen und ihm widerstreiten"[360]. Unter göttlichem Recht verstand er zusammen mit Wycliff die von Augustinus bereits überwun-
dene Würdigkeit des Predigt-haltenden und Sakramente-spendenden
Priesters; obendrein bestand er auf der Reichung des Kelches an alle
Kommunizierenden[361]. Während des Konstanzer Konzils, zu dem er
als bereits Exkommunizierter, aber mit Zusicherung des Nicht-Behel-
ligt-Werdens angereist war, beginnen Tage quälender Beunruhigung,
wiederum mit neuen Deutungen des Weizen-Unkraut-Gleichnisses:
Während das Urteil Gottes auf festem Grund stehe, geschehe es in
der Kirche, „daß sie betrügt und betrogen wird"[362], wo doch Jesus das
Unkraut-Gleichnis anders ausgelegt habe: „Es kam aber der Feind
und säte auf sie das Unkraut des Ungehorsams, zu allererst aber des
Unglaubens"[363]. Zuletzt eingesperrt im Kerker noch die Bitte: „Liefert
ihnen meine Bücher nicht zum Verbrennen aus"[364]; dazu im klaren
Bewußtsein, „daß ich bald schon zum Tode geführt werden soll"[365].
Vor der Öffentlichkeit des Konzils werden seine 50 gelehrten Gegner
ihn einzig nur fragen: „Willst Du abschwören und widerrufen?"[366]
Zuletzt verzweifelt noch: „Seid ihr gekommen, den Gefangenen zu
trösten oder ihn zu beunruhigen?"[367] Und an treue Freunde in Böh-
men: Obwohl das Konzil „so ordnungswidrig verfuhr, so laßt Euch,
Ihr getreuen und in Gott geliebten Christen, nicht einschüchtern"[368].
Am Ende bäumt sich in ihm ein göttlich bestätigtes Gelehrten-Be-
wußtsein auf: „Man suchte mich mit List und Schreckmitteln zum
Widerruf und Abschwören zu bewegen. Aber der gnädige Herr Gott,
dessen Gesetz ich verherrlichte, war und ist mit mir und wird es hof-
fentlich bis zum Ende sein"[369]. Und zu allerletzt: „Ich, Jan Hus, in der
Hoffnung Priester Jesu Christi, will nicht bekennen, daß jeder aus
meinen Büchern ausgewählte Artikel irrig sei, damit ich nicht die
Meinung der heiligen Lehrer und besonders die des heiligen Augustinus verdamme. Zweitens will ich nicht bekennen, daß ich die Artikel, die mir durch falsche Zeugen zur Last gelegt wurden, behauptet,
gepredigt und gehalten habe. Drittens will ich nicht abschwören, um

keinen Meineid zu leisten"[370]. Eine neuere Untersuchung bestätigt: „Die moralische Kraft des Johannes Hus, mit der er in den Tod gegangen ist, ist zu bewundern"[371]. Bei ihm meldete sich das Gewissen eines Gelehrten, der sich zu verteidigen wußte und nicht nachgab, der aber das Weizen-Unkraut-Gleichnis durchaus zu seinen Gunsten auszulegen vermochte.

c) Behördliche Ahndung der Blasphemie

Spätestens seit dem Schock der Pest, die man wegen der unzähligen Menschensünden als vom Gotteszorn verhängt glaubte, verstärkten sich die öffentlichen Sühnebemühungen. Den Gotteslästerern drohte nunmehr Strafverfolgung von Seiten öffentlicher Gerichte, worauf Gerd Schwerhoff neu hingewiesen hat: Jede Obrigkeit und so auch jeder Stadtrat hatten die Blasphemie „konsequent zu bestrafen"[372]. Verstanden wurde die Blasphemie fortan als eine „öffentliche Schmährede mit dem Ziel der Entehrung Gottes"[373], aber oft auch als „Synonym für Häresie"[374]. Die Bestrafungen erfolgten gestuft, zuerst Geldstrafen, dann Prangerstehen mit Zungendurchstechung, zuletzt bei schweren Fällen die Tötung[375]. Der Zahl nach aber bildeten die Blasphemie-Strafen „quantitativ ‚einen verschwindend kleinen Anteil'"[376].

Das Reformations-Zeitalter steigerte noch die „Wucht der normativen Offensive gegen die Blasphemie"[377]. Die von Karl V. (†1558) 1532 erlassene Gerichtsordnung, die ›Carolina‹, erhob die Bestrafung der Gotteslästerer zu einer öffentlich-amtlichen Angelegenheit und schuf dafür einen reichsweiten Maßstab: „Item so einer got [...] mit seinen Worttenn, das jme zusteet, abschneidet, [...] sein heillige Mutter, die Jungkfraw Maria schendet, Sollenn durch die Amptleute oder richter von Amptswegen angenomen, jngelegt vnd darumb ann leip, leben und glidern, nach gelegenheit Vnnd gestallt der personen vnd lesterung gestrafft werdenn"[378]. Es sind also weltliche Amtsleute und Richter, die sowohl an Leib wie Seele zu strafen berechtigt sind. Seit der ›Carolina‹ stand jeder Fürst, der evangelische wie der katholische, vor der Sorge, „die Sünden seiner Untertanen würden Gottes Zorn erregen und seine Strafen nach sich ziehen"[379].

d) Päpstliche Generalexkommunikation

Im späten Mittelalter verkündeten die Päpste zu Rom an jedem Gründonnerstag in feierlichster Weise eine Generalexkommunikation. Im Vergleich zu der älteren rituellen Exkommunikation setzte sie neue Maßstäbe, nämlich als „Inszenierung einer umfassenden päpstlichen Sanktionsgewalt"[380], zeitweilig sogar praktiziert mit dem Ritus des verlöschenden Kerzenwurfs und mit alarmierendem Glockengeläut. Den Höhepunkt bildete die von Papst Leo X. († 1521) 1521 publizierte Bulle ›In Coena Domini‹, die Luther ins Deutsche übersetzte und mit ›Bulla vom Abendfressen‹ betitelte[381]. Anathematisiert und exkommuniziert werden darin die Positionen aller denkbaren Ketzer-Gruppen einschließlich Martin Luther († 1546), weiter so weltliche Dinge wie Piraterie, neue Zollerhebungen, Waffenlieferungen an Sarazenen, Behinderung des römischen Waren- und Pilgerverkehrs; ebenso Sanktionen für tatsächliche Angriffe gegen Kirchenführer und für Mißhandlungen römischer Kurialer, sodann für Ungehorsam gegen den Papst, für Wegnahme von Besitz der römischen Kirche oder kirchlicher Einkünfte, zuletzt auch gegen Ansprüche staatlicher Beamter an den Heiligen Stuhl. „Keiner unter den Menschen darf diesen Text unserer Exkommunikation und unseres Anathemas [...] brechen"[382]. Trotz dieser Fülle von Anathemata erscheint dennoch wieder die alte *nisi*-Formel, die hier freilich auf den Moment des Sterbens eingeschränkt ist, mit zusätzlichem Verbot unbefugter Absolution; zuletzt folgt die Anordnung zur Publikation in den römischen Hauptkirchen wie in den Diözesen. In der Hochphase der Katholischen Reform fungierte die Gründonnerstag-Bulle „als Dokument konfessioneller Abgrenzung und einer zentralisierten Disziplinierungskompetenz"[383]. Michel de Montaigne († 1592), selber auf dem Petersplatz bei einer solchen Verkündigung anwesend, fand das Ganze burlesk[384].

Zu bewerten sind diese Generalexkommunikationen als „grundsätzliche Schwerpunktverschiebung"[385]; denn deren Ziel lag fortan nicht in der Stigmatisierung und Ehrverletzung einer namentlich genannten Person; vielmehr ging es um eine „prospektive Abschreckungsbotschaft an kommende Delinquenten", dazu von Seiten der Päpste „um die regelmäßig wiederholte Darstellung einer zentralisierten Disziplinierungs- und Lossprechungskompetenz"[386]. Trotz einzelner Gegenstimmen erweisen sich die Rhetoriken und Verfluchungsgesten als „tief in der klerikalen Konflikt- und Jurisdiktionspraxis verankert"[387]. Gleichwohl ist nicht einfachhin von einem ‚magischen Betriebsunfall' zu sprechen: Ziel war und blieb weiterhin die Brechung „der anhaltenden Verstocktheit eines Delinquenten"[388]. Das Neue Testament aber mit seinem Segensgebot und gleichzeitigem Fluchverbot scheint wie vergessen.

Das Gesamtmotiv entstammt erneut der uralten Angst vor dem Gotteszorn: „Für das Einschreiten der Obrigkeit gegen die Blasphemie sieht die neuere Forschung übereinstimmend die Angst vor dem göttlichen Zorn", und die Bestrafung „drohte nicht allein dem Täter, sondern dem gesamten Kollektiv, das derartige Entehrungen des Schöpfers nicht verhinderte"[389]. Damit sind wir wieder bei Max Weber angekommen, bei dessen drei Momenten von Gotteszorn, priesterlicher Bezichtigung und obrigkeitlicher Vollstreckung.

IV. DIE REFORMATION

1. Die reformatorische ‚Freiheit des Christenmenschen'

a) Luther, Zwingli und Calvin

Die Reformatoren würdigten die ‚Freiheit des Christenmenschen',
meinten damit aber keineswegs die moderne Religionsfreiheit. Ob
und wie Martin Luther im modernen Sinne religionstolerant gewesen
ist, gilt derzeit als eindeutig beantwortbar. Nach Meinung des für die
Rechtsgeschichte der Reformation maßgeblichen Martin Heckel hat
für Luther zu gelten: „Im Sinn des heutigen Sprachgebrauchs und
Rechtsempfindens war er dies sicher nicht"[1]. Bestätigend auch Heinz
Schilling: „Luther war Toleranz im modernen Sinne fremd"[2]. Anfangs
hat Luther gleichwohl die Ketzerverbrennung abgelehnt: „Szo solt
man die ketzer mit schriften, nit mit fewr ubirwinden"[3]. Was ihm
Papst Leo X. in der Bannandrohungsbulle von 1520 sofort zum Vorwurf machte: „Daß Häretiker verbrannt werden, ist gegen den Willen
des Geistes"[4]. Dann aber hat sich Luthers Toleranz offenbar immer
mehr eingeengt, so in der Auseinandersetzung mit Thomas Müntzer
(†1525), mit den Zwickauer Schwärmern, mit den Bauernkriegen[5],
zuletzt auch mit den Katholiken[6]. Die erfolgreiche Ausbreitung der
Reformation habe überhaupt „der weiten Toleranz ein Ende"[7] gesetzt.

Zwei Fragen stellen sich: Wie hat Luther das Weizen-Unkraut-
Gleichnis interpretiert und wie ist Luther mit den von ihm als Unkraut Bezichtigten, den danach so bezeichneten Anabaptisten, umge-
gangen? Beide Fragen hat er kurz nacheinander beantwortet, ohne
sie wegen der weiterhin gefürchteten Ehrverletzung Gottes letztgültig
auseinanderhalten zu können.

Bei seinen Ablaßthesen verfährt Luther mit besagtem Gleichnis
amtskritisch: „Dieses Unkraut der Umwandlung kirchlicher Buß-

strafen in die Strafe des Fegefeuers scheint gewiß gesät worden zu sein, als die Bischöfe schliefen"[8]. Nach Beendigung des Münsterschen Täuferreiches erstellte Luther ein Gutachten: ›Ob christliche Fürsten schuldig sind, der Widerteuffer unchristlichen Sect mit leiblicher straffe, und mit dem Schwert zu wehren‹[9]. Dabei spaltete Luther – so der Ersteindruck – unser Gleichnis in ‚geistlich' und ‚weltlich' auf: „Das aber dagegen angezogen werden diese wort vom unkraut: Lassts beides wachsen. Das ist nicht zu weltlicher Oberkeit geredt, sondern zum Predigtamt, das sie unter schein jres ampts keinen leiblichen gewalt uben sollen. Aus diesem allem ist nu klar, das weltliche Oberkeit schuldig ist, Gottes lesterung, falsche leer [der Anabaptisten], ketzereien zu wehren und die anhenger am leib zu straffen"[10]. Martin Heckel zufolge oblag damit der weltlichen Obrigkeit die „Bekämpfung und Bestrafung der Sektierer *als Gotteslästerer*"[11]. Was indes Luther genau unter ‚Unkraut' versteht, hat er in besagtem Gutachten ausführlich dargelegt, nämlich den allgemeinen Aufruhr gegen die Obrigkeit und die Zerstörung des weltlichen Regimentes: „Denn so ir leer solt uberhand nehmen, so were ja Oberkeit, Eid, Eigenthum ec. auffgehaben"[12]. Pflichtig bleibt, „das Oberkeit schuldig ist, auffruhr und zerstörung des leiblichen Regiments zu wehren und auffrhürissche mit dem schwert zu straffen"[13]. Es ist also der Aufruhr, den die weltliche Gewalt zu bekämpfen hat; nicht zuerst ist es eine abweichende Lehre. Letztlich sieht aber Luther hier doch eine Gott zugefügte Ehrverletzung: „Wer Gottes namen unehret, der sol nicht ungestrafft bleiben"[14]. Und diese Ehrverletzung bezog sich jetzt auch auf die Obrigkeit, mit der Pflicht sogar, solches zu bestrafen.

Die Stellungnahme gegen die Täufer von Münster war nicht Luthers letztes Wort zur Toleranz. Nur wenig später stellte er in einer Predigt die altkirchliche Toleranz perfekt anhand des Weizen-Unkraut-Gleichnisses dar: „Während die Menschen schliefen, kam sein Feind und sähte Unkraut mitten unter den Weizen und ging weg"[15]. Das bedeutet: „Wo immer das Wort Gottes gepredigt wird, dort sät der Teufel seine Häresien"[16]. Oder als ersichtliches Einsprengsel: „Wo Gott ein kirch bawet, da wil der teufel auch ein capel oder kretzmer [Gebeinhaus] haben"[17]. Und nochmals: „Unkraut sol nicht allein wachsen unter unkraut, sondern auch unteren weitzen. Der Teufel wil auch im himel sitzen"[18]; letzteren Ausspruch wird man im Sinne einer Allversöhnung deuten dürfen. Höchste Weisheit ist, „sich nicht zu skandalisieren, wenn in der Kirche und aus der Kirche die Bösen und die Häretiker hervorgehen [...]. Wir müssen das eingesähte Unkraut ertragen"[19]. Alles Unkraut gänzlich beseitigen zu wollen, „wäre dasselbe, wie die Kirche zu beseitigen"[20], wäre „nichts anderes, als die Kirche ohne die Bösen haben zu wollen"[21]. Gleichzeitig besteht die Aufgabe der Kirchenleute darin, „daß wir sie [die Bösen] nicht ertragen, sie nicht billigen: nicht den Frieden mit dem Unkraut zulassen, sondern wir schelten, wir exkommunizieren, wir tun, was wir vermögen"[22]. Und am Ende: „Zur Zeit der Ernte werde ich [Gott] den Erntenden sagen: Sammelt das Unkraut"[23]. Oder in Stichworten: „Unkraut – die Bösen, der Feind – der Teufel, die Erntenden – die Engel, die Ernte – das Ende der Welt"[24]. Luther verkündet hier vollauf die altkirchliche Toleranz mitsamt dem eschatologischen Vorbehalt. Seine Position weicht in dieser Predigt weit ab von der seit Thomas von Aquin gebilligten Ketzertötung[25].

Unsere zweite Frage betrifft Luthers Umgang mit den Täufern. Wie schon Gotteslästerung von der Obrigkeit nicht zugelassen werden dürfe, so auch nicht die römische Messe wie ebenso wenig die „täuferischen Grundüberzeugungen"[26]. In seiner Toleranz-Predigt hatte Luther nur wie nebenbei die Anabaptisten darin kritisiert, daß sie Sünder und Fromme nicht zusammen zu sehen vermöchten und sich deshalb von der Kirche trennten[27]. Daß die Täufer zusätzlich den Eid verwarfen, wurde als Bedrohung der vorgegebenen Gesellschaftsordnung empfunden[28]. Schon deswegen stand aus rein rechtlich-politischer Sicht für die Täufer die Todesstrafe an, wofür der Speyrer Reichstagsentscheid von 1529 die Rechtsgrundlage schuf. Beklagt wird, daß „kurzlich ain neu sect des widertaufs entstanden" ist, daß diese Wiedertäufer „von naturlichem leben zum tot mit dem feuer, schwert oder dergleichen [...] gepracht werden", weil sie „aufrurigen aufwigler" seien[29]. Also wiederum der Aufruhr als wesentlich politisches Delikt, was den Betroffenen aber die Möglichkeit bot, „on vorgeend der geistlichen richter inquisicion gericht und gepracht werden"[30]: Als politische Delinquenten gehörten die Anabaptisten nicht vor das geistliche Gericht der Inquisition.

Zwingli († 1531) verstand den Eid ‚kommunal': Die Bürgerschaft als rechtliche wie politische Gemeinschaft „existiert nur durch den

Eid, der in Zürich bei den jährlich wiederkehrenden Schwörtagen von allen geleistet wird. Es ist dieselbe Gemeinde, die gemeinsam im Zürcher Großmünster zum Abendmahl geht"[31]. Stadt- und Christengemeinde hat Zwingli verschmelzen lassen. Desweiteren sah sich Zwingli veranlaßt, den Täufern entgegenzutreten und ihre Verweigerung der Kindertaufe als zu radikal abzuweisen[32], infolgedessen der Zürcher Rat den Wiedertäufern das Ertränken in der Limmat verordnete, sozusagen als spiegelnde Strafe[33], also Ertränken der Eltern wegen deren Ablehnung der Kindertaufe. Die zwinglianischen Städte Zürich und Bern erließen eigene Verordnungen gegen Abweichler mit Androhung von Landesverweis und Todesstrafe[34]. Als Gesamtzahl der Täufer-Hinrichtungen allein im schweizerisch-oberdeutschen Raum wird die wahrhaft erschreckende Anzahl von 845 genannt[35] – so viele wie die Spanische Inquisition in ihrer gemäßigten Phase nach 1550. Im Vergleich zu den ersten Täufer-Ertränkungen in Zürich gingen die katholischen Obrigkeiten weit rigoroser vor[36], nämlich mit 85 Prozent aller Täufer-Hinrichtungen; allein nur in den wenigen Jahren von 1525 bis 1533 wurden 80 Prozent der Täufer um ihr Leben gebracht[37].

Calvin (†1564) verabscheute alle „Verfechter religiöser Toleranz"[38]. Die Täufer erklärte er „zu Vertretern einer anarchistischen Sekte"[39]; mit seiner persönlichen Billigung wurden sie „in einträchtiger Zusammenarbeit zwischen Kirche und Staat bestraft und aus der Stadt gejagt"[40]. Die zentrale Rolle Calvins bei der Verbrennung des die Trinität leugnenden Spaniers Michael Servet (†1553) ist allbekannt[41]; Einigkeit herrschte calvinistischerseits darin, „dass jemand, der die Trinität leugne, sich außerhalb der christlichen Welt positioniere und die Todesstrafe verdiene"[42]. Daß es dabei wirklich um die Todesstrafe ging, zeigt der reformierte Heidelberger Katechismus von 1563 mit dem die Religionsgewalt rechtfertigenden Satz: „Darum hat er [Gott] auch befohlen, sie [die Lästerer] mit dem Tode zu bestrafen"[43].

Luther, Zwingli und Calvin mußten die Täufer wegen deren Ablehnung der Kindertaufe und zusätzlich wegen deren Eidverweigerung zu Ketzern erklären. Auf diese Weise kam es „zu Ketzerprozessen im protestantischen Bereich"[44]. Daß solche Prozesse wirklich stattfanden, widerspricht einem weithin gängigen protestantischen Selbstverständnis: Die Toleranz sei protestantischerseits ganz anders gehandhabt worden als katholischerseits, „weil man der Kirche gegenüber auf die Freiheit des Gewissens und auf die Duldung des von der Kirchenlehre abweichenden Verständnisses der christlichen Wahrheit abstellte"[45]. Kürzlich erst hat die Vereinigte Evangelisch-Lutherische Kirche Deutschlands für die Täufer-Hinrichtungen um Entschuldigung gebeten[46]. Ganz gegen den Mainstream gerichtete Beurteilungen vertritt der Schweizer Historiker Peter Hersche in seiner voluminösen ›Barockkultur‹: Nüchtern sei zu bilanzieren, „dass dank der Inquisition den Mittelmeerländern Religionskriege wie im Norden, die unverhältnismäßig viel mehr Todesopfer forderten und in denen womöglich noch bestialischer gemordet wurde, erspart blieben"[47]; in Portugal habe die Inquisition jährlich einen von etwa 10.000 Einwohnern belangt, in Spanien einen von etwa 25.000, in Italien einen von 30.000–40.000[48].

b) Neuzeitlich-katholische Inquisition

Am Vorabend der Reformation fanden im Deutschen Reich kaum noch Inquisitionsprozesse statt[49]; desgleichen spielte die Inquisition in Frankreich nur eine marginale Rolle[50]. Katholischerseits erfuhr dank Einwirkung der Reformation die Inquisition überhaupt erst jetzt eine behördliche Institutionalisierung, doch nur in Italien und in Spanien. Für die Stadt Rom hat man die Zahl von 97 Hingerichteten errechnen können; in anderen Inquisitionsbezirken Italiens bleiben die Zahlen meist unter zehn[51]. Für die Spanische Inquisition registriert die Henningsen-Datei 826 Hinrichtungen, freilich nach einer vorausgehenden wilden Phase bis 1550 und bei Einschluß der jetzt auch als strafbar geltenden Sexualdelikte[52].

Abbildung 1: Wegen Häresie hingerichtete Protestanten in Europa (Jahresdurchschnitt)[53].

Region	1520–1529	1530–1554	1555–1565	1566–1599
Deutsches Reich	38	13	2	0,7
Schweiz	4	2	1	0,1
Niederlande	1,2	20	40	(2,7)

Region	1520–1529	1530–1554	1555–1565	1566–1599
Frankreich	1	12	(20)	0,5
England und Schottland	2	1,6	30	0,1
Spanien	0	0,5	12	2,0
Italien (inkl. Sizilien)	0	0,6	3	2,2
Gesamt	46+	50	106	8,3

Neu erforscht ist die katholische Inquisition in den von Karl V. beherrschten Niederlanden. Wie überall sonst hatte in Deutschland die Inquisition während des Spätmittelalters in der kaiserlichen Religionspolitik wie auch bei den katholischen Ständen kaum eine Rolle gespielt[54]. Neue Ausgangsbasis wurde die im Spätmittelalter aufgekommene Bestrafung der Gottesfrevler seitens der Kommunen[55]. Der erste verschärfte Zugriff in den Niederlanden zielte auf Abwehr von Luthers Lehren und Schriften; ihm anzuhängen bedeutete von Anfang an – sofern kein Widerruf erfolgte – „den Tod auf dem Scheiterhaufen"[56]. Den sogenannten Brüsseler Märtyrern sind die in Köln am 28.9.1529 als Ketzer verbrannten Adolf Clarenbach und Peter Fliesteden anzuführen, deren Prozeß unterschiedlich beurteilt wird. Wenn schon Stadträte für die Schmähung der Gottesmutter Maria die Todesstrafe verordnen konnten[57], so erst recht gegen lutherische Ketzer, zumal Fliesteden so was Anstößiges unternahm, eine konsekrierte Hostie wieder auszuspucken[58], während Clarenbach „für sein Glaubensbekenntnis auch in den Tod zu gehen" bereit war[59]. In beiden Fällen bleibt „unklar, ob der Rat der Stadt als weltliche Obrigkeit je ein offizielles Todesurteil ausgesprochen hat"[60].

In den Niederlanden begann hiermit der Streit um die jeweils zuständige Inquisition, von denen es insgesamt drei gab: die schon erwähnte von den Kommunen und durch Schöffen ausgeübte, daneben die päpstliche wie auch eine bischöfliche, wobei die beiden letzteren ineffektiv blieben[61]. Wohl sollte die päpstliche zu einer landesherrlichen Inquisition nach spanischem Vorbild umgestaltet werden, wogegen sich aber die kommunalen Schöffengerichte wehrten, um nicht ihre Zuständigkeit für Blasphemie-Bestrafung zu verlieren[62]. Den von früh an verketzerten Lutheranern folgten seit 1530 die Täufer, die in der ersten Hälfte des 16. Jahrhunderts die meisten Blutopfer stellten[63], aber schon um 1545 ausgerottet schienen[64]. Allein von Februar bis Juli des Jahres 1535 exekutierte die Stadt Amsterdam in eigenem Belang 62 täuferische Häretiker[65]. Seit 1544 versammelten sich dann die ersten kalvinischen Konventikel[66]. Daraufhin erging 1550 ein verschärftes Häretiker-Gesetz, nämlich mit Entzug der Geschäftsfähigkeit und mit Verweigerung öffentlicher Ämter[67], was die Häretiker zu Staatsfeinden erklärte[68]. Der von Herzog Alba (†1582) seit Ende der 60er Jahre organisierte ‚Blutrat' suchte die drei Inquisitionen zu zentralisieren, was zugleich die Opferzahlen emporschnellen ließ. Die Hinrichtungen geschahen – nicht anders wie schon im Mittelalter – als Verbrennung (was sehr kostspielig war), als Köpfung, als Säckung und als Beerdigung bei lebendigem Leib[69]. Weit häufiger geschah die Konfiskation des Besitzes[70], ebenso die Exilierung[71], zuletzt noch die Gefängnishaft[72]. Die Folgewirkungen dieser Maßnahmen waren erheblich: Die Besitzkonfiskation machte von heute auf morgen bettelarm, die Exilierung machte heimatlos, während die Gefängnisstrafe oft nur ein Hausarrest war[73]. Das Schicksal des Malers Peter Paul Rubens (†1640) kann dafür als Beispiel gelten: Er war Sohn eines calvinistischen, aus Antwerpen vertriebenen und nach Köln geflüchteten Anwalts; er erblickte in Siegen das Licht der Welt und wuchs in Köln auf, bis er dann in seiner Heimat zum Künstler der Gegenreformation aufstieg[74].

Insgesamt ging die niederländische Inquisition erbarmungsloser gegen Häretiker vor als die spanische[75]. Überraschen muß der mikrohistorische Befund; in der Kriminalitätsstatistik blieb die Häresie nur ein „Kleindelikt"[76]. Die lutherische Ketzerei in Saint Omer betraf bei einer Bevölkerung von über 10.000 gerade 0,64 Prozent, in Brüssel bei einer Bevölkerung von 26.000 nur 0,4 Prozent[77].

Abbildung 2: Häresie-Exekutionen in den Niederlanden (1532–1597)[78]:

Provinzen	1532–1529	1530–1554	1555–1566	1567–1574	1575–1597
Holland	3	170	20	80	0
Flandern	2	101	161	300	26
Brabant	4	125	115	300	19

Provinzen	1532–1529	1530–1554	1555–1566	1567–1574	1575–1597
Flamen	0	50	25	75	3
Lüttich	1	25	2	24	3
Tournai	1	23	26	180	1
übriges Wallonien	0	30	30	200	1
Gesamt	11	524	379	1159	51

Abbildung 3: Vermehrte Opfer des Blutrates: Verfolgungen und Hinrichtungen:[79]

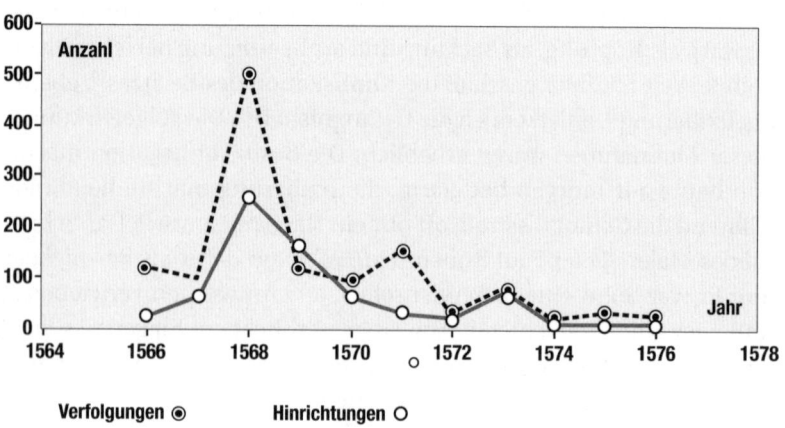

Verfolgungen ◉   Hinrichtungen ○

c) Hexenverfolgung: katholisch?

Zu den unentwegt mobilisierten Bösartigkeiten des Christentums zählen die Hexenprozesse. Die Zahlen sind und bleiben erschreckend, nämlich insgesamt 50.000 Opfer und davon die Hälfte im Gebiet des Deutschen Reiches[80]. Die 3.000 hingerichteten Ketzer gelten im Vergleich mit den Hexenopfern nur als „Stolperstein"[81]. So sehr der aller Hexerei unterstellte Teufelsbund als evidenter Gottesfrevel erscheinen mußte, wurde dennoch kirchlicherseits dieser Bund als nur teuflische Vorspiegelung und nicht als wirklicher Glaubensabfall gedeutet. Winfried Trusen, der sich rechtshistorisch mit den Ketzer- und Hexenprozessen befaßt und dabei auch den ›Hexenhammer‹

analysiert hat, formuliert als Ergebnis: Zwar sollte der ›Hexen-hammer‹ seiner Erstintention nach zur Entlastung der kirchlichen Inquisitionsgerichte beitragen und den weltlichen Richtern nur eine Handreichung zur Hexenverfolgung anbieten wollen; diese Bemü-hungen, nämlich den weltlichen Richtern die Hexenverfolgung zu übertragen, haben aber die Zuständigkeiten in Wirklichkeit umge-kehrt, nämlich mit der überraschenden Konsequenz: „Die Kirche zog sich zurück"[82]. Ja, die inzwischen etablierte Inquisition wirkte sogar hemmend, nämlich dort, „wo sie stark war, [und] die Hexenverfol-gung massiv einschränkte oder unterband"[83]. Und für uns besonders verwunderlich: Statt damals ein allgemeines Entsetzen auszulösen, wurde die Hexenverfolgung „in aller Regel von den Bürgern und Bau-ern begrüßt"[84].

Der derzeitige Forschungsstand vermeldet denn auch das kom-plette Gegenteil des üblicherweise Unterstellten: „Es gehört zu den schwer zu überwindenden historischen Irrtümern, dass ‚die Kirche' Schuld an den Hexenverfolgungen sei"[85], nämlich „meist nur die rö-misch-katholische"[86]. Die Päpste machten nur anfangs zögernd mit, mahnten dann aber zu größter Vorsicht, brachten sogar in Italien die Hexenprozesse, als sie in Deutschland kulminierten, „völlig zum Erliegen"[87]. Sogar die stets übelbeleumdete Spanische Inquisition ließ die Hexenverfolgung „in Spanien praktisch einstellen"[88]. Tatsächlich fanden die Hexenprozesse überwiegend vor weltlichen Gerichten statt[89]; jedenfalls wurden die Akten der vor Ort geführten Prozesse zur Überprüfung an juristische, nicht aber an theologische Fakultäten eingeschickt[90]. Folglich waren die Hexenprozesse nicht ein Kirchen-irrtum, sondern ein Justizirrtum. Nun sind allerdings die Kirchenleu-te nicht einfachhin reinzuwaschen. Gerade die geistlichen Territorien erreichten Höchstzahlen von Hexen-Hinrichtungen, am extremsten in der geistlichen Herrschaft der Trierer Abtei Sankt Maximin: Bei 2.200 Einwohnern kam es dort in den Jahren zwischen 1586 und 1596 zu 400 Hinrichtungen[91].

Bei den Theologen blieb die Hexenverfolgung umstritten; nicht einmal der Jesuiten-Orden fand zur Einigkeit[92]. Der Grund war wie-der das Weizen-Unkraut-Gleichnis[93]. Bestens bekannt ist der Protest Friedrichs von Spee (†1635) in seiner ›Cautio criminalis‹: „Es müsse, wo es sich darum handelt, das Unkraut aus dem Acker des Staates auszujäten, durchaus alles ausgeschaltet werden, was immer wieder die Gefahr mit sich bringt, daß zugleich auch der Weizen mit ausgerauft werde"[94]. Anzuschließen ist sein Lehrer Pater Adam Tanner († 1632), auch er mit Warnungen, die Hexen nicht sofort schon als Unkraut auszureißen[95].

Die speziell gegen die katholische Kirche gerichteten Anschuldigungen finden nach wie vor breiteste Zustimmung, so auch der in katholischer Theologie promovierte und in Münster als Universitäts-Psychologe tätig gewesene Frido Mann: Es „zieht sich durch die Geschichte der monotheistischen Religionen über Jahrtausende eine Blutspur kriegerischer Auseinandersetzungen besonders in den ‚Kreuzzügen' sowie der ‚zivilen' Ausrottung Andersdenkender (‚Ketzer') oder willkürlich des Bösen beschuldigter Opfer vorzugsweise weiblichen Geschlechts vor allem in den kirchlichen Hexenprozessen, vermutlich in Millionenhöhe"[96]. Nach obigen Darlegungen über die Hexenprozesse ist nicht ein einziger Punkt in Manns Bilanz stimmig: nicht ‚über Jahrtausende', nicht ‚reine Willkürlichkeit', nicht ‚kirchlich organisierte Hexenverfolgung', nicht ‚in Millionenhöhe'.

2. Zurück zum Nicht-Ausreißen

a) Gegen alttestamentliche Religionsgewalt

In den Straßburger Diskussionen während der dreißiger Jahre des 16. Jahrhunderts geschah eine folgenreiche Neupositionierung: Bedenken meldeten sich gegen die im Alten Testament gutgeheißene Religionsgewalt, wie sie beispielsweise noch in der Scholastik anzutreffen ist; wie stark zuvor das Verhältnis von Altem und Neuem Testament als beidseitig komplettierend gedeutet wurde, dazu nur ein Spotlight: Zur Neuausgabe der ›Legenda Aurea‹ in den ›Fontes Christiani‹ schreibt der neue Herausgeber: „Das AT wird im NT erfüllt. Jede Aussage aus dem AT kann als Verkündigung oder als Argument für das NT eingesetzt werden"[97]. Die nunmehrige Ablehnung der alttestamentlichen Gewalt verstand sich aus dem Gegensatz von ‚Geist und Fleisch' und aus dem daraus abgeleiteten Gegensatz von ‚äußerlich' und ‚innerlich', mit der Konsequenz nun, die Anwendung von Zwang als ‚äußerlich' zu verbieten, möge auch Gewaltanwendung im Alten Testament gutgeheißen sein. Nachdrücklich pochte der Täufer Marbeck († 1556) auf den Unterschied zwischen Altem und Neuem Testament und bestritt deswegen der Obrigkeit das Recht, „mit äußerlichem Zwang die kirchliche Einheit unter Berufung auf die Könige Israels und Judas, also vor allem auf die deuteronomistische Tradition des Alten Testaments"[98]; aufzuheben sei „die Berechtigung zum Gebrauch des Schwertes zum Schutz des Evangeliums"[99].

In Frankreich rechtfertigten neugläubige wie altgläubige Prediger die Konfessionskriege zunächst weiter mit Verweisen auf das Alte Testament. Von Seiten der Hugenotten benutzte man gerne Stellen wie: „Doch wird der Herr, dein Gott, dir diese Völker ausliefern. Er wird sie in ausweglose Verwirrung stürzen, bis sie vernichtet sind" (Dtn 7,23); oder „Wenn du aber den Herrn, deinen Gott vergißt und anderen Göttern nachfolgst, ihnen dienst und dich vor ihnen niederwirfst – heute rufe ich Zeugen gegen euch an: dann werdet ihr völlig ausgetilgt werden" (Dtn 8,19); oder: Bei Belagerung einer Stadt soll, trotz deren friedlicher Ergebung, „die gesamte Bevölkerung zum Frondienst verpflichtet und dir untertan sein"; bei nicht friedlicher Einigung „sollst du alle männlichen Personen mit scharfem Schwert erschlagen" (Dtn 20,11;13)[100]. Die Katholiken standen den Protestanten nicht nach. Zur Rechtfertigung wurden bevorzugt Elia und dessen Tötung der Baalspropheten oder die Makkabäer mit ihrer Rächung des Gott angetanen Frevels angeführt[101]. Sogar das Weizen-Unkraut-Gleichnis wird in Erinnerung gerufen, freilich mit der seit Thomas von Aquin üblichen Einschränkung: „Wie man die Ketzer sol außrotten"[102].

b) Dissenters und Pietisten als letzte Toleranz-Verteidiger

Der savoyardische Bauernsohn Sébastien Châtillon, genannt Castellio († 1563), der sich mit Calvin wegen des als Ketzer verbrannten Michael Servet überwarf, war der erste, der aus der von den Großreformatoren gutgeheißenen Ketzertötung ausscherte[103] und speziell die Hinrichtung durch (Stadt-)Magistrate ablehnte: Die Verfolgung der Häretiker „gehört nicht zum zivilen Magistrat"[104], denn „im Gottesreich gibt es keinen Waffengebrauch"[105]. Die Begründung lieferte wie seit jeher das Weizen-Unkraut-Gleichnis: „Denn wo Weizen gesät wird und Frucht bringt, da erscheint auch das Unkraut"[106]; zumal den noch so frommen Magistraten könne man das Ausreißen nicht erlauben[107]; dann sei „der größte Teil der Menschen zu erschlagen"[108].

Unter den Verteidigern der Glaubenstoleranz spielten Exilprotestanten, die Italien verlassen hatten und in den protestantischen Norden hinübergewechselt waren, „eine hervorragende Rolle"[109]. Ein Beispiel bietet der aus Trient stammende Jacobus Acontius († 1566): Durch den Satan selbst werde der wütende Hader entfacht, und die Antwort findet auch er im Weizen-Unkraut-Gleichnis: „Da feststeht, daß unter Unkraut bildlich die Häretiker gemeint sind, was anderes wäre anzufügen, als daß Häretiker nicht getötet werden dürfen"[110].

Es war der linke Flügel der Reformation, der die absolute Gewaltlosigkeit in Religionsdingen von neuem einforderte und damit zur modernen Toleranz überleitete. Balthasar Hubmaier († 1528), der als Stadtprediger 1519 in Regensburg die Judenvertreibung und Synagogenzerstörung angezettelt hatte, dann aber zu den Täufern übergeschwenkt war, berief sich nun auf das Weizen-Unkraut-Gleichnis. In seiner 1524 abgefaßten Schrift ›Von Ketzern und ihren Verbrennern‹ will er nicht „zänkisch", sondern „sänftlich" vorgehen und führt zur Begründung an: „Lassends baide mitainandern auffwachsen"[111]. Entschieden auch verurteilte das Unkraut-Ausreißen der zum pazifistischen Täufertum bekehrte Menno Simons († 1561): „Beides, Weizen und Unkraut, wachsen zusammen auf demselben Feld, nämlich in der Welt. Der Hausherr will nicht, daß das Unkraut vor der Zeit ausgerissen wird, das heißt: er will nicht, daß sie [die Häretiker] vernichtet werden durch Hinrichtung zum Tode, vielmehr will er sie lassen bis zur Ernte"[112].

Anzufügen ist ebenso Martin Bucer († 1551), der Reformator Straßburgs. Er hatte sich mit den zahlreich in die Stadt geflüchteten Täufern zu befassen, so auch mit dem aus Tirol geflohenen Pilgram Marbeck. Bucer hielt ihm angesichts der abzusehenden Gewaltherrschaft der Täufer in Münster entgegen: „Aller eusselicher gewalt mag im reich Christi nicht herschen"[113]; im ›Beschluss‹ seines Traktates beruft er sich auf das Weizen-Unkraut-Gleichnis: „der feind [hat] seinen samen vnnder den weissen sehen"[114] wollen, mit der persönlichen Mahnung noch an Marbeck: „Diß wölle, mein Pilgramm, zu hertzen füren"[115]. In Wirklichkeit befürwortete Pilgram Marbeck ebenso Gewaltlosigkeit, bestritt darüber hinaus dem Magistrat, „das Schwert des Zwangs anzuwenden"[116]. Gegenüber Kaspar von Schwenkfeld († 1561) antwortete Marbeck 1542 mit Sätzen, die zwar nicht direkt unser Gleichnis wiedergeben, ihm aber doch gedanklich folgen: Der gräuliche Feind, der Satan, hat viel Verhinderung, Lästerung, Abfall und Spaltungen herbeigeführt; die falschen Satansboten haben der Wahrheit Christi Verblendung und Verachtung beigemischt; darum dann das Ansinnen, die Anschläge des Teufels zunichte zu machen; zu handeln aber sei „nit mit leiblicher Gewalt"[117], sondern „mit demut, sanftmut und geduldt"[118].

Für Religionstoleranz wirkten aufs Entschiedenste die Pietisten. Sie wollten sich von einer zu starr gewordenen Dogmatik lösen und stattdessen die innere Herzensfrömmigkeit befördern. Den Anfang machte Johann Arndt († 1621), der indes als religiöse Persönlichkeit „ausgesprochen uninteressant"[119] bleibt; gleichwohl wurde er „die einflußreichste Gestalt der lutherischen Christenheit seit den Tagen der Reformation"[120], hat er doch „jahrhundertelang den Boden protestantischer Frömmigkeit durchzogen, getränkt und befruchtet"[121]. Wichtig ist in unserem Zusammenhang, daß er sich von aller „Polemik des konfessionellen Zeitalters abwandte"[122], sodaß er unbefangen auch auf die mittelalterliche Mystik wie auf die spätmittelalterliche ›Nachfolge Christi‹ zurückgreifen konnte.

Gottfried Arnold († 1714) steigerte noch sein Entsetzen über die gegen Ketzer gerichtete Polemik, zumal über deren Hinrichtungen. Den Dreißigjährigen Krieg empfand Arnold als „Unmöglichkeit"[123]; überhaupt war ihm aller Krieg „unchristlich und gottwidrig"[124]. Sein Hauptwerk, ›Die unparteiische Kirchen- und Ketzerhistorie‹, sucht jenseits der „wortkriege" und der „vernunftgezäncke"[125] die „Wahrheit ohne Parteilichkeit"[126], denn sonst werde dem „gemüthe dabey die nötige freyheit genommen"; die Wahrheit könne man gar nicht anders verteidigen „als mit lauterer Wahrheit, wie man sie in seinem hertzen selbst dafür bekennen müßte"[127]. Die Wahrheit also als unbestechlicher Richter über alle Personen und Institutionen, sogar über die Dogmen; denn unmöglich könne man die Wahrheit vom Guten ohne Liebe und vom Bösen ohne Abscheu trennen; ebenso wirke die Wahrheit sozial, verlange sie doch Liebe gegen alle Menschen[128]. Zum Vorbild erklärt Arnold den „sanfftmütigen Heyland", der „als ein gedultiges Lamm sich [hat] verkätzern und verwerffen lassen"[129], der „die verlohrnen schaffe mit wolthun und sanfftmuth gesuchet"[130] hat. Lang ist die Reihe der Anfragen an die kirchlichen Autoritäten, ob sie „auff gänzliche ausrottung und hinrichtung oder verjagung der Kätzer gegangen"[131] seien, ob sie die Verantwortung übernähmen für „so viel harte prozcsse, marter und pein, blutvergiessen, leibes- und lebensstrafen"[132], ob sie gegen die Ketzer „die allergreulichsten verbrechen mit schwerde und feuer gewütet"[133] hätten, ob nicht andersherum „ein unbarmherzig gericht [er]gehen" werde über alle, die nicht „auch an wirklich irrenden keine barmherzigkeit in liebe"[134], also keine „toleranz erwiesen haben"[135]. Zuletzt folgt das schon im Mittelalter vorgebrachte Argument: „Ob nicht mancher von der welt verdammter kätzer in der Herrlichkeit mit allen ehemals verworffenen und getödteten zeugen Gottes triumphiren"[136] wird.

Herauszuheben ist ebenso Philipp Jakob Spener († 1705), der „Patriarch der Pietisten"[137]; bei seinem Tod stand er in einem Ansehen, „wie es kein Theologe nach Luther besessen hatte"[138]. Sein Hauptwerk, die ›Pia desideria‹, gilt als Programmschrift des deutschen Pietismus[139]. Die darin erhobene Anklage ist so kurz wie knapp: „Es mangelt [...] an Geist und Glauben"[140]; deswegen bedürfe es einer Neugeburt des Christseins. Überdies gilt Spener als Vater theologischer Vielfältigkeit[141]. An mehreren Gleichnissen Jesu kann man es ablesen: das Gleichnis vom Weinstock und den weggeworfenen Reben, das Gleichnis von den nur durch Gott zu trennenden guten und bösen Fischen, zuletzt das allbekannte Gleichnis vom Weizen und Unkraut. In den *Pia exercitia* werden sowohl das erst- wie das letztgenannte Gleichnis angeführt: Indem „Christus selbst viel unkraut und böse fische duldet"[142], belehrte er die Kirche, „daß mans nicht so außgetten solle / daß man den weitzen etwa mit außrauffte"[143], bis hin zu der Konsequenz, daß „ihnen kein gewalt in ihrem gewissen angethan wird"[144]. Zuletzt forderte der Pietismus Eidverweigerung und Pazifismus[145].

Halten wir fest: Die neutestamentliche Forderung, das Unkraut ertragen zu sollen, ging keineswegs verloren, wurde zuletzt von den

Dissenters als weiterhin gültige Tradition durchgehalten und befürwortete Toleranz mit wenigstens dem Schutz des Lebens – und das
trotz der Billigung von Ketzer-Hinrichtungen durch Thomas von
Aquin, durch Luther, Zwingli und Calvin. Daß gerade die Dissenters
als von den Großkonfessionen Abgesprungene und nur sie am eschatologischen Vorbehalt festhielten, bedarf theologisch einer besonderen Erklärung. Denn als Abgesprungene waren sie in den Augen
der neuzeitlichen Großkonfessionen eigentlich allesamt Ketzer. Aber
gerade sie hielten die Toleranz gemäß dem Weizen-Unkraut-Gleichnis
aufrecht. Die Folge war, wie Martin Heckel schlichtweg konstatiert:
„Die Toleranzidee entstand daher distanziert und abgehoben von
den Kirchen bei den Dissidenten und Spiritualisten"[146]. Heute sehen
sich die Großkonfessionen, ob nun katholisch, lutherisch, zwinglia-
nisch oder calvinisch, dem Vorwurf ausgesetzt, keine hinreichende
theologische und lehramtliche Klarheit erreicht zu haben, um ihrerseits das altkirchliche Verbot der Ketzertötung durchzuhalten. Oder
theologisch zugespitzt: Die Spiritualisten behielten neutestamentlich
gesehen recht. Das stellt Rückfragen an die Großkonfessionen: Wie
zuverlässig sind deren theologische und lehramtliche Weisungen?

V. DIE AUFKLÄRUNG

1. Die aufklärerischen Anwege

Die Europäische Aufklärung erscheint mehr denn je als mythische Größe von numinoser Strahlkraft und quasireligiöser Würde – eine Größe jedenfalls, „die hoch über dem Christentum steht"[1]. So überraschend es klingen mag: In vielen aufklärerischen Publikationen zeigt sich weiterhin eine biblisch-religiöse Argumentation, die dem Weizen-Unkraut-Gleichnis folgt und dadurch „die staatliche Toleranzforderung verstärkt und der Ketzerverfolgung den Boden entzieht"[2]. Schon die katholische Spätscholastik Spaniens – so Jürgen Habermas[3] – debattierte die großen Themen der europäischen Aufklärung: egalitäre Menschenwürde, Mitbeteiligung des Volkes, angeborene Gleichheit, freie Religionspraxis, Gewährung von Toleranz, dazu Eigentumsrecht, Volkssouveränität und Völkerrecht, sogar schon erste Ansätze für einen Gesellschaftsvertrag in Religionsdingen[4].

a) Gewissen in historischer Entfaltung

Zur Berufung auf das Gewissen empfiehlt sich ein historischer Rückgriff von höchstrangigem Gewicht, nämlich die Bezeugung von συνείδησις (Gewissen) im Neuen Testament, wo dieses Wort zwar nicht in den Evangelien, wohl aber dreißig Mal in den Briefen und in der Apostelgeschichte vorkommt[5]. Das neutestamentliche Gewissen beurteilt das eigene Verhalten nicht allein nach eindeutig vorgegebener Norm, „sondern ist im Zweifelsfall zu eigener *Entscheidung* befähigt und autorisiert"[6]. Selbst im Endgericht – so der neutestamentliche Befund – „wird nicht über ‚richtig' oder ‚falsch' entschieden, sondern die Übereinstimmung mit der eigenen Überzeugung geprüft"[7]. Dieses Gewissen mit seiner je persönlichen Entscheidung wird im Neuen Testament den Menschen insgemein zugeschrieben, auch den Heiden[8], „daß ihnen die Forderung des Gesetzes ins Herz geschrieben ist; ihr Gewissen legt Zeugnis davon ab, ihre Gedanken klagen sich gegenseitig an und verteidigen sich" (Röm 2,15). Demnach gilt das Gewissen als natürliche Grundausstattung, so daß ein Mensch ohne Gewissen undenkbar wäre[9]. In Wirklichkeit aber müssen wir den Ausfall oder ein rätselhaftes Nichtvorhandensein des Gewissens zur Kenntnis nehmen[10]. Dieses Nichtvorhandensein des Gewissens erinnert an bestimmte Vorbedingungen, die ein funktionsfähiges Gewissen beansprucht: Primäre Voraussetzung dafür der innere Zwiespalt, denn nur ein gespaltenes Selbst befähigt zum Überdenken begangener Taten oder geplanter Absichten.

Welch schwierigen Weg das Mittelalter in der Gewissenswerdung zurückzulegen hatte, zeigt etwa die Welt des nordischen Saga-Menschen, wie es Aaron Gurjewitsch dargestellt hat: „Leidenschaft und innere Erregung werden nicht direkt beschrieben und schon gar nicht analysiert"[11]. Gleichwohl entfaltet der Saga-Mensch eine Innerlichkeit, eine solche freilich bezüglich Rache und Kampf. Die Sagas ranken sich fortwährend „um Konflikte zwischen Individuen und Familie, um Zwistigkeiten, die gewöhnlich mit Mord und Totschlag enden, der lange und blutige Rache nach sich zieht"[12]; seinem „Ohr entgeht nicht der leiseste Hauch einer Beleidigung oder einer ehrenrührigen Anspielung, und er speichert in seinem Herzen alles, was sein Gefühl für Ehre und Würde berührt. Er überstürzt seine Rache nicht, er kann sich Zeit lassen"[13]. Die entscheidende Feststellung liegt darin, daß, wie Gurjewitsch sagt, der Saga-Mensch „frei von dieser [inneren] Zwiespältigkeit ist"[14].

Im Hochmittelalter erreicht die Debatte um das Gewissen einen ersten Höhepunkt, erweislich an einer Fülle von Aussagen zur gewissenhaften Urteilsbildung und Lebensführung[15]. Sicherheit verschafft sich das Gewissen dadurch, daß es die Übereinstimmung mit Gott verspricht: „Das gute Gewissen assimiliert den Menschen an Gott"[16]. Bei Thomas von Aquin erreicht das Gewissen jenen Grad an Selbstständigkeit, daß man selbst kirchlichen Oberen bei Einspruch des eigenen Gewissens nicht in jedem Fall zu gehorchen habe, wohl aber dem eigenen und gegebenenfalls irrenden Gewissen[17]. In der Neuzeit fordert Wilhelm von Oranien († 1584) historisch „zum ersten Mal die

Gewissensfreiheit als individuelles *Grundrecht*"[18], infolgedessen das Gewissen „eine kritische Kraft"[19] gewann. Deutlicher noch wird der Vergleich zwischen Luther und Kant. Auf dem Reichstag zu Worms erklärte Luther: „Und solange mein Gewissen in Gottes Wort gefangen ist, kann und will ich nichts widerrufen, weil es unsicher ist und die Seligkeit bedroht, etwas gegen das Gewissen zu tun. Gott helfe mir. Amen"[20]. Für Luther ist das Gewissen in Gottes Wort gefangen und deswegen bedroht es die eigene Seligkeit[21]. Mit der Aufklärung nimmt die Gewissensstimme einen neuartigen Charakter an, und zwar dergestalt, „dass es sich um eine Stimme handelt, die dem Hörenden gegenübertritt und unbeeinflussbar ebenso wie unverfügbar spricht"[22]; als solche bringt sie „das Moment des Unwillkürlichen, des Unentrinnbaren, des Unverfügbaren, des Unbeherrschbaren und nicht zuletzt das Zerstörerische des Phänomens zur Sprache"[23]. Kirchenpolitisch bedeutet das, wie es Pierre Bayle († 1706) ausdrückte: „Die Kirche kann nur freiwillige Mitglieder haben", und man darf „das der Kirche gegebene Versprechen brechen, um der Stimme des Gewissens zu folgen"[24].

Die Aufklärer konzentrierten ihr ganzes Interesse auf die moralische Verantwortung, zumal „auf das Forum des Gewissens"[25]. Die Begeisterung für das Gewissen war den Aufklärern schier unbegrenzt. Hier nur der Ausruf von Jean-Jacques Rousseau († 1778): „Gewissen! Gewissen! Göttlicher Instinkt! Unsterbliche und himmlische Stimme! Sicherer Führer eines unwissenden und beschränkten, aber verständigen und freien Wesens! Untrüglicher Richter über Gut und Böse, der den Menschen gottähnlich macht! Du gibst seiner Natur die Vollkommenheit und seinen Handlungen die Sittlichkeit! Ohne dich fühle ich nichts in mir, das mich über die Tiere erhebt, als das traurige Vorrecht, mich mit Hilfe eines ungeregelten Verstandes und einer grundsatzlosen Vernunft von Irrtum zu Irrtum zu verlieren"[26].

Bei Kant bildet das Gewissen den inneren Gerichtshof: „Das Gewissen ist der Instinct über unsere Handlungen zu urtheilen und zu richten. Es ist kein Vermögen sondern ein Instinct, wäre es ein willkürliches Vermögen, so wäre es kein Gerichtshoff, indem es uns alsdenn nicht zwingen könnte; soll es ein innerer Gerichtshof seyn, so muß es Macht haben uns zu zwingen"[27]. Mochte das eigene Gewissen auch Anstoß erregen, verlangte es dennoch Durchsetzung gegenüber

Anderen: „Ich kann nicht meinem Gewissen zuwieder handeln, um dem Andern keinen Anstoß zu geben; es thut mir leid, daß er sich daran stößt, aber ich kann nicht dafür"[28]. Der Gerichtshof des Gewissens ist in des Menschen eigenem Innern grundgelegt, versteht sich nicht länger als abhängig von Gott und scheut auch nicht die Anstößigkeit bei Anderen. Für dieses Konzept des inneren Gerichtshofes wirkte anregend der Neustoizismus mit seinem Rückgriff auf Seneca: „Es wohnt in uns ein heiliger Geist, ein Beobachter und Wächter alles dessen, was sich in uns von Schlechtem und Gutem findet"[29].

Historisch gesehen hat sich das Gewissen offensichtlich schubweise entwickelt, weswegen zu fragen ist, ob es überhaupt für alle Menschen und für alle Zeiten unterstellt werden darf[30] oder ob es eine „kulturelle Setzung, nicht naturale Gegebenheit"[31] ist. Wiederum ist mit Gurjewitsch zu vermuten, daß für den Saga-Menschen „der Begriff ‚Gewissen' wohl kaum in Betracht kommt"[32]. Vergegenwärtigt man sich diesen langen Entwicklungsprozeß und nimmt mit hinzu, daß gerade die Herausbildung der modernen Religionsfreiheit sich zuerst auf das Gewissen berief und bis heute beruft, erscheint hier ein argumentativer Strang von neutestamentlich verpflichtender Gewissensbefolgung bis hin zu moderner Gewissensfreiheit für die Religion. Angesichts der allen Aufklärern verhaßten Religionskämpfe begreift man sofort, daß Pauli Gewissenswort: „Jeder soll von seiner Auffassung überzeugt sein" (Röm 14,5) zum Fanal werden mußte. Vollauf neuzeitlich klingt, wenn das Toleranz-Verständnis des Paulus exegetisch wie folgt definiert wird: „Was aus Glauben kommt, ist bei anderen zu respektieren, auch wenn es nicht den eigenen Überzeugungen entspricht"[33].

b) Vom Deismus zum Atheismus

Am Anfang steht der Deismus, der auf die Formel gebracht wird: „Der Deist leugnet die Offenbarung, der Theist läßt sie zu"[34]. Beibehalten wollten die Deisten den rational fundierten Glauben an das Dasein Gottes und die daraus hervorgehenden gesellschaftlichen Pflichten[35]. Dem Gottesfrevel allerdings entzogen sie die Grundlage: Gott organisiere den Weltmechanismus rein naturgesetzlich, halte sich fern von allem

Gejammere der Menschen, könne auch gar nicht persönlich injuriert werden und denke schon gar nicht an Rache ob ihm angetaner Freveltaten. Samuel von Pufendorf († 1694) gilt als typisch für Gottes Fernstehen zu dem Gejammer der Menschen: Es sei „sinnlos, den zu fürchten oder zu verehren, der zwar für sich der Allervollkommenste ist, den aber die Sorge um uns überhaupt nicht berührt"[36]; gleichwohl sei mit Bedacht von Gott zu sprechen, stehe doch fest, „daß die Religion das wichtigste und festeste Band der menschlichen Gesellschaft ist"[37]. Als dafür kennzeichnend gilt ein Zitat des bayrischen Juristen Paul Johann Anselm Feuerbach († 1833): „Daß die Gottheit injuriert werde, ist unmöglich; daß sie wegen Ehrenbeleidigungen sich an Menschen räche, undenkbar; daß sie durch die Strafe ihrer Beleidiger versöhnt werden müsse, Thorheit"[38]. Für dieses neu konzipierte Regelwerk entstand die ‚Physikotheologie', welche mechanische Geräte zum Kennzeichen des neu und anders gedeuteten Welt- und Selbstverständnisses erhob: Das Uhrwerk, weil anschauliches Idealbild einer selbst-läufigen Maschine, wurde zur „Lieblingsmetapher der Zeit"[39].

In England verschärfte sich die die Kritik an der Religion als solcher, namentlich durch David Hume († 1776). Seine Religionsdeutung erklärte den Polytheismus und nicht den Monotheismus zum Urelement von Religion, was zur Folge hatte, daß das Argument der Deisten dahinfiel, die monotheistische Vernunftreligion sei nichts anderes gewesen „als die ursprüngliche Form der Religion der Menschheit vor ihrer Verfallsgeschichte"[40]. Radikaler als in Deutschland, England, den Niederlanden und in den sich bildenden Vereinigten Staaten von Amerika wirkte die Aufklärung in Frankreich, bei stetig starker anglophoner Beeinflussung. Positiv schuf die französische Radikalaufklärung epochale Durchbrüche, so die Erklärung der Menschenrechte von 1789 wie ebenso eine erste Etablierung der Demokratie. Zugleich aber gebärdete sich die französische Aufklärung nicht nur religionskritisch, sondern dazu noch extrem kirchenfeindlich; sie verstand sich – so Rudolf Vierhaus († 2011) – von vornherein unter dem Vorzeichen des „Antiklerikalismus und Antijesuitismus"[41]. Der kritisierte Religionsfanatismus habe – so programmatisch die ›Enzyklopädie‹ – „weitaus mehr Unglück über die Welt gebracht als die Gottlosigkeit"[42].

Während Voltaire allem Atheismus absagte, erhoben sich in Frankreich kritischere Stimmen. Das war neuartig, denn Zeugnisse eines systematischen Atheismus gibt es aus der klassischen Antike „wohl kaum" und aus dem Mittelalter „kaum"[43]. Als „Klassiker des Atheismus" gilt der in Edesheim bei Landau geborene und in Frankreich geadelte Thiry von Holbach († 1789). Seine Schriften wurden „das große Arsenal für den Atheismus"[44], inhaltlich konzentriert auf Priesterbetrug, nämlich als Ausnutzung der einfachen Leute – alles eingehend umfänglich dargestellt. Als Endergebnis bleibt gleichwohl bestehen: „Überblickt man die Epoche der Aufklärung in allen ihren Äußerungen, so ist zu sagen, daß der Atheismus nur eine Nebenlinie darstellte"[45]. Der erste, der die Toleranz auch auf die Atheisten ausweitete, war ausgerechnet der Katholik Coornhert († 1590), nämlich mit dem Argument, der Glaube sei ein Geschenk Gottes, weswegen kein Mensch von sich aus den wahren Glauben finden könne[46]: „Zijn se heel onghelovigh, soo en heeft heur Godt des ghelofs gave noch niet gegheven"[47], eine – wie Rainer Forst bekundet – „für seine Zeit ungewöhnlich mutige Argumentation"[48].

c) Gegen die Radikalaufklärer

Zu verzeichnen ist inzwischen aber auch, daß viele der aufklärerisch vorgebrachten Einwände gegen Religion und speziell gegen Katholizismus heute als überholt erscheinen. Daß dem aufklärerisch so oft verspotteten Mönchtum zumindest im Mittelalter eine schlechthin überragende Bedeutung für Religion, Zivilisation, Kultur und Kunst zukam, hat der Mediävist Friedrich Prinz († 2003) herausgestellt[49]. Max Weber spricht speziell dem westlichen Mönchtum eine „welthistorische Bedeutung" zu; die Mönchsbewegung sei „zu einer systematisch durchgebildeten Methode rationaler Lebensführung geworden"[50].

Oder nur ein Nebenaspekt: Die abendländische Kunst vor 1100 ist allergrößtenteils mönchische Hervorbringung und zählt heute oft genug zum Kulturerbe. Gleiches gilt für das Papsttum, das neuerdings geradezu gefeiert wird mit Initialzündungen für ganz Europa[51]; als „religionsgeschichtlich einmaliges Phänomen"[52] gilt das Papsttum dem Wiener Sozialhistoriker Michael Mitterauer, haben nicht wenige für Europa grundlegende Eigenheiten „ihren Ursprung in der Papstkirche"[53]. Zuletzt weiter noch zum immer wieder vorgebrachten Argument des Priesterbetrugs; ein solcher – so der Althistoriker Walter Burkert – sei überall möglich, wo Religion existiere: „Doch kann er nicht aus eigener Kraft Religion erschaffen"[54]. Das Phänomen Mystik, lange aufklärerisch als irrationale Exzentrik verspottet, erlebt derzeit einen Forschungsboom; im ersten Band seiner ›Geschichte der abendländischen Mystik‹ spricht der Germanist Kurt Ruh von seinem persönlichen „Mystik-Verständnis […], um den Weg zu den Texten zu finden"[55].

Sogar Lücken von erschreckender und sogar gefährlicher Art betreffen die ureigensten Ziele der Aufklärung selbst, nämlich in der Handhabung von Toleranz und Glaubensfreiheit. Voltaire († 1778) wollte, daß „nicht nur Atheisten von der Toleranz im Staat ausgeschlossen werden, sondern auch potenziell diejenigen, die den Weg zur Aufklärung blockieren"[56]. Rousseau empfahl für alle, die einer aufgeklärten Herrschaft nicht zu folgen bereit waren, die Todesstrafe[57]. Wenig erstaunlich, daß heute der Aufklärung sogar eine Nähe zum Terror der Französischen Revolution zugesprochen wird, sodaß es in ›Geschichtliche Grundbegriffe‹ heißt: „Das historische Schrekkensregiment [zehrt] von der Aufklärung"[58].

Der in der ›Enzyklopädie‹ beklagte Religionsfanatismus habe mehr denn je Falschurteile in die Welt gebracht, kann heute auch umgedreht werden, daß nämlich die Aufklärer nicht unbedingt weniger Falschurteile in die Welt gebracht haben.

d) Gewissen ohne Gotteszorn und ohne Eid

Die Aufklärungsepoche ist charakterisiert worden als „Zeitalter des ‚Ausbleibens von Gottes Zorn'"[59]. Der aufklärerische Verzicht auf Gotteszorn verlief allerdings nicht kostenfrei. Schon Kant hatte von einem präzisen Gottesgericht gesprochen: „Die Gerechtigkeit Gottes ist die precise Austheilung der Strafe und Belohnungen nach dem Wohl und UebelVerhalten"[60]. Und weiter: „Das Gesetz muß heilig und das Gericht in uns nach diesem Gesetz muß gerecht seyn, das heißt: die Strafe des Gesetzes muß mit aller praecision auf die Handlung des Menschen angewendet werden"[61]. Der Gotteszorn hat sich hier zur Präzision der vom Menschen zu verhängenden Gerichtsstrafen gewandelt.

Weiter ging es um den Eid. Er beruhte auf der vom Schwörenden selbst zu vollziehenden Herabrufung des Gotteszornes. Im konfessionellen Zeitalter erreichte der Eid seinen Höhepunkt, war weiterhin von dem Bewußtsein getragen, eine Gesellschaft ohne Eid könne nicht funktionieren. Daß die Täufer den Eid ablehnten, galt als Bedrohung der geltenden Gesellschaftsordnung. Denn auf Eidesleistung beruhten alle öffentlichen Belange, etwa Verträge und Bündnisse, Krieg und Frieden, sogar das gemeine Volk mit seinen Amtsträgern wie Untertanen[62]. Bei Luther erscheint der rechtens beschworene Eid „als eine in Gott gegründete Einrichtung"[63]. Angesichts der den Eid ablehnenden Täufer in Zürich antwortet Zwingli mit dem kommunalen Eid, Calvin hielt wie alle Zuvorigen „am heiligen Charakter des Eids"[64] fest.

Bald auch wurde gestritten: Gegen den Eid argumentierten all jene Aufklärer, die schon deistisch dachten, die aber gleichwohl Gott weiterhin als Garanten der gesellschaftlich notwendigen Moral ansahen. Indem man aber den Gotteszorn nicht mehr einberechnete, wurde der Eid in seinem innersten Kern getroffen. Ablehnend argumentierte bereits Thomas Hobbes († 1679): „Denn wenn ein Vertrag rechtmäßig ist, so verpflichtet er von Gott her gesehen ohne Eid genau so wie mit ihm"[65]. Für Pufendorf ist der Eid „eine religiöse Beteuerungsformel"[66], bei der wir selber bei Unwahrheit „die Strafe Gottes herausfordern"[67]; sinnlos sei jedoch Eidschwörung für den, „der nicht an Gott glaubt"[68]. Anders John Locke, demzufolge bei Atheisten „weder Treue noch Vertrag noch Eidschwur fest und beständig" seien[69]. Rousseau begeisterte sich für den Eid: „Wer diese Glaubenssätze öffentlich anerkannt hat und sich dennoch benimmt, als glaube er nicht daran, der soll mit dem Tod bestraft werden. Er hat das größte aller Verbrechen begangen: er hat vor dem Gesetz einen Meineid geleistet"[70]. Kant verstand den Eid als ein „bürgerliches Erpressungsmittel"[71], als ein „auf bloßen Aberglauben, nicht auf Gewissenhaftigkeit gegründetes Zwangsmittel"[72]. Die daraus gezogene Folgerung ist abzusehen: „Es ist dahero sehr ungereimt zu *schwören* und zu sagen ich will dieses oder jenes, daß es geschehe, wofern es nicht wahr ist, indem es nicht auf uns ankommt [...]. Dahero das Evangelium hier sehr fein davon spricht, wenn es sagt: du *sollst nicht schwören* bey dem Himmel, denn er ist ja nicht dein oder bey deinem Haupt, dem du nicht ein Haar vergeben vermagst"[73].

Die Aufklärung hat dank gewandelter Lebensumstände und dank mental-religiöser Neuausrichtungen erneut ermöglicht, zum wörtlich verstandenen Jesus zurückzukehren: „Euer Ja sei ein Ja, euer Nein ein Nein" (Mt 5,37).

2. Das Gewissen für Religionsfreiheit

Ein für alle Folgezeit grundlegender Beitrag der Aufklärung ist darin zu sehen, daß jedem Menschen eine bleibende Würde zugesprochen wurde, und zwar als von Natur aus angeboren und darum auch unverlierbar; zugleich entband man diese Würde von der jeweiligen Sündhaftigkeit des einzelnen Menschen. Die Wirkung war eine „anthropologische Wende"[74].

a) Angeborene und unverlierbare Menschenwürde

Hatte noch Thomas von Aquin die Frage gestellt, ob einem Sünder die Menschenwürde verloren gehe, was ihm zufolge wirklich geschehen kann: „Der Mensch steigt durch sein Sündigen aus der Ordnung der Vernunft aus, und damit wirft er auch seine menschliche Würde von sich [...]. Obwohl es daher in sich schlecht ist, einen seine Würde einhaltenden Menschen zu töten, kann es doch gut sein, einen sündhaften Menschen zu töten wie ein Tier, denn ein schlechter Mensch ist noch schlechter als ein Tier"[75]. Immerhin ist im Mittelalter zeitweilig doch auch der Gedanke einer angeborenen und unverlierbaren Menschenwürde aufgeblitzt. Schon aus dem ›Decretum‹ Gratians ist zu vernehmen: „Denn nicht nehmen wir Sünder auf, weil sie Sünder sind; vielmehr behandeln wir sie, weil sie Menschen sind, mit menschlicher Rücksicht"[76]. Der Engländer Radulfus Niger mahnte angesichts des dritten Kreuzzugs, auch die Sarazenen seien „von derselben Natur-Beschaffenheit wie wir" (*eiusdem conditionis nature cuius et nos sumus*), wie überhaupt die Heiden wirklich „Menschen sind, wenn auch ungläubige" (*homines enim sunt licet infideles*)[77]. Wilhelm von Tyrus (†1186), Kanzler des Königreichs Jerusalem und Erzbischof von Tyrus, kam zu dem Urteil: „Auch die Muslime befinden sich im Vollbesitz des *jus humanum* [des Menschenrechts] und verfügen neben dem Naturrecht ebenso wie die Christen über ein positives Recht"[78]. Hier überall gründet die Menschenwürde im Menschensein als solchem.

Im Zuge der deutschen Aufklärung sprach früh schon Samuel von Pufendorf von der angeborenen und gleichen Natur aller Menschen: „Also steht allen die menschliche Natur in gleicher Weise zu [...]: Daß jeder jeden anderen Menschen als jemanden, der ihm von Natur aus gleich ist und in gleicher Weise Mensch ist, ansieht und behandelt"[79]. Pufendorf zählt damit zu jenen Aufklärern, die die europäische Rechtsordnung bewußt verweltlichen wollten und dadurch zu rationalisieren suchten[80]. Das Weizen-Unkraut-Gleichnis will er solcherart verstanden wissen, „daß auf dem Acker der Kirche falsche Dogmen ausgesät seien"[81]. Nur als niedrig veranschlagt Pufendorf den religiösen Anteil: „etwa für die Verwendung der Begriffe Zorn, Reue und Mitleid"[82]; grundsätzlich scheidet er „die Moraltheologie, die sich ausschließlich auf die der biblischen Offenbarung entnommenen Pflichten bezieht, aus dem den allgemeinen Menschenpflichten geltenden Naturrecht aus"[83].

Einen speziellen Beitrag lieferte der Deutsche Idealismus. Für Goethe († 1832) sollte Toleranz „eigentlich nur eine vorübergehende Gesinnung sein; sie muß zur Anerkennung [des Tolerierten] führen"[84]. Solcherart Anerkennung von Toleranz wurde das Ideal des Deutschen Idealismus, nämlich „aktives Tolerieren bzw. Respektieren des anderen um der allen gemeinsamen Vernünftigkeit bzw. Freiheit (Möglichkeit des selbstbestimmten Handelns) willen"[85]. Trotz allen Respektierens des Frauseins blieben weiterhin Gesellschaft, Staat und Wissenschaft dem Mann vorbehalten[86]. Selbst Kant sieht bei den einzelnen Völkern immer noch Wesensunterschiede[87]. Das Christentum gilt dem Idealismus als höchste Religionsform, wobei das protestantische Gewissen obenan steht[88], während Katholiken wie auch Juden hierin defizitär bleiben.

Die Anerkennung des Menschen als Mensch legte die Aufklärung in des Menschen eigene Hand. Immanuel Kant kennt dafür Kurzformeln: „Das Gewissen ist ein Bewusstsein, das für sich selbst Pflicht ist"[89]. Oder anders noch: „Man könnte das Gewissen auch so definieren: es ist *die sich selbst richtende moralische Urteilskraft*"[90]. Als letztgültiges Ziel hat Kant definiert, jeder Mensch habe seinen Zweck in sich selbst, was als kategorischer Imperativ in unser Bewußtsein eingegangen ist. Otfried Höffe zufolge hat Kant diesen kategorischen Imperativ unterschiedlich formuliert, deren gängigste Version hier zitiert sei: „Nun sage ich: der Mensch und überhaupt jedes vernünftige Wesen *existiert* als Zweck an sich selbst, *nicht bloß als Mittel* zum beliebigen Gebrauche für diesen oder jenen Willen, sondern muß in allen seinen, sowohl auf sich selbst, als auch auf andere vernünftige Wesen gerichteten Handlungen, jederzeit *zugleich als Zweck* betrachtet werden"[91]. Eben diese Zweckfreiheit sichert dem Menschen die unbeeinträchtigte wie zugleich unverlierbare Menschenwürde. Zur Erreichung dieser Würde sind allerdings ‚Opfer‘ vonnöten, wofür Kant reichlich neutestamentliche Theologoumena benutzt: „Der Ausgang aus der verderbten Gesinnung in die gute ist (als ‚das Absterben am alten Menschen, Kreuzigung des Fleisches‘) an sich schon Aufopferung und Antretung einer langen Reihe von Übeln des Lebens, die der neue Mensch in der Gesinnung des Sohnes Gottes, nämlich bloß um des Guten willen, übernimmt"[92]. Oder knapper noch mit der Kurzformel: „Es ist also keine Religion möglich ohne Moralitaet"[93].

Die Intangibilität des Menschen herauszustellen, ja die Würde eines jeden Menschen als angeboren und als unverlierbar aufzufassen, hatte am Ende sogar theologische Fernwirkungen: Es verstärkte sich nochmal die Idee der bereits in der antiken Kirche bedachten Allversöhnung mit und durch Gott. Ein moderner Zeuge dafür ist Gustav Mahler († 1911), der in seiner Auferstehungssymphonie Verse aus ›Des Knaben Wunderhorn‹ singen läßt: „Da kam ein Engelein und wollt mich abweisen, | Ach nein, ich ließ mich nicht abweisen"[94]; im weiteren sogar mit Anklängen an das Weizen-Unkraut-Gleichnis: „Wieder aufzublüh'n wirst du gesät! | Der Herr der Ernte geht und sammelt Garben | uns ein, die starben!"[95] Mahler hat seine Auferstehungssymphonie auch selber kommentiert und in der Idee der Allversöhnung kulminiert gesehen: „Leise erklingt im Chor der Heiligen und Himmlischen: ‚Auferstehen, ja auferstehen wirst du! [...] Und siehe da: Es ist kein Gericht, es ist kein Sünder, kein Gerechter – kein Großer und kein Kleiner, es ist nicht Strafe und nicht Lohn! Ein allmächtiges Liebesgefühl durchdringt uns mit seligem Wissen und Sein"[96].

b) Gewissen schafft Religionsfrieden

Der aus dem aufklärerisch neu definierten Gewissen hervorgegangene freie Religionsentscheid, oft abgestützt noch durch das ‚lasset beides wachsen', ermöglichte konfessionspolitisch neuartige Lösungen, welche Kampfhandlungen gar nicht erst aufkommen ließen oder bereits ausgebrochene zu beenden suchten. Erste Beispiele, wie sich der nunmehr absolute Respekt vor dem Gewissen Anderer auswirken konnte, zeigen sich schon seit der Mitte des 16. Jahrhunderts. Der für den münsterischen Bischofssitz ausersehene Kandidat Bernhard von Raesfeld († 1574) trat sein Amt nicht an, „weil Niemants uber sein Gewissen von seiner Religion mit der That gedrungen werden soll"[97]. Auch der Begründer der niederländischen Unabhängigkeit, Wilhelm von Oranien, zählt als Statthalter der Niederlande zu den Toleranz-Vertretern, und trotz späterer Modifikationen blieb „der Toleranz-gedanke für ihn bestimmend"[98].

Anzuschließen ist ein Neufund: Dank des in Konfessionsdingen moderat vorgehenden Kaisers Maximilian II. († 1576) hatte der Protestantismus in Österreich seinen Höhepunkt erreicht. Dem trat der religiös erzogene und bei den Jesuiten ausgebildete Ferdinand II. († 1637) entgegen. Von Frankfurt aus, wo er wenige Tage zuvor zum Kaiser gekrönt worden war, wandte er sich angesichts der „beschwerung der gewissen, vnd erweckhung deß Gottlichen zornß"[99] an die Münchner, nicht aber an die Wiener oder Grazer Jesuiten. Die Münchner Antwort war einfachhin unser Weizen-Unkraut-Gleichnis: „Hier soll zuerst Platz haben das Wort Christi, demzufolge die Apostel fragten, willst Du, dass wir hingehen und es [das Unkraut] einsammeln, da sagte er: Nein, damit ihr nicht Unkraut ausreißt und damit auch den Weizen"[100]. Diese Antwort zeigt: Selbst im Katholizismus verblieben Einzelstimmen, die weiterhin an das Weizen-Unkraut-Gleichnis erinnerten.

Mehrmals ist Frankreich anzuführen. Bereits am 22. Februar 1560 wurde ein Edikt publiziert, das jedermann erlauben sollte, „nach seinem Gewissen zu leben"[101]. Die Berufung auf das Gewissen beendete letztendlich die das Land zerreißenden Religionskriege: Das 1598 vom französischen König Heinrich IV. († 1610) erlassene Edikt von Nantes gewährte Gewissensfreiheit (*liberté de conscienses*) und schuf fürs erste Frieden; mitgewirkt hat bei diesem Toleranz-Edikt auch wieder das Weizen-Unkraut-Gleichnis[102]. Heute wird dieses Edikt gerade wegen seiner Toleranz gefeiert als „in Europa einzigartiger politischer Kompromiß"[103]. Der Katholik Pierre de Belloy († 1613) sah angesichts dieses Toleranz-Ediktes die Aufgabe der Pastoren und Prediger darin, „den Irrtum zu bekämpfen, nicht aber die Irrenden als Personen"[104]; anzustreben sei für die Irrenden mehr deren Heilung als deren Tötung, wofür sich Belloy auf das Weizen-Unkraut-Gleichnis beruft: „Aus diesem Grund befahl der Herr seinen Dienern, die das Unkraut ausreißen wollten, dass sie es unter dem Weizen heranwachsen lassen, bis zur Zeit der Ernte"[105]. Belloys Verständnis enthielt jedoch ein Zwar-Aber: Zwar sind die Pastoren und Prediger zur geistlichen Bekehrung anzuhalten; sein Aber heißt indes: Sobald das Unkraut sicher erkennbar werde, bleibt das Ausreißen „unter gewissen Bedingungen möglich bzw. ‚erlaubt'"[106].

Der Westfälische Frieden sicherte dem Gewissen nicht nur in der deutschen Rechtsgeschichte einen festen Platz, darüber hinaus – weil Vertragselement mit vielen europäischen Staaten – auch eine europaweite Geltung. Im ›Instrumentum pacis Osnabrugense‹ wird jenen Fürsten, in deren Territorien verschiedene Konfessionen lebten, angeraten, solche „geduldig zu ertragen und bei freiem Gewissen zu Hause privat ihrer Frömmigkeit zu obliegen ohne Nachforschung und Beunruhigung"[107]. Die Unterscheidung zwischen dem öffentlichen Kult (*exercitium publicum*) und dem privaten (*exercitium privatum*) erlaubte eine häusliche Frömmigkeit (*devotio domestica*), und als Grund dafür wird die religiöse Gewissensfreiheit angegeben[108]. Entsprechende Bestimmungen sind auch in das ›Instrumentum Monasteriense‹ eingegangen. Zuerst schon erweiterte der Westfälische Frieden die Konfessionen von der Zweiheit zur Konfessionsdreiheit, indem der Calvinismus fortan mit dazu gehörte. Die eigentliche Leistung des Westfälischen Friedens aber liegt darin, „daß hier zum ersten Male die Gewissensfreiheit (*conscientia libertas*) Erwähnung findet"[109]. Die Berufung auf das Gewissen hatte „eine Schrittmacherfunktion für die Freiheit des Individuums"[110]. Die nunmehr aus Gewissensgründen erlaubte *devotio domestica* griff tiefer, als wir uns das gemeinhin vorstellen. Sie beendete zunächst all jene Beeinträchtigungen, wie sie seit Augustinus üblich geworden waren, so alle religiösen und privatrechtlichen Zwangsmaßnahmen[111]. Die vorher Ausgegrenzten „durften ihren Glauben leben, in ihren Häusern ihre Andachten halten, ihre Kinder entweder in Schulen der Nachbarterritorien oder von Privatlehrern unterrichten lassen und mussten nicht am offiziellen Gottesdienst teilnehmen[112]". In der kaiserlichen Politik blieb dennoch ein Zwar-Aber: Maximilian von und zu Trauttmansdorff († 1650), der kaiserliche Gesandte in Münster, berichtet an Ferdinand III. († 1657), für die katholische Seite sei zu befürchten, „das mit dem kezerischen unkraut der guete saamen dess catholischen glaubens allerdings außgerottet werden möcht"[113].

Als Endergebnis der aufklärerisch herbeigeführten Religionsfreiheit ist mit Martin Heckel zu konstatieren: „Der absolutistische Staat begründete und schützte die Toleranz für alle Bürger durch *Intoleranz* gegenüber den Kirchen"[114]. Dafür mußte aber der Staat so viel an Autorität aufbringen, daß er den aufklärerisch überwundenen Gotteszorn aufzuwiegen vermochte und den persönlichen Gewissensentscheid tunlichst zum Eigenentscheid verstärkte. Daß der absolutistische Staat als erste Institution Toleranz durchsetzte, bedeutete gleichzeitig aber auch, daß die nunmehrigen Großkonfessionen die Toleranz nicht von sich aus erkämpften – ein durchaus theologisches Problem, das uns an späterer Stelle nochmals beschäftigen wird.

c) Gewissen nur subjektiv?

Dank antiker wie auch christlicher Einwirkungen sind wir heute auf subjektive Verantwortlichkeit ausgerichtet, was eine Konzentration auf all das bedeutet, was wir innerlich registrieren und äußerlich realisieren. Erneut handelt es sich um den bereits zuvor angesprochenen Widerstreit zwischen Tathaftung und Intentionshaftung. Gesiegt hat allerspätestens seit Kant die Intentionshaftung, hier wiedergegeben mit seinen eigenen Worten: „Aber moralisch ist ein *complettes* propositum eben so als die That selbst"[115]. Die Intention hat hier die Tat sozusagen in sich aufgesogen. Im 19. Jahrhundert etablierte sich allgemein die Vorstellung, eine Person sei nur dann schuldig, wenn sie die Tat ‚aus wirklicher Freiheit' begangen habe und diese ihr auch voll zuzurechnen sei[116]. In Wirklichkeit aber verblieben und verbleiben durchaus Fakten, ob nun als von uns im eigenen Leben verursachte oder in eigener Person erlittene Schicksalsschläge, desgleichen von anderen uns zugefügte und nicht wiedergutmachbare Untaten. Für beides weiß Kant, so sehr er die Tat in der Intention hatte aufgehen lassen wollen, dennoch probate Ratschläge: „Menschlichkeit ist das Theilnehmen an dem Schicksal anderer Menschen. Die Unmenschlichkeit ist das, wenn man keinen Antheil an dem Schiksal anderer nimmt"[117]. Anteil nehmen am Schicksal anderer wird hier zur Pflicht gegen alles ‚nur Subjektive' erklärt, was zwischenmenschlichen Beistand insofern herbeischafft, als wir im Unglücksfalle nicht einfach allein dastehen. Ob aber zwischenmenschlicher Beistand wirklich genügt, wird noch an späterer Stelle zu erörtern sein: Mit Jürgen Habermas stellt sich die weitergehende Frage, ob nur eine nachmetaphysisch-konzipierte Hilfe uns zu retten vermag und auch retten wird.

3. Das Weizen-Unkraut-Gleichnis bei den Aufklärern

Als erstes beschworen die Aufklärer das Gewissen, dann aber auch unser Leitmotiv, das Weizen-Unkraut-Gleichnis; viele bedeutende Aufklärer argumentierten gleich mit beidem.

a) Thomas Hobbes

Für Hobbes steht fest, daß nur ein absoluter Souverän den permanenten Streit um Religionsdinge zu überwinden vermöge. Es stelle sich sogar die Frage, ob außer der göttlichen Macht sonst noch jemand schwerere Strafen verhängen könne, weshalb diese Macht daraufhin zu untersuchen sei, „was in der Heiligen Schrift mit *ewigem Leben* und *ewiger Pein* gemeint ist"[118]. Die Schlußfolgerung überrascht, „daß das Reich Gottes ein bürgerlicher Staat ist, in dem Gott zuerst kraft des *alten* und sodann kraft des *neuen* Bundes Souverän ist und durch seinen Stellvertreter oder Statthalter herrscht"[119]. Die Kirche ist folglich „eine Gesellschaft von Menschen, die sich zur christlichen Religion bekennen und in der Person eines Souveräns vereint sind, auf dessen Befehl sie sich versammeln müssen und ohne dessen Autorität sie sich nicht versammeln dürfen"[120]. Das bedeutet die klare Omnipotenz des Souveräns in Religionsdingen. Die weitere Folge ist, „daß es auf der Welt keine allgemeine Kirche gibt, der alle Christen zum Gehorsam verpflichtet sind, da es auf Erden keine Gewalt gibt, der alle anderen Staaten unterstehen"[121]. Gegen den die Papsthoheit verteidigenden Jesuiten Robert Bellarmin († 1621) kommt Hobbes mit dem Argument, daß die neutestamentliche Rede vom Menschenfischer, vom Sauerteig und vom Samen-Säen jeden Kirchenzwang ausschließe, was bedeute, daß einstmals gar keine effektive Herrschaft bestanden habe[122]. In Wirklichkeit sei jeder christliche Fürst „nicht weniger oberster Priester seiner eigenen Untertanen wie der Papst derjenige seiner Untertanen"[123]. Christliche Könige, „die es ablehnen, sich dem römischen Priester zu unterwerfen"[124], erweisen sich wie „unser Heiland", der sich „weigerte [...], diese Gewalt in dieser Welt selbst auf sich zu nehmen, sondern er riet, Weizen und Unkraut zusammen wachsen zu lassen"[125].

Die überraschende Konsequenz ist gemäß Hobbes gleichwohl die Religionsfreiheit. Wenn ein Souverän das Verbot des christlichen Glaubens aussprechen sollte, dann wäre „ein solches Verbot wirkungslos [...], da menschliche Befehle auf Glauben und Unglauben keinen Einfluß haben. Der Glaube ist eine Gabe Gottes, die der Mensch durch Versprechen von Belobungen und Androhen von Folter weder geben noch nehmen kann"[126]. Die Kombination von fürstlichem Priestertum und gottgegebenem Glauben kann nur überraschen. Reinhard Koselleck († 2006) sieht hier einen allgemeinen Zeittrend: „Der Kluge ziehe sich in die Geheimkammern seines Herzens zurück"[127], wobei Hobbes, weil zweimaliger Emigrant, am eigenen Leibe „die fatale Dialektik von Gewissen und Tat"[128] erfahren hat. Diese Dialektik legt tatsächlich den tiefsten Kern des Religionsstreites offen, daß gerade das Gewissen sich selber an eine bestehende Religion binde und damit die Konfessionskämpfe auslöse. Eben dagegen richtet sich Hobbes' Kernsatz: „Die Gewissensinstanz, anstatt eine causa pacis zu sein, ist in ihrer subjektiven Pluralität eine ausgesprochene causa belli civilis"[129]. Zur Vermeidung des Bürgerkrieges ist – ob sachlich gerechtfertigt oder nicht – „jeder Befehl des Souveräns zugleich ein moralisches Gebot"[130]. Einsichtig ist daran: „Für die Vernunft, der es einzig und allein um die Beendigung des Bürgerkrieges ging, „ist der Unterschied zwischen dem Moralischen und Politischen irrelevant"[131]. Das sonst von den Aufklärern beschworene Gewissen ließ Hobbes beiseite.

b) John Locke

Locke († 1704), dessen Einfluß auf das aufklärerische Toleranzdenken als immens gilt, bekämpfte allen Religionszwang, weil ein solcher nur Äußerliches hervorbringe; Staat und Religion hätten jeweils verschiedene Ziele, nämlich äußerliche und innerliche. Die äußerlichen Ziele des Staates sind „bürgerliche Glückseligkeit", „Leben, Freiheit, Frieden, Gesundheit und Schutz des Leibes und Besitz aller zeitlichen Dinge, die zu diesem irdischen Leben gehören wie Haus, Hof, Geld, Hausrat und dergleichen"[132]. Innerliche Ziele verfolge indes die Religion: „In dem inneren Glauben aber besteht die eigene Kraft und der Kern der wahren und selig machenden Religion"[133]. Geboten sei eine Trennung von Staat und Glauben: „Die Sorgfalt und Aufsicht der Seelen kann weltlicher Obrigkeit nicht zugehören, weil deren Macht und Gewalt bloß in einem äußerlichen Zwang besteht"[134]. Die innere Überzeugung sei ein helleres Licht, bringe auch eine „größere Einsicht"[135]. Damit sei genugsam erwiesen, „dass alle Gewalt eines Staates nur über weltliche und bürgerliche Güter gehe [...], keineswegs aber dasjenige angehe, was zum künftigen Leben gehört"[136]. Wegen dieses Unterschieds von staatlichem Äußerem und religiösem Inneren soll der Staat den Menschen freien Religionsentscheid gewähren: „Dass so frei es ihm gestanden [ist] hineinzugehen, so frei muss es ihm auch stehen, sich wieder darauszubegeben"[137]. Im Fall des Darausbegebens dürfen weder „der Leib oder die Güter oder der bürgerlich-ehrliche Name des Verbannten verletzt werden"[138]. Der Staat kann „der Kirche kein neues und größeres Recht geben, wie hinwiederum die Kirche dem Staat auch nicht"[139]. Direkt wiederholt Locke den eschatologischen Vorbehalt: Es „gehört einzig und allein dem höchsten Richter aller Menschen zu, wie ihm denn auch die Züchtigung und Bestrafung des Irrenden allein zusteht"[140]. Ebenso erinnert Locke an das Weizen-Unkraut-Gleichnis: „Schon längst [ist] von Christus ihrem Meister in der Parabel vom Unkraut geboten worden, ihren Religionseifer also

149

zu mäßigen, dass sie die Ketzer nicht mit Gewalt sollen auszurotten suchen, sondern vielmehr Weizen und Unkraut miteinander wachsen zu lassen bis zur Ernte"[141]. Anders als Hobbes betrachtet Locke jede Religionsgruppe als freie Sozietät und sieht die Obrigkeit nicht zum Haupt über sie gesetzt[142]. Folglich kann und soll die Obrigkeit „einer jeglichen Kirche ihre Gebräuche und angenommenen Gottesdienste in ihren Versammlungen nicht verbieten noch verwehren"[143].

c) Pierre Bayle

Bayle († 1706) befaßte sich in seinem 1686/87 veröffentlichten Toleranz-Buch bevorzugt mit den Deutungen wie ebenso den Erfahrungen des Augustinus. Sein durchgehender Protest gilt dem *compelle intrare* (nötigt sie einzutreten), und da der Kirchenvater dabei Militäraktionen gutgeheißen hatte, schildert Bayle nun eingehend die in seiner Zeit üblichen Militär-Einquartierungen gegen die Calviner, die sogenannten Dragonaden. Sein Urteil ist absolut: Jedem müsse vom Verstand her einleuchten, daß bei derartigen Aktionen die Unmoral obsiege. Bayle wurde dadurch „ein radikaler Kritiker eines dogmatischen, den Geboten der Vernunft widersprechenden Verständnisses von Religion"[144]. Zur Lösung empfahl er, „Toleranz in Gewissensfragen allein durch ‚das natürliche Licht' der Vernunft [zu] begründen"[145]. Obwohl Bayle des Atheismus verdächtigt wurde, bildet sein Jesusbild den Inbegriff von Toleranz, wirkt geradezu emphatisch und nötigt bis heute Bewunderung ab. Zuerst schon streicht er die Überlegenheit des von Jesus verkündigten Evangeliums heraus, das hoch über dem Gesetz des Mose stehe[146]. Diese Überlegenheit „will vor allen Dingen unseren Geist mit seinem Licht erhellen und danach unsere Liebe und unseren Eifer wecken"[147]. Für all dies und vieles sonst ist Jesus das wahrliche Inbild: „Die geradezu bestimmenden Eigenschaften seiner Person [sind] die Demut, die Sanftmütigkeit"; „er wird mit einem Lamm verglichen, das, ohne zu klagen, zur Schlachtbank geführt wurde"[148]; „er will, dass wir diejenigen segnen, die uns verfluchen"[149]. Und so geht es weiter fort: „Man müsste fast das gesamte Neue Testament abschreiben, wollte man alle Belege für Güte, Sanftmut und Geduld anführen"[150]. Tatsächlich könne man sich nicht „irgendetwas Gottloseres und Jesus Christus Beleidigenderes vorstellen [...], als zu behaupten, er habe den Christen ein allgemeines Gebot gegeben, durch Zwang zu bekehren"[151]. Bayles aus dem Jesusbild hergeleitete Konsequenz lautet für seine eigene Zeit: „Selig sind die Sanftmütigen, die Friedfertigen und die Barmherzigen [...]. Und es liegt ihm [Jesus] so fern, seinen Anhängern zu erlauben, die Ungläubigen zu verfolgen"[152]. Wohl aber billigt Bayle die Bestrafung der Gotteslästerer: „Denn in diesem Fall sündigt er aus Bosheit und im klaren Wissen, dass er sündigt"[153].

Nach der Aufhebung des Ediktes von Nantes im Jahre 1685 radikalisierte sich Bayles Ton in ›Das ganz andere Frankreich‹: „Man darf sie [die Aufgeklärten] nicht direkt und mit nackter Gewalt zur Konversion zwingen, vor allem dann nicht, wenn man sie eine Zeitlang geduldet hat. Der heilige [Papst] Gregor lehrt uns aber durch seine Unterweisung und sein Beispiel, daß es gut ist, sie indirekt zu zwingen, gemäß dem Wort des Evangeliums ‚Nötige sie einzutreten'"[154]. Das Weizen-Unkraut-Gleichnis, das selbstverständlich auch Bayle bekannt war, benutzte er nunmehr beschuldigend: Das Unkraut sei von den Dämonen ausgesät worden, und zwar in Gestalt der Dogmen, wobei Christus selbst verkündigt habe, nicht den Frieden zu bringen (vgl. Mt 10,34; Lk 12,51) und Feuer auf die Erde zu werfen (vgl. Lk 12,49), was alles Jesus zum Religionseiferer mache; dieser Eifer aber behindere das natürliche Licht, das selbst in den Herzen der Atheisten und in jedermanns Gewissen leuchte. Für Bayle hat das zur Konsequenz: Das Unkraut der dogmatisch etablierten Religionen hat das gute Korn des natürlichen Lichts zu verdrängen vermocht[155].

d) Voltaire

Noch der belesene und oft maßlos kirchenkritische Voltaire weiß um die neutestamentliche Gewaltlosigkeit. Anders als im religionskriegerischen Alten Testament hat Christus keine „blutgierige[n] Gesetze gegeben und die Intoleranz befohlen"[156]. Das Gleichnis vom Gastmahl mit dem ‚nötigt sie' mildert er ab zu „‚bitte, beschwöre, dringe in sie'"[157]. Voltaires Vorbild ist der ‚milde Jesus': „Fast alle übrigen Handlungen Christi predigen Sanftmut, Geduld und Nachsicht"[158].

Angeführt werden dafür der verlorene und vom Vater wieder auf-
genommene Sohn, der Arbeiter mit nur einer Stunde Arbeit und bei
vollem Lohn sowie die Nichtverurteilung der Ehebrecherin[159]. „Wollt
ihr Christo gleichen, so werdet Märtyrer, aber nicht Henker"[160]. Für
die Toleranz heißt das: „Es ist nicht nur grausam, in diesem kurzen
Leben diejenigen zu verfolgen, die anders denken als wir, sondern
auch, wie es scheint, sehr kühn, sie für ewig verdammt zu erklären.
Mich dünkt, Atome eines Augenblicks wie wir sollen nicht so den
Urteilen Gottes vorgreifen"[161]. Sachlich wiederholt Voltaire damit den
eschatologischen Vorbehalt: „Muß ein einzelner Mensch die Rechte
der Gottheit an sich reißen und noch eher als sie [die Gottheit] das
ewige Schicksal aller Menschen entscheiden?"[162]

e) Immanuel Kant

Als bis in die Gegenwart einwirkender Philosoph bietet Immanuel Kant in seiner ›Moralphilosophie‹ in Sachen Toleranz „den
Kulminationspunkt"[163], so jedenfalls Rainer Forst. In selbigem Traktat begegnet uns als Erstes Kants Ablehnung des Atheismus: „Zu
den Irthümern der Theologie rechnen wir zuerst den Atheismum,
welcher zwiefach ist: die Ohngötterey und die Gottesleugnung"[164].
Das wesentliche Argument gegen Atheismus bildet jene Sittlichkeit,
die zu erbringen ein höheres Wesen erfordere, das auf diese Sittlichkeit hinschaue: „Es ist auch nicht möglich sich zur Sittlichkeit zu
wenden, wenn man an keinen Gott glaubt. Alle sittliche Vorschriff-
ten würden zu nichts, wenn kein Wesen wäre, das auf sie sehe"[165].
Als primären Grund, alle Ohngötterei und jede Gottesleugnung ab-
zulehnen, erachtet Kant die menschliche Fehlerhaftigkeit, die eine
himmlische Ergänzung erfordere: „Der Mensch findet sich also nach
dem moralischen Gesetz sehr fehlerhafft. Allein der Glaube an eine
himmlische Ergäntzung unserer Unvollständigkeit in der Moralitaet
ersetzt unsern Mangel [...], so können wir hoffen, daß der Himmel
Mittel haben werde, solcher Unvollständigkeit abzuhelfen"[166]. Diese
göttliche Ergänzung darf man jedoch nicht quietistisch mißverste-
hen: „Die Entsagung Resignation in Ansehung des göttlichen Willens
ist unsere Pflicht [...], das heißt aber nicht, wir sollen nichts thun und

Gott alles thun lassen, sondern wir sollen das, was nicht in unserer Gewalt steht Gott übergeben und das thun, was wir thun sollen und was in unserer Gewalt steht. Und das ist die Uebergebung des göttlichen Willens"[167]. Wegen dieser göttlich notwendigen Ergänzung wird nicht nur der Atheismus abgelehnt, bereits auch der Spott über die Religion als solche: „Die Spötterey ist, wenn man nicht allein die Religion nicht ernsthafft behandelt, sondern auch sogar die Religion als etwas ungereimtes ansieht, was als etwas Geringschätziges verdient behandelt zu werden"[168]. Das erinnert von ferne wiederum an Max Webers Definition des Frevels als ‚freche‘ Gottesverachtung.

Weiter fühlt man sich an das Weizen-Unkraut-Gleichnis erinnert, wenn Kant in Anlehnung an Jesus verlautet, das habe der Feind getan (vgl. Mt 13,28): „Der den Keim des Bösen bey Menschen aufsucht ist beynahe ein Advocat des Teufels"[169]. Sogar der eschatologische Vorbehalt klingt nach: „Es ist Vermessenheit, die besonderen Wege Gottes erkennen zu wollen und die Absicht bestimmen zu wollen"[170]. Erstbestimmend ist das Gewissen, sofern dieses nicht ausschließlich auf die menschliche Gebrechlichkeit starre: „Der innere Richter ist gerecht, er sieht die Handlung an und vor sich selbst an, ohne auf die Gebrechlichkeit des Menschen zu sehen, wenn wir nur seine Stimme hören und sie nicht unterdrücken, sondern empfinden wollen"[171]. Für die Toleranz folgt Kant frühkirchlichen Positionen: „In Sachen der Wahrheit der Religion muß keine Gewalt gebraucht werden, sondern Gründe. Die Wahrheit verteidigt sich selbst und ein Irthum erhält sich länger, wenn ihm Gewalt angethan wird"[172].

Kant zufolge stehen die christlichen Religionen und Konfessionen parallel nebeneinander, was als solches hinzunehmen sei: „Der Orthodoxe behauptet, daß seine Religion nach seiner Meynung nothwendig allgemein seyn soll. Wer ist nun Orthodox? Wenn wir Alle an *den* Himmelspforten erschienen, und es würde gefragt, wer ist orthodox? so würde der Iude, der Türke und der Christ sagen: Ich bin. Die Orthodoxie muß keinen zwingen"[173]. Andererseits sieht derselbe Kant immer noch den Ketzerrichter am Werk, nämlich aufgrund von dessen ‚statuarischem Glauben‘ bis zur Bereitschaft ‚zum Märtyrertume‘. Wenn ein solcher Richter „einen des Unglaubens verklagten sogenannten Ketzer (sonst guten Bürger)"[174] zum Tode verurteilt, frage man sich, „ob man ihm vielmehr schlechthin Gewissenlosigkeit schuld geben könne[175]", „(vielleicht nach dem Spruch: *compellite intrare*) [zwingt sie zum Eintritt] es ihm erlaubt, wo nicht gar zur Pflicht macht, den vermeinten Unglauben zusamt den Ungläubigen auszurotten"[176]. Und zum Schluß: „Daß einem Menschen seines Religionsglaubens wegen das Leben zu nehmen unrecht sei, ist gewiß, wenn nicht etwa (um das Äußerste einzuräumen) ein göttlicher, außerordentlich ihm bekannt gewordener Wille es anders verordnet hat. Daß aber Gott diesen fürchterlichen Willen jemals geäußert habe, beruht auf Geschichtsdokumenten und ist nie apodiktisch gewiß"[177].

Letztlich muß für Kant alle ethische Motivik aus dem Innern kommen, muß also von innerlichem Charakter sein: „Gott sieht das gebeugte Herz und nicht den gebeugten Körper an."[178] Das hatte Bedeutung auch für die Ketzerei: „Das *principium* der Moralität ist aber *intellectuale internum*, es muß in der Handlung selbst durch pure reine Vernunfft gesucht werden"[179]. Aber Vernunft allein genügt nicht: Die Unsittlichkeit der Handlung besteht nicht im Mangel an Verstand, „sondern in der Pravitaet des Willens oder des Hertzens"[180]. Es ist zuletzt das Herz, das entscheidet; ja, die rechte Sittlichkeit muß sogar aus Herzensfreude hervorgehen: „Gott will Gesinnungen haben und die müssen aus einem innern *principio* kommen, denn wenn man was gerne thut, so thut man es aus guter Gesinnung"[181]. Die Ehrung Gottes geschieht allein aus dem inneren Trieb: „Wenn aber ein sittlicher Mensch aus innerm Trieb, wegen der innern Bonitaet der Handlungen, sich bestrebt das moralische Gesetz auszuüben, und die göttlichen Gebothe darum austhut, der ehret Gott"[182]. Der ‚innere‘ Trieb entscheidet über die ‚innere‘ Bonität, sogar noch über ‚die göttlichen Gebote‘.

4. Postaufklärerisch: Verlust der Mehrdeutigkeit

Unter die Kulturen der Ambiguität zählt Thomas Bauer unter anderem das neuzeitliche Persien, wo die Muslime den christlichen Missionaren Handlungsspielraum gewährten, „wie sie Priester und Pastoren anderer Konfessionen in der Frühen Neuzeit [...] nur ausnahmsweise vorfanden"[183]. Überraschenderweise erscheint hier auch der Katholizismus, sogar speziell das Papsttum mit seiner Entscheidung *nihil esse respondendum* (soll keine Antwort gegeben werden). Diese Antwort wurde „zu einer vielfach verwandten Formel, wenn sich das Heilige Offizium mit *dubia* [Zweifeln] konfrontiert sah"[184].

Gegen die These von Thomas Bauer und dessen Verständnis von Ambiguität hat Christel Meier-Staubach Einspruch erhoben. In dem vorangestellten Abstract argumentiert sie zusammenfassend: „Die Akzeptanz von Mehrdeutigkeit, ‚Ambiguitätstoleranz', die Deutungsvielfalt, differierende Diskurse, konkurrierende Wertecodes in der mittelalterlichen Gesellschaft ermöglichte und pflegte, ist nicht nur als historisches Phänomen interessant und bisher kaum beachtet, sondern sie macht auch aufmerksam auf ein Problem von hoher Relevanz für den Kulturenvergleich im Mittelalter wie für plurale Gesellschaften heute"[185].

VI. DIE MODERNE RELIGIONSFREIHEIT

1. Das 19. und das 20. Jahrhundert

a) ‚Freiheit wie in Belgien'

Allbekannt ist die päpstliche Verweigerung der Religions- und Gewissensfreiheit während des 19. Jahrhunderts. Die Rückbesinnung auf die altchristliche Toleranz des ‚Lasset beides wachsen' erfolgte nur zögerlich, im Katholizismus am ehesten in solchen Ländern, die sich einer protestantisch angemaßten Kirchenhoheit zu erwehren hatten. Zum Inbegriff eines freiheitlichen Katholizismus wurde die Verfassung Belgiens, wo nach dem Abfall vom protestantischen Den Haag 1831 Katholiken und Liberale zusammenfanden und eine Verfassung mit allen modernen Freiheitsrechten schufen. Entscheidende Argumente lieferte der aus Frankreich stammende katholische Priester Hugues Félicité Robert de Lamennais (†1854). Er begriff die belgische Revolution von 1830 als Fanal, auf die er mit einer eigenen Zeitung, dem ›Avenir‹ (Zukunft), Einfluß nahm. Seitdem standen die belgischen Katholiken in wachsendem Maße unter dem Einfluß Lamennais'[1], und ein beträchtlicher Teil der ins Revolutionsparlament gewählten Katholiken hing seinen Ideen an: „Man hörte in Belgien auf Lamennais, man verehrte ihn"[2]. Das Ergebnis war eine Verfassung mit allen modernen Freiheitsrechten: Gleichheit aller von Geburt an, folglich auch politische Partizipation für alle, zudem Religions- und Gewissensfreiheit, obendrein Pressefreiheit, Lehrfreiheit, Assoziations- und Vereinsfreiheit.

Papst Gregor XVI. (†1846) verurteilte 1832 sofort schon Lamennais' Freiheitskonzept[3], und solcherart Verbote wiederholten die Päpste durchs ganze 19. Jahrhundert[4]. Weil in seiner Person getroffen, antwortete Lamennais mit eigenen Schriften: einmal mit dem 1834 publizierten und in 100 Auflagen mit 400.000 Exemplaren und ohne Honorar verkauften Buch ›Worte eines Gläubigen‹ (Paroles d'un croyant) sowie mit dem ähnlich verkauften ›Volksbuch‹ (Le Livre du peuple), die beide nach 1945 in der französischen Besatzungszone nachgedruckt wurden[5]. Beide Bücher geben Auskunft sowohl über Lamennais' politisches wie religiöses Konzept. Politisch bekannte er sich zur Freiheitsformel der Französischen Revolution, zu den „heiligen Grundsätzen der Gleichheit, Freiheit und Brüderlichkeit"[6]. Die Begründung leitet er aus der Hoffnung ab: „Die Freiheit ist die Ruhe der Völker"[7]. Weitere politische Konsequenzen folgen, als erstes die Forderung nach Gleichheit: „Die Gesamtheit gleicher Rechte, gleich für alle, stellt das Recht des Volkes dar"[8], eine Auffassung, die gleichermaßen naturrechtlich wie aufklärerisch ist: „Alle Menschen sind von Geburt gleich"[9]. Politisch zielte Lamennais damit auf die Mitbeteiligung des Volkes an der Gesetzgebung: „Ein Gesetz, das nicht vom Volk geschaffen wird, das nicht von ihm ausgeht, ist kein Gesetz!"[10] Die Begründung ist erneut menschenrechtlich: „Die freie Vereinigung des Volkes zu unterjochen, daß man sich vor dem Machthaber beugt, so würde damit die heilige Sache des Rechts und der Menschheit verraten"[11]. Hinzu kommen sozialpolitische Forderungen, nämlich „Beseitigung der Gesetze der Sonderrechte und der Monopole und Heranziehung des Kapitals zur Vermehrung des Kredits"[12]. Der Publikumserfolg, den Lamennais' ›Volksbuch‹ erzielte, veranlaßte dazu, es 1905 nochmals unter den ›Hauptwerken des Sozialismus und der Sozialpolitik‹[13] erscheinen zu lassen, mit Vorschlägen auch für „eine neue politisch=soziale Ordnung"[14].

Zuletzt folgen religionspolitische Forderungen, allesamt formuliert anhand neutestamentlicher Jesusworte wie anhand altkirchlicher Folgerungen, darunter auch das Weizen-Unkraut-Gleichnis: „Man sah Zeiten, wo der Mensch, indem er seinen Mitmenschen ermordete, weil ihr Glauben verschieden war, sich einbildete, ein Gott angenehmes Opfer darzubieten. Verabscheut solche grauenvollen Mordtaten! Wie könnte der Mörder eines Menschen Gott gefallen, ihm, der zu den Menschen gesagt: Du sollst nicht töten! Wann das Blut eines Menschen, als ein Opfer Gott gebracht, auf der Erde fließt, dann nahen die Teufel, um es zu trinken, und ziehen ein in denjenigen, der es vergossen hat. Man fängt nur an zu verfolgen, wenn man nicht mehr hofft, überzeugen zu können, lästert in sich selbst die Macht der Wahrheit, oder es gebricht ihm an Zutrauen in die Wahrheit, die er verkündet. Gibt es wohl etwas Unsinnigeres, als den Menschen zu sagen: ‚Glaubt oder sterbet!‘ Der Glaube ist ein Sohn des Wortes. Er dringt in die Herzen durch die Rede und nicht durch den Dolch. Jesus wandelte hienieden, indem er Gutes tat. Er zog an sich durch seine Güte und rührte durch seine Sanftmut die härtesten Gemüter. Seine göttlichen Lippen segneten und fluchten nur den Heuchlern. Er erwählte keine Henker zu seinen Aposteln. So sprach er zu den Seinen: ‚Lasset zusammen wachsen bis zur Zeit der Ernte die gute und schlechte Frucht. Der Hausherr wird sichten auf der Tenne.‘ Und zu denjenigen, die in ihn drangen, er solle das Feuer des Himmels auf eine Stadt fallen lassen, die ungläubig war, sagte er: ‚Ihr wißt nicht, welchen Geistes Ihr seid.‘ Der Geist Jesu ist der Geist des Friedens, der Barmherzigkeit und der Liebe. Diejenigen, die ihn in seinem Namen verfolgen, die die Gewissen mit dem Schwerte prüfen, den Leib martern, um die Seele zu bekehren, Tränen vergießen lassen, statt sie zu trocknen, diese haben den Geist Jesu nicht. Wehe dem, der das Evangelium entweiht, indem er es für die Menschen zu einem Gegenstand des Schreckens macht! Wehe dem, der die Botschaft auf ein blutiges Blatt schreibt!"[15]

Man sieht sofort: Lamennais versteht sich keineswegs speziell kirchlich. Sein Ziel ist die volle Freiheit, sowohl die politische wie die religiöse, und darum seine Bejahung von Volkssouveränität und Parlamentarismus, überdies die Freiheit für Religion und Gewissen, zuletzt Pressefreiheit, Vereinsfreiheit und Schulfreiheit.

b) Deutsche Revolution von 1848

Jenseits des Katholisch-Kirchlichen fand Lamennais Anerkennung auch im politischen Deutschland, am stärksten bei Ludwig Börne (†1837), der einen „reformierten Katholizismus"[16] favorisierte und der für Lamennais „eine nahezu religiöse Verehrung"[17] hegte. Als jüdisch Geborener und protestantisch Getaufter übersetzte er 1834 ›Die Worte des Glaubens‹, wobei gerade der religiöse Teil mit den jesuanischen Toleranzworten posthum unter seinem Namen noch als Reclam-Taschenbuch erschien[18]. Auf diese Weise wirkte das Lamennaische Konzept nach Deutschland herüber und beeinflußte direkt die Revolution von 1848[19]. Die damals entstandene katholische Bewegung verstand sich als „eine Freiheits- und Emanzipationsbewegung"[20], schreibt Thomas Nipperdey (†1992), „und 1848 steht die große Mehrheit der Katholiken zunächst auf dieser pragmatisch-liberalen Basis"[21]. Als früher katholischer Vertreter für eine liberale Religionsfreiheit hat sich der spätere Mainzer Bischof Wilhelm Emmanuel von Ketteler (†1877) hervorgetan. Er beriet 1848 im Frankfurter Revolutionsparlament die katholischen Abgeordneten und befürwortete Religionsfreiheit als das Recht, einen Glauben zu bekennen, sich dieser oder jener Religionsgemeinschaft anzuschließen, in ihr zu verbleiben oder sie zu verlassen; zur Begründung des freien Austritts verwies er in späteren Publikationen ausdrücklich auf das Weizen-Unkraut-Gleichnis: „Nein, damit ihr nicht etwa mit dem Unkraut auch den Waizen ausreutet (Mt 13,29)"[22]. Die von Ketteler befürwortete Definition der Religionsfreiheit ist perfekt aufklärerisch: „,daß niemand jemals gezwungen werden darf, an irgendeiner öffentlichen Religionsausübung teilzunehmen; im Gegenteil wird jedem die unbeschränkte Vollmacht zuteil, frei und ungehindert, öffentlich oder privat seine Religion auszuüben, ohne daß er in irgendeiner Weise darin behindert werden kann, vorausgesetzt, daß er an einen ewigen und allmächtigen Gott, den Schöpfer und Erhalter des Universums glaubt'"[23].

Drei Neuheiten sind Ketteler zuzusprechen: zunächst staatspolitisch der Konstitutionalismus, bedeutungsvoller noch die Akzeptanz liberaler Grundsätze[24], vor allem die Nichtkonformität mit amtskirchlichen Verlautbarungen[25]. Die bisherige Forschung hat die Rückbindung Kettelers an die altkirchliche Toleranz nicht wahrgenommen, obwohl er ausdrücklich das Weizen-Unkraut-Gleichnis anführt. Diese Rückbindung erst ermöglichte ihm, der Staatsgewalt zu empfehlen, „volle Religionsfreiheit zu gewähren"[26]. Aber auch das gehörte für Ketteler zum damaligen katholischen Bewußtsein, daß Atheismus abgelehnt wurde, daß „zwischen einem katholischen Deutschen und einem katholischen Neger ein ‚unendlich viel innigeres Band' bestehe als zwischen ihm und einem deutschen Atheisten"[27].

Auch seitens der Mennoniten erfuhr die Religionsfreiheit Zustimmung mit der Berufung wiederum auf das Urchristentum und dessen Religionsfreiheit, so von Julius Köbner (†1884) in seinem 1848 abgefaßten Manifest ›Deutsches Volk‹: „So entscheide denn nun, theures deutsches Volk! zwischen Heuchelei und Wahrheit, zwischen wahrem Christentum und kirchlichem Pfaffentum"[28].

Für die evangelische Theologie des 19. Jahrhunderts entsteht ein doppeldeutiger Eindruck. Der so umsichtige Gerhard Ebeling (†2001) meint, die Wendung ›Toleranz Gottes‹ finde sich „nicht nur äußerst selten, sondern klingt auch befremdend"[29]. Die Toleranz wird von Ebeling ins geistliche Ertragen verschoben, „was einem Menschen an Schwerem und Anfechtendem zu tragen auferlegt ist und zu dessen Übernahme ihn der Glaube willig macht"[30]. Für die Aufklärung bleibt einerseits dankbarer Respekt wie andererseits Anklage: „Die Theologie, die in ihrer Geschichte so viel Mitschuld an Intoleranz auf sich geladen und allzu wenig zu deren Bekämpfung beigetragen hat, schuldet den Bahnbrechern von Toleranz, gerade auch den Häretikern und Philosophen unter ihnen, dankbaren Respekt"[31]. Ganz anders die Antwort des Berliner Theologen Richard Schröder in der ZEIT zur Schnädelbach-Debatte: Seine schon im Titel hervorgehobene Antwort hieß: „Unkraut unter dem Weizen"[32], mit der Konsequenz noch: „Dies Gleichnis diente in der Alten Kirche als Einwand gegen den Zwang in Religionssachen"[33].

In Frankfurt ist 1848 unser heutiges Verständnis von Religionsfreiheit grundgelegt worden: Freiheit zum Eintritt wie Freiheit zum Austritt. Die 1848 erzielte ‚freundliche‘ Trennung von Kirche und Staat wurde zum „Dreiklang von Gewissens-, Kultus- und Vereinigungsfreiheit", erwies sich zudem „als stilbildend für spätere Verfassungen wie diejenige Weimars oder der Bundesrepublik Deutschland"[34]. Die französische Lösung, die ‚feindliche‘ Trennung von Staat und Kirche, wirkt heute ob ihres kämpferischen Laizismus, wie Jürgen Habermas sagt, „unbefriedigend"[35].

2. Das Vorbild der Alten Kirche

a) Rückgriff auf altkirchliche Gewaltlosigkeit

Mit dem Rückgriff auf die altkirchliche Religionsfreiheit, wie sie beispielsweise Laktanz formuliert hat, nämlich als Ansinnen, Gott nur aus dem Herzen zu verehren und den Menschen jede Erregung über Gottesverächter zu verbieten, zeigt sich eine Brücke zur modernen Religionsfreiheit. Diese Brücke zu beschreiten verhinderte lange Zeit das päpstliche Lehramt, indem etwa Pius IX. (†1878) in seiner Enzyklika ›Quanta cura‹ und im ›Syllabus‹ „ein liberal-indifferentistisches Verständnis von Religionsfreiheit"[36] verwarf. Die päpstliche Position verteidigte zuletzt noch Pius XII. (†1958), indem er 1953 vor katholischen Juristen das Weizen-Unkraut-Gleichnis dahin interpretierte, daß Gott zwar Irrtum und Sünde ablehne, aber beides hinnehme, wiewohl Unwahrheit und Fehlverhalten kein Recht auf Dasein hätten[37]. Angesichts der alle Freiheitsbestrebungen niederschmetternden päpstlichen Verurteilungen bleibt heute der tatsächliche katholische Anteil an der modernen Freiheitsbewegung vergessen. Für den Katholizismus stehe – so Jürgen Habermas – ob seines gelassenen Verhältnisses zum *lumen naturale* als einer autonomen, von Offenbarungswahrheiten unabhängigen Begründung von Moral, Recht und Religionsfreiheit „grundsätzlich nichts im Wege"[38].

Erst spät – angesichts der Gesamtentwicklung zu spät – hat dann Papst Johannes XXIII. (†1963) erstmals die Menschenrechte wie auch die Demokratie samt Religionsfreiheit gutgeheißen, übrigens inhaltlich kaum anders als zuvor Lamennais. Zu den Menschenrechten heißt es in besagter Papst-Enzyklika von 1963, „daß ein in präzise und klare Sätze gefaßter Abriß der vornehmlichen Rechte, die jedem Menschen eigen sind, ausgearbeitet und in die allgemeine Verfassung des Gemeinwesens eingefügt werde"[39]. Ebenso wird die Demokratie gutgeheißen; wiewohl alle Gewalt von Gott ausgehe, dürfe daraus keineswegs geschlossen werden, „daß den Menschen nicht die Vollmacht innewohne, die zu wählen, die dem Staate vorstehen sollen"[40]. Zudem darf es in Religionsangelegenheiten keinerlei Zwang geben: Es „kann niemand einen anderen dazu zwingen, etwas mit der tiefsten Regung seines Herzens zu tun; denn dies vermag allein Gott"[41].

Im Vordergrund steht heute die protestantische Genealogie der modernen Freiheiten, wofür die amerikanische ›Virginia Bill of Rights‹ von 1776 sowie Georg Jellineks (†1911) 1895 vorgelegte ›Erklärung der Menschen- und Bürgerrechte‹ angeführt werden, dazu die entsprechenden Deutungen von Max Weber (†1920) und Ernst Troeltsch (†1923)[42]. In Wirklichkeit differierte die konfessionelle Reaktion stärkstens: Im Protestantismus standen noch bis vor kurzem die Menschenrechte im dogmatischen Verdacht menschlicher Eigenmächtigkeit. So der ehemalige evangelische Berliner Bischof Wolfgang Huber: „Die in Deutschland vorherrschende evangelische Auffassung sah in den Menschenrechten einen Individualismus am Werk, der die Sündhaftigkeit des Menschen und die Notwendigkeit einer stabilen staatlichen Ordnungsmacht verkenne"[43]. Erstmals wurde 1985 in einer Denkschrift der EKD eine positive Bewertung der Menschenrechte wie auch der Demokratie ausgesprochen[44]: „Als evangelische Christen stimmen wir der Demokratie als einer Verfassungsform zu, die die unantastbare Würde der Person als Grundlage anerkennt und achtet"[45].

Das Dekret des Zweiten Vatikanums über die Religionsfreiheit gilt im Katholizismus als programmatischer Durchbruch: „daß die menschliche Person das Recht auf religiöse Freiheit hat"[46], weiter noch, daß die privaten und öffentlichen Institutionen von sich aus bemüht sein sollen, „der Würde und dem Ziel des Menschen zu dienen"[47]. Die Begründung wird darin gesehen, daß alle Menschen nach Gottes Bild geschaffen sind, und dadurch haben „sie alle dieselbe Natur"[48]; folglich „muß die grundlegende Gleichheit aller Menschen immer mehr zur Anerkennung gebracht werden"[49]. Die neutestamentliche Komponente wird dadurch zur Geltung gebracht, daß erneut auf das Weizen-Unkraut-Gleichnis zurückgegriffen wird, „daß man beides wachsen lassen solle bis zur Ernte, die am Ende der Weltzeit geschehen wird"[50]. Die daraus abgeleitete Folgerung heißt: Niemand ist daran zu hindern, „sich einer religiösen Gemeinschaft anzuschließen oder sie zu verlassen" (*aut ingrediatur aut relinquat*)[51].

Peter Sloterdijk läßt den Katholizismus mit einem ›blauen Auge‹ davon kommen, indem er ihm eine von 1789 bis zum Zweiten Vaticanum andauernde „gegenmoderne Trotzphase" zuspricht, die dann aber „zum Vorteil aller Beteiligten mit der Aussöhnung zwischen Theozentrismus und Demokratie endete"[52].

b) Eine ‚kopernikanische Wende'?

Die derzeitige katholische Zeitgeschichte, weil allzu sehr fixiert auf die päpstliche Verweigerungspolitik des 19. und 20. Jahrhunderts, charakterisiert den eigentlichen Anstoß zur Erklärung der Religionsfreiheit auf dem Zweiten Vatikanum als rein von außen her kommend, als begründet allein in der neuzeitlichen Freiheitsgeschichte[53]. Zumal Ernst-Wolfgang Böckenförde hat die Vatikanische Erklärung der Religionsfreiheit als „kopernikanische Wende" bezeichnet, darin bestehend, daß sie eine wirklich „,neue Lehre'" darstelle[54]; nicht sei die Vatikanische Religionsfreiheit den Theologen oder einem christlichen Naturrecht zu verdanken, „sondern dem modernen Staat, den Juristen und dem weltlichen rationalen Recht"[55]. Inhaltlich wie theologisch wird dabei eine durchaus kirchenamtskritisch gemeinte Verschiebung unterstellt: „,An die Stelle des Rechts der Wahrheit ist das Recht der Person getreten'"[56].

Anzuerkennen bleibt an dieser ‚kopernikanischen Wende' gleich ein Mehrfaches aus Aufklärung und neuzeitlicher Freiheitsgeschichte. Zu allererst ist das Gewissen anzuführen; denn die Religionsfreiheit begründet das Zweite Vatikanum in dem Respekt vor dem je eigenen Gewissen: „Gott ruft die Menschen zu seinem Dienst im Geiste und in der Wahrheit, und sie werden deshalb durch diesen Ruf im Gewissen verpflichtet, aber nicht gezwungen"[57]. Dieses Gewissen, das sich historisch zunehmend stärker entfaltet hat und seit der Aufklärung dominierte, hat das Zweite Vatikanum als Prinzip der Religionsfreiheit anerkannt: Im religiösen Bereich darf niemand gezwungen werden, „gegen sein Gewissen zu handeln"[58]; wegen dieses Gewissenbezugs muß man sich sorgfältig bemühen, „zu einer umfassenderen Kultur des inneren Menschen zu erziehen"[59]. Daraus folgert das Vatikanum als gesellschaftspolitische Konsequenz: „Dieses Recht der menschlichen Person auf religiöse Freiheit muß in der rechtlichen Ordnung der Gesellschaft so anerkannt werden, daß es zum bürgerlichen Recht wird"[60]. Obendrein rezipierte das Konzil den aufklärerischen Aspekt der unverlierbaren Menschenwürde, wofür die konziliare Begründung lautet: Weil alle Menschen nach dem Bild Gottes geschaffen sind und folglich dieselbe Natur haben, „muß die grundlegende Gleichheit aller Menschen immer mehr zur Anerkennung gebracht werden"[61]; ja, „der Schutz und die Förderung der unverletzlichen Menschenrechte gehört wesenhaft zu den Pflichten einer jeden staatlichen Gewalt"[62]. Die unverlierbare Menschenwürde aus der Gottebenbildlichkeit herzuleiten, ist vollauf berechtigt. Doch gibt es im Neuen Testament auch anderslautende Aussagen, daß manche Menschen „wie unvernünftige Tiere sind, die von Natur dazu geboren sind, gefangen zu werden und umzukommen" (vgl. 2 Petr 2,12).

Was der zitierte Böckenförde wie noch andere Zeitgeschichtler in Wirklichkeit bekämpfen, ist jenes kirchlich-päpstliche Konzept, demzufolge Toleranz nur notgedrungen zuzulassen sei, wie es die Päpste des 19. Jahrhunderts tatsächlich auch verkündeten. Heute wird gegen die ‚kopernikanische Wende' eingewendet, daß diese sich historisch auf eben diese päpstliche Lehrverkündigung des 19. Jahrhunderts beziehe[63], daß folglich „die These von der ‚kopernikanischen Wende' nur teilweise überzeugt"[64]. Sie überzeugt deswegen nur teilweise, weil die Erst- und Frühgeschichte der christlichen Toleranz, nämlich die altkirchliche Distanzierung von aller Religionsgewalt, nicht wahrgenommen ist. Der aus dem Weizen-Unkraut-Gleichnis hergeleitete Verzicht auf vorzeitiges Urteilen und auf gewaltsame Ketzertötung dauerte für Jahrhunderte an und wurde erschreckenderweise erst in der Scholastik aufgegeben. Folglich musste der Kirche nicht erst die Trennung von Religion und Staat in der Aufklärung abgerungen werden, sondern es geschah andersherum: „Sie barg dieses Wissen in ihrer eigenen, wenn auch oft verdrängten und verschütteten Tradition"[65]. Hierdurch hat das Christentum nicht nur eine ‚Lerngeschichte', auch nicht nur eine ‚Erfahrungsgeschichte': Das Neue Testament enthält eine grundsätzliche Erstentscheidung für Religionsfreiheit, die den Verzicht auf alle Religionsgewalt und erst recht die Mißbilligung von Ketzertötungen mit einschließt.

c) Verlockender Fortschritt und nicht vorhersehbare Zukunft

Für die Entfaltung der Menschenrechte anerkennt Heiner Bielefeldt als zentrales Motiv „die Gottesebenbildlichkeit des Menschen"[66]. Ist aber diese Gottebenbildlichkeit fähig, auch Weiterentwicklungen zu ermöglichen, oder wirkt sie mit ihrem Rückbezug auf eben die Gottebenbildlichkeit für immer stabilisierend? Nach biblischer Auffassung vermag der Mensch seine Gottebenbildlichkeit durchaus zu steigern, sofern er nur jene Vollkommenheit anstrebt, wie sie der himmlische Vater in Vollkommenheit besitzt (vgl. Mt 5,48). Schon Kant hat mit dieser Bibelstelle argumentiert: „Die Bemühung die Vollkommenheit Gottes einzusehen gehöret nothwendig zur Religion, die unsern Gesinnungen Krafft und Nachdruck geben soll, dem heiligen Willen Gottes gemäs zu leben"[67]. Dem Problem der ‚Sprünge' ist zudem auch dadurch näher zu kommen, wenn man jene Sprünge in Augenschein nimmt, die Jesus selbst vollzogen hat: einmal den Sprung heraus aus dem alttestamentlichen Gotteszorn, desgleichen den Sprung heraus aus der kultischen Unreinheit. Jesu Botschaft selbst also zeigt religiöse Vorwärtsbewegungen, die heute längst schon ins Allgemeinbewußtsein eingegangen sind. Ermöglicht wurde dadurch, Schübe im Prozeß der Geschichte anzuerkennen, also eine offene Zukunft zu erwarten. Aber genügt die Berufung auf Jesus?

In Vielem stehen wir heute vor ganz neuartigen Herausforderungen. Bereits Goethe schildert im zweiten Teil seines ›Faust‹ visionär die unheilvollen Konsequenzen, wenn man an den Anfang nicht ‚das Wort', sondern ‚die Tat' stellt. Infolge dieser Umdeutung wandelt Faust sich zu aktivistischer Rastlosigkeit: Maschinenwelt, Kanalbau, Verkehrsbeschleunigung, Papiergeld, Kolonialismus. „Im Sinne einer idealtypischen Konstruktion ist hier eine Konstellation entworfen, in die Goethes ›Faust‹ eintritt und die er umgekehrt mit erzeugt"[68]. Dem Germanisten Gerhard Kaiser († 2012) zufolge erweisen sich große Dichtungen darin, daß sie einer jeden Zeit „ein neues Gesicht zeigen"[69]; nicht weil wir klüger wären, „sondern weil wir inzwischen mitten in den Problemen und Katastrophen stehen, die in der Fausttragödie gerade über den historischen Horizont zu treten beginnen"[70].

Hans Jonas († 1993) möchte die ehemals vom Zorn Gottes garantierte Intangibilität auf den Kosmos übertragen, gemäß üblicher Redensart: ‚Die Natur rächt sich.' Den Menschen sieht Jonas nunmehr vor die Aufgabe gestellt, „die Unversehrtheit seiner Welt und seines Wesens gegen die Übergriffe seiner [eigenen] Macht zu bewahren"[71]; notwendig scheint ihm dafür „die Wiederherstellung der Kategorie des Heiligen, die am gründlichsten durch die wissenschaftliche Aufklärung zerstört wurde"[72]. Die Wiederherstellung des Heiligen würde indes erfordern, ebenso den Gotteszorn als Hintergrund mitzudenken.

Skeptischer und zugleich konkreter urteilt Jürgen Habermas: Zur Disposition stünde heute „die *Unverfügbarkeit*"[73]; schon jede Genmanipulation rühre an die „Gattungsidentität"[74], ebenso an die „Unterscheidung zwischen dem ‚Gewachsenen' und dem ‚Gemachten'"[75]; vieles müsse bleibend „unserer Verfügung aus guten moralischen Gründen entzogen sein"[76]; säkulares Denken wie religiöser Glaube erforderten, daß eine „künftige Lebensgeschichte der Programmierung und absichtlichen Manipulation durch andere Personen entzogen sind"[77]. Und zuletzt: „Die eigene Freiheit wird mit Bezug auf etwas natürlich Unverfügbares erlebt", zu deuten als „die Unverwechselbarkeit des Individuums und die Unvertretbarkeit der je eigenen Subjektivität"[78].

Die Tragik, die sich hier abzeichnet, hat Sören Kierkegaard († 1855) auf die Formel gebracht: Das Leben werde vorwärts gelebt, aber erst rückwärts verstanden[79]. „Es ist ganz wahr, was die Philosophie sagt, daß das Leben rückwärts verstanden werden muß. Aber darüber vergißt man den andern Satz, daß vorwärts gelebt werden muß"[80]. Das ‚rückwärts verstehen' bedeutet zugleich, daß ‚nach vorwärts gehen' ins Dunkel führt, ins Unabsehbare, ins Schicksalhafte.

Indem der Geschichtsverlauf das Gewissen und damit zugleich eine verinnerlichte Ethik verstärkte, mußte sich dementsprechend die Erfahrung des Schicksalhaften im menschlichen Leben verstärken – darum Habermas' Nachfrage zu den Krisen von Leben und Tod, zur rettenden Gerechtigkeit jenseits aller irdischen Möglichkeiten, kurzum nach dem Sinn des menschlichen Lebens oder nach dem Wirrsinn eines unmenschlichen Schicksals.

3. Die Menschenwürde als ‚Religion der Moderne'?

a) Säkularer Staat als religiöser Freiheitsgewinn

„Der säkulare Staat als religiöser Freiheitsgewinn"[81] – so der emphatische Ausruf von Horst Dreier. Der freiheitliche, säkulare Verfassungsstaat verstehe sich nicht als Widerspruch des Glaubens, erst recht nicht als Ausdruck eines kämpferischen Atheismus. Bei aller Säkularität ergebe sich für die Religion sogar ein Gewinn: „Staat ohne Gott und kraftvolle Religiosität in der Gesellschaft schließen sich mithin keineswegs aus"[82]. Staat ohne Gott bedeutet nicht: „Welt ohne Gott, auch nicht: Gesellschaft ohne Gott, und schon gar nicht: Mensch ohne Gott"[83]. Die jedem Bürger zugesprochene Religionsfreiheit beruhe auf der weltanschaulich-religiösen Neutralität des Staates, der auf jede Form von religiöser Weltanschauung verzichtet. Die auf Grundrechte gestützte Demokratie, die auf jederart religiöse Legitimation verzichtet, erbringt sogar eine die Religion begünstigende Wirkung. Die Antwort nämlich auf die letzten Fragen nach dem Sinn unserer Existenz, dem Warum, Woher und Wozu – die bleiben jedem Einzelnen überlassen[84]. Zu der allenthalben feststellbaren Entkirchlichung heißt es, daß sie „nicht automatisch Entchristlichung und Entchristlichung nicht automatisch Religionsschwund bedeuten muß"[85]. Über allem leuchte der neutestamentliche Satz: „Mein Reich ist nicht von dieser Welt" (Joh 18,36). Hermann Lübbe hat noch zugespitzt, die Religionsfreiheit sei ein Institut zur Förderung der Interessen der Kirchen selber geworden; als Einwand bleibe allerdings, daß Religionen humanisieren wie aber ebenso barbarisieren könnten[86].

b) Böckenfördes allbekanntes Diktum

Allgemein bekannt ist Ernst-Wolfgang Böckenförde aufgrund eines von ihm selbst formulierten und derzeit vielzitierten Diktums, und dieses heißt: „Der freiheitliche, säkularisierte Staat lebt von Voraussetzungen, die er selbst nicht garantieren kann"[87]. Wenn es je eine populäre staatsrechtliche Sentenz gegeben hat, dann eben dieses

Böckenfördische Diktum[88]. Mag auch die Böckenfördische These von der ‚kopernikanischen Wende' einzuschränken sein, so überrascht umso mehr dieses Diktum: Über die aufklärerische Freiheitskultur hinaus wird hier Ausschau gehalten nach Quellen, die diese aufklärerische Vorstellungswelt lebendig erhalten und ihr tunlichst neue Lebenskraft verleihen.

Die Entstehungsgeschichte dieses Diktums ist inzwischen klargelegt, wie ebenso die Wirkungsgeschichte: Sogar zugunsten der bestehenden Großkirchen schlug besagtes Diktum aus, „daß es die Bedeutung der christlichen Kirchen für die Reproduktion der moralischen und kulturellen Wertgrundlagen der Demokratie in den Vordergrund stelle"[89]. Verkürzt konnte es sogar heißen (dem aber Böckenförde nicht zugestimmt hat), der „Staat lebe von der Religion"[90]. Soeben hat der Ratsvorsitzende der Evangelischen Kirche Deutschlands, Dr. Heinrich Bedford-Strohm, die erforderlichen Vorbindungen des modernen Staates bestätigt: „Eine Demokratie lebt davon, daß von der Glaubens- und Gewissensfreiheit Gebrauch gemacht wird und in den schwierigen gesellschaftlichen Orientierungsfragen die starke Stimme religiösen Wissens in den öffentlichen Diskurs eingebracht wird"[91]. Im Grunde sehen wir uns vor die Frage gestellt, was eine Gesellschaft, was auch einen Staat innerlich, nämlich moralisch-ethisch, zusammenhält[92]. Tatsächlich müssen komplexe Gesellschaften, sofern sie auf Dauer bestehen wollen, auf mehr bauen „als auf das reibungslose Funktionieren ihrer administrativen Organisationsstrukturen und die liberalen Freiheitsgarantien für ihre Bürger"[93]. Und um dieses ‚Mehr' geht es im Folgenden.

c) Frage nach dem ‚Mehr'

Émile Durkheim († 1917) hat die Menschenwürde und die Menschenrechte als „Religion der Moderne"[94] bezeichnet: Ein jeder Mensch solle sich mit jener Intangibilität geschützt wissen, die letztlich allein Gott zukomme; zuvor ist aber die Intangibilität immer mit der Angst vor dem Gotteszorn erklärt worden und dadurch wirkmächtig geblieben. Angesichts des Laizismus der Dritten Republik Frankreichs wollte Durkheim auf die bleibende Bedeutung von Religion verweisen und hielt dabei auch Opfer für unaufgebbar; für jede Gesellschaft sei eine

„Aufopferung des Einzelnen für den anderen"[95] unabdinglich, so auch die persönlichen Opfer des Forschers für die Wissenschaft.

Hiergegen sind Bedenken angemeldet worden, man solle die Religion der Moderne nicht „wie eine Art weltlicher Bibel"[96] ansehen. Gegen die Numinosität wie auch gegen die Opferbereitschaft wird derzeit eingewendet, der freiheitliche Verfassungsstaat beruhe auf rationaler Grundlage und nicht auf „Vorstellungen des Numinosen oder gar des heiligen Opfers"[97]. Christlicherseits wird das Opfer als ‚geistiges' Opfer verstanden. Der Wechsel vom Blutopfer zum geistigen Opfer erklärt sich am günstigsten mit Walter Burkerts Formel „Leben für Leben"[98]. Wie schon das Am-Leben-Bleiben mit jeder Nahrungsbeschaffung eine Tötung von Leben erfordert, so zuvor schon das Ins-Leben-Kommen selbst: Aller Nachwuchs erfordert nämlich Opfer; Zeugung und Aufzucht zehren am Leben der Gebärenden und Erziehenden, ja zehren es womöglich aus. Tatsächlich kann von der Zoologie und Verhaltensforschung her gesagt werden: „Brutpflege ist scheibchenweiser Selbstmord"[99]. Die Verantwortung und Pflicht für die Kinder bildet – so Hans Jonas – den „Archetyp alles verantwortlichen Handelns"[100]: Immer gäben Kinder den Erwachsenen „die entscheidende Norm" vor, und das verlange „persönliche Opfer"[101].

Bei dem inzwischen ‚legendären' Gespräch zwischen Jürgen Habermas und Joseph Ratzinger am 19. Januar 2004 fragte Habermas nach den vorpolitischen Grundlagen des demokratischen Rechtsstaates[102], zitierte dabei das Böckenfördische Diktum[103] und endete beim Opfer: „Die Bereitschaft, für fremde und anonym bleibende Mitbürger gegebenenfalls einzustehen und für allgemeine Interessen Opfer in Kauf zu nehmen, darf Bürgern eines liberalen Gemeinwesens nur angesonnen werden, [... darf] nur in kleiner Münze ‚erhoben' werden"[104]. Geradezu warmherzig bezeugt Habermas seinen Respekt, ja seine „Hochachtung vor jener unspektakulär selbstlosen Aufopferung, meistens von Seiten der Mütter und Frauen, ohne die in vielen pathologisch entstellten Gesellschaften, aber nicht nur dort, das letzte moralische Band längst zerfallen wäre"[105]. Es gibt also positive Argumente für Opfer und Opferbereitschaft.

4. Vom „Laßt beides wachsen" bis zu den Menschenrechten

Was den Streit über Religion und Gewalt angeht, gehen die Meinungen nach wie vor weit auseinander. Oder schlagwortartig: „Religion kann errichten und vernichten"[106]. Zuerst eine aufbauend-positive Stimme: Guy Stroumsa zufolge hat zu gelten, „wie irrig die allgemein verbreitete Annahme ist, die religiöse Intoleranz sei eine Erfindung der monotheistischen Religionen"[107]. Eines seiner Argumente lautet: „Ethik und Sorge um den anderen sind im Christentum integraler Bestandteil des religiösen Empfindens. Den Frauen, den Nichtbürgern, den Sklaven wurde zum ersten Mal eine bedeutsame Rolle in der Religion zugestanden"[108]. Eben darin aber besteht das geistige Opfer. In neuer Weise hat sich Jan Assmann zurückgemeldet. Anders als zuvor ist er von der oft vulgär aufgefaßten Gewaltthese abgerückt[109]. Die Konsequenzen hat er bereits in ›Totale Religion‹ gezogen: „Jede Religion [...] hat die Kraft, ‚vor Gott und Menschen angenehm zu machen‘; darin liegt [...] auch ihr allgemeinster und fundamentalster Sinn"[110]. Bei der Entgegennahme des Friedenspreises des deutschen Buchhandels kommentierten die beiden Preisträger Aleida und Jan Assmann: „Es könne nicht angehen, dass es eine neoliberale Freiheit für Kapital, Güter und Rohstoffe gebe, während Migranten an Grenzen festhingen und ihr Leid vergessen werde"[111].

a) Ewiges Gottesgesetz wider menschenrechtliche Zufallsgeschichte

Um dem ‚Mehr‘ näherzukommen, steht die Frage an, ob es eine von Gott her zu verstehende *lex aeterna* gibt, die in sich unverrückbar ist, oder ob es in der menschlichen Geschichte Entwicklungen gibt, die ersichtlich Neues hervorbringen. Theologisch gesehen ist es die Frage, ob man Gott mehr gehorchen müsse als den Menschen (vgl. Apg 5,29). Oder theologisch noch anders: Gelten die von Menschen gemachten Menschenrechte mehr als das Wort Gottes? Man müsse – so auch Hans Joas – gar nicht einer christlichen oder auch einer anderen nachachsenzeitlich-religiös geprägten Kultur entstammen, „um von dieser Botschaft oder vom Geist der Menschenrechte gepackt zu werden"[112]. Für solche Deutung ist schon auf Immanuel Kant zu verweisen: „Die menschliche Seele ist nicht völlig leer von allen Bewegungsgründen [!] der reinen Moralitaet"[113].

Ein Brückenschlag ist denkbar, wenn man an die Gottebenbildlichkeit des Menschen denkt: Dank dieser Gottebenbildlichkeit findet der Mensch im eigenen Innern die Ansatzpunkte für seine angeborene eigene Würde wie auch für die Menschenrechte. Selbst wenn dieses innermenschliche Gottebenbild nur ein getrübtes ‚Zwischenbild' wiedergibt, verlangen heute sowohl die Religionsphilosophie wie auch die Rechtsphilosophie, dem ‚Zufallsprodukt Menschenrecht' mehr zu gehorchen als der göttlichen *lex aeterna* (ewiges Gesetz). Die hergebrachte Unterscheidung auf ein doppeltes Recht, sowohl ein naturgegebenes wie ein göttliches, wäre damit hinfällig, und zwar aus zwei Gründen: „Erstens: Naturrecht [versteht sich] als ewiges göttliches, über den Menschen hinausgehendes Recht; [...] Zweitens gibt es das angeborene Recht (*native right*), das nicht über den Menschen hinausgeht, sondern aus ihm selbst kommt"[114]. Als säkulare Konsequenz ergibt sich daraus heute: Der Mensch versteht sich als jenes Lebewesen, „das Vernunft [hat] und Gesellschaft selbst herstellen kann"[115]. Wir hätten uns zu vergegenwärtigen, daß die Menschenrechte aus einer bestimmten Phase der europäischen Religionspolitik herrührten, daß sie also ein historisches Zufallsprodukt seien, aber heute gleichwohl absolute Geltung einforderten.

Derzeit verzichten viele auf eine theologische wie erst recht auf eine christliche Begründung und argumentieren mit der jedem Verstand einleuchtenden Plausibilität der Menschenrechte. So etwa Heiner Bielefeldt: Der Unterschied zwischen vormodernem und modernem menschenrechtlichen Denken sei erstens darin zu sehen, daß erst in der Moderne das Freiheitsrecht als ‚unveräußerlich' verstanden worden sei[116], zweitens darin, daß zu den Menschenrechten heute keine humane Alternative erkennbar werde[117]. Wir befinden uns also in einer Art Zwickmühle: Zu führen ist eine doppelte Diskussion, nämlich „nicht nur mit der ‚eigenen' Tradition, sondern zusätzlich mit ‚anderen' Traditionen"[118], was notwendig zu Kulturkritik führe[119] und zuletzt den Einsatz von Gewalt zur Durchsetzung von Humanität erfordere[120]. Schaue man nach vorn in die Zukunft, wird es „einen zeitlos gültigen Katalog aller Menschenrechte wohl niemals geben"[121]. Für die Religion ergibt sich daraus: „Tradition, auch religiöse Tradition, kann nun nicht mehr unmittelbare Autorität beanspruchen"[122]. Von ihrer Geschichte her sind die Menschenrechte ,Zufallsprodukte' und verlangen dennoch unumstößliche Einhaltung, was ihnen letztlich eben doch einen quasi-religiösen Charakter verleiht.

b) Mensch als Ebenbild Gottes

Wenden wir uns nun der Exegese zu, um die heute immer wieder beschworene Gottebenbildlichkeit angemessen zu gewichten. Die Erschaffung des Menschen als Gottes Ebenbild gilt als Krönung von Gottes Sechs-Tage-Werk der Schöpfung. Denn diese Gottebenbildlichkeit wird nur dem Menschen, und zwar gleicherweise dem Mann wie der Frau, zugesprochen, und bewirkt für beide eine verwandtschaftliche Nähe von Gott und Mensch[123]. Angesichts heutiger Hochschätzung fällt auf, daß diese Gottebenbildlichkeit gerade nur an drei Stellen des Alten Testamentes zitiert wird, nämlich in Genesis 5,3 („Am Tag, da Gott den Menschen erschuf, machte er ihn Gott ähnlich"), in Weisheit 2,23 („Gott hat [...] ihn zum Bild seines eigenen Wesens gemacht") und in Sirach 17,1.1–3.2 („Der Herr hat die Menschen aus Erde geschaffen [...] und sie nach seinem Abbild geschaffen"). Neben der Gottebenbildlichkeit von Mann und Frau gibt es in der Schöpfungsgeschichte noch weitere Versionen von Menschen-Erschaffung: „Da formte Gott, der Herr, den Menschen aus Erde vom Ackerboden und blies in seine Nase den Lebensatem. So wurde der Mensch zu einem lebendigen Wesen" (Gen 2,7). Exegetisch bedeutet das: „Der Mensch trägt göttlichen Atem in sich"[124]. Aber diesen Lebensatem kann Gott dem Menschen auch wieder nehmen: „Nimmst du ihnen den Atem, so schwinden sie hin und kehren zurück zum Staub" (Ps 104,29). Das heißt, der Mensch ist sterblich. Aufgrund seiner Erschaffung aus Erde ist „der Mensch den (erst nach ihm geschaffenen) Tieren verwandt, die ebenfalls aus der Erde geformt sind (Gen 2,19)"[125], wobei aber dem ersten Menschen der göttliche Auftrag zukam, den Namen zu geben „den Vögeln des Himmels und allen Tieren des Feldes" (Gen 2,20). Summarisch bedeutet das: „In der Verweigerung seiner Endlichkeit und in der Verweigerung seiner Unendlichkeit verfehlt der Mensch den Sinn seiner Existenz"[126]. Und zuletzt noch eine dritte Version von

Menschen-Erschaffung: „Da ließ Gott, der Herr, einen tiefen Schlaf über den Menschen [Adam] fallen, so daß er einschlief, nahm eine seiner Rippen und verschloß ihre Stelle mit Fleisch. Gott, der Herr, baute aus der Rippe, die er vom Menschen genommen hatte, eine Frau" (Gen 2,21 f.). Oft genug wurde daraus ein „Erstgeburtsrecht" des Mannes abgeleitet; aber vom exegetischen Vollsinn her wird ausgesagt: „Erst durch die Erschaffung der Frau (īššāh) aus der Rippe des Menschen (ādām) wird der erste Mensch (ādām) zum Mann (īš). Mannsein und Frausein liegt also ein ursprüngliches, gemeinsames Menschsein zugrunde"[127]. Das Mann- und Frausein verweist zugleich auf die Zukunft, nämlich auf die Geschlechter- und Generationengemeinschaft, auf Sozialität und Generativität[128].

Unbeschadet der Tatsache, daß die Ebenbildlichkeit von Mann wie Frau den göttlichen Kern im Menschen bildet, so bleibt doch ein gewisses Zaudern: „Dass der Mensch als Gottes Ebenbild verstanden wird, ist eine letzte, höchste Garantie für diesen [religiös] unauflöslichen Rest"; gleichwohl wirkt die Berufung auf die Gottebenbildlichkeit derzeit wie eine „etwas phrasenhaft gewordenen Formel"[129]. Ist derzeit auch der Weg zu den Menschenrechten blockiert, weil selbige doch nur ein historisches Zufallsprodukt sind?

c) Freiheit als ‚Unruhe' der westlichen Geschichte?

Dem Christentum wohnt offenbar eine uhrwerksartige ‚Unruhe' inne, die zur Freiheit drängte – so die These von Peter Blickle († 2017)[130]. Beginnen wir mit der untersten Sozialstufe, der Sklaverei; sie entstand durch Erblichkeit, durch Raub und Handel, durch Selbstverkauf und durch gerichtliche Verurteilung. Die Spätantike wie noch die nachfolgenden Barbaren-Reiche waren „sklavenhaltende Gesellschaften"[131]. Demgegenüber bietet das Karolinger-Reich ein anderes Bild[132], das der Wiener Sozialhistoriker Michael Mitterauer generalisiert hat: „In der europäischen Landwirtschaft spielt Sklavenarbeit seither keine Rolle mehr"[133]. Die ehemaligen Sklaven können nun eine Familie gründen, ein Anwesen besitzen wie auch vererben; diese Tendenz wurde noch durch die kirchlichen Freilassungen beschleunigt. Erreicht wurde zuletzt das Aufgehen der Sklaverei in die sogenannte ‚Hörigkeit'[134].

Der Oxforder ›Guide to World Slavery‹ sieht im Übergang zur Hörig-keit „eine der großen Transformationen in der westlich-europäischen Geschichte"; Europa machte sich dadurch „zum vorhersehbaren Ort einer moralischen Revolution gegen die Sklaverei"[135]. Die berühmte, seit 1100 aktive Bologneser Rechtsschule propa-gierte: „Der Grundhörige ist kein Sklave; er ist vielmehr ein freier Mann"[136]. Während die idealisierende ›Utopia‹ des Thomas Morus (†1535) noch schollengebundene Hörige kennt[137], ist für anderswo festzustellen, daß zum Beispiel Italien „um 1500 praktisch keine Ei-genleute mehr" kannte[138].

Die Gegenbewegung gründete sich darin, die Leibeigenschaft „nicht als naturgegeben und gottgewollt"[139] hinzunehmen, stützte sich desweiteren auf hauptsächlich religiöse Argumente, wie sie im Sach-senspiegel und im Schwabenspiegel vorgebracht sind: „Der Mensch sei gottebenbildlich und Christus habe durch einen Kreuzestod die Menschen frei gemacht"[140]. Hartmut Hoffmann (†2016) zufolge kann „der Einfluß der Kirche kaum hoch genug veranschlagt werden"; ja, ein Interesse an der Beendigung „hatte allein die Kirche"[141]. Erneut entstammen die Motive zur Sicherung des neuen Status kirchlichen Maximen: „Der Unfreie hatte jetzt, wenigstens in einem beschränkten Ausmaß, subjektive Rechte; er war vor der schlimmsten Mißhand-lung geschützt; ihm stand ganz überwiegend die Möglichkeit offen, eine Familie zu gründen; auch mußte er normalerweise nicht mehr befürchten, verkauft zu werden, wie obendrein seine Arbeit fest gere-gelt war, sodaß man ihn innerhalb eines bestimmten Rahmens nicht willkürlich belasten oder quälen konnte"[142]. Eine religiöse Version bil-dete desgleichen das Zensualenrecht bzw. das Zinserrecht, daß man nämlich an ein Kloster oder Stift oder gar an die eigene Pfarrkirche einen jährlichen minimalen Zins in Geld oder Wachs entrichtete[143].

Die nunmehr erreichte Leibeigenschaft bedeutete freilich immer noch eine Einschränkung der persönlichen Freiheit, daß nämlich der Mensch nicht voll über sein Leben und sein Tun verfügte: „indem er ar-beitet, was er will, indem er heiratet, wen er will, und sich niederläßt, wo er will"[144]. Die Arbeit blieb verbunden mit zusätzlicher Arbeit auf dem Herrenhof, mit festgelegten Pflichttagen; der Erbgang blieb verbun-den mit Abgaben, so der halben Hinterlassenschaft oder wenigstens dem ‚Besthaupt' als bestem Stück Vieh oder auch dem ‚Bestgewand' als bestem Stück Kleidung; die Heiratsbeschränkungen blieben eingeschränkt, daß der Grundherr anordnen konnte, nur eine bestimmte Frau zu heiraten, jedenfalls nicht eine solche, die einer anderen Grundherrschaft angehörte; auch die Niederlassungsfreiheit blieb ebenso eingeschränkt, sodaß wiederum der Grundherr verordnen konnte, nicht in eine andere Grundherrschaft überzuwechseln, in der bessere Lebensbedingungen bestanden oder die Abgaben geringer waren. Der Bauernkrieg von 1525 endete blutigst mit dem Tod von 70.000 bis 100.000 Bauern[145]. Drei Forderungen hatten sie gestellt: Freizügigkeit, Ehefreiheit und freie Verfügung über den Arbeitsertrag; wiederum begründet theologisch mit dem Verweis auf den Erlösertod Christi, naturrechtlich mit der Schöpfungsordnung und ethisch mit der Nächstenliebe[146]. Spezielle Forderungen zielten 1525 auf die Predigt des reinen Evangeliums und auf die Wahl und Absetzung des Pfarrers, worin sich faktisch „eine Entscheidungskompetenz über die richtige Lehre"[147] anmeldete. Luther indes hat sich hier verweigert und erachtete das Freiwerden von Hörigkeit als nur „fleischlich"[148]; zur Katastrophe der Bauern äußerte er keinerlei Beileid, was heute als „ein sittlicher und theologischer Tiefpunkt"[149] gewertet wird.

Peter Blickle spricht speziell vom Anrecht auf den Arbeitsertrag, wofür das Bibelwort steht: „Wer arbeitet, hat ein Recht auf seinen Lohn" (Lk 10,7). Noch bis ins 19. Jahrhundert zeigte sich dieser steigernde Freiheitseffekt, daß „die Menschen über ihre Arbeitsleistung und ihren Arbeitsertrag immer autonomer bestimmen und verfügen konnten"[150], daß „die Ausbildung von Eigentum enorme Fortschritte"[151] machte, bis dann in der Neuzeit „die Menschen in sehr viel höherem Maße über ihre Arbeitskraft und ihren Arbeitsertrag verfügten als im Mittelalter"[152].

Gleichwohl wirkte die Kritik an der Leibeigenschaft weiter, wurde sogar in der Neuzeit „der eigentliche Sprengsatz"[153]. Der Aufklärung mußte aus Gründen der angeborenen und unverlierbaren Menschenwürde jedwede Freiheitsbeschränkung zuwider sein, bestand sie vielmehr „auf körperliche Unversehrtheit, Meinungsfreiheit, Gewissensfreiheit, Religionsfreiheit und Vertragsfreiheit"[154]. Der Befreiungsprozeß der ländlichen Bevölkerung zog sich hin bis 1848. Das Frankfurter Revolutionsparlament hatte verkündet: „Jeder Unterthänigkeits- und Hörigkeitsverband hört für immer auf"[155]. Tatsächlich wurde 1848 die Leibeigenschaft entschädigungslos aufgehoben, wobei aber die Dienstleistungen finanziell abgelöst werden mußten. Schon für 1860 ist als Ergebnis zu verzeichnen: 1.180.133 ehemalige Hörige hatten 6.319.352 Spanndiensttage und 23.444.396 Handdiensttage abbezahlt[156].

Demzufolge ist die Frage, ob in der europäischen Sozialgeschichte tatsächlich eine ‚Unruhe' für die Freiheit gewirkt hat, durchaus positiv zu beantworten.

VII. VON DEM ‚WAS UNS FEHLT' UND VOM ALLERNOTWENDIGSTEN

1. Thomas Nipperdey

Der Neuzeithistoriker Thomas Nipperdey entdeckt im Mittelalter die Basis für die Neuzeit: Zwar erscheine die Sonderrolle Europas, wie sie mit dem Schwellenjahr 1800 hervorgetreten sei, mit ihrer Option für die Zukunft und das Machenkönnen als „Antimittelalter"[157]. Dennoch habe die mittelalterliche Christlichkeit, deren Allumfassendheit sich die Moderne kaum noch vorstellen könne, die „Grundlagen unserer politischen, gesellschaftlichen wie geistigen Welt" geschaffen; das Mittelalter habe zwar die moderne Person-Idee so nicht gekannt, aber habe es mit herausgebildet: „den unendlichen Wert der Person des einzelnen", die „Gewissensreligion", auch „die Beherrschung der Natur und das Ethos der Arbeit", sogar noch die Idee des Fortschritts als „Erbe der jüdisch-christlichen Idee einer gerichteten, auf ein Ziel zulaufenden Geschichte". Reformation und Aufklärung hätten diesen Revolutionsprozeß weiter vorangetrieben. Die daraus hervorgegangene neuzeitliche Welt ist dann, wie Clifford Geertz sagt, komplett neuartig.

2. Martin Walser

Beginnen wir mit dem Schriftsteller Martin Walser und seinem ‚da fehlt doch was': „Wer sich heute fast instinktiv erhaben fühlt über alles Religiöse, weiß vielleicht nicht, was er verloren hat"[158]. Und nochmals: „Wer sagt, es gebe Gott nicht, und nicht dazusagen kann, dass Gott fehlt und wie er fehlt, der hat keine Ahnung"[159]. Und wa-

rum hat ein Atheist keine Ahnung? „Fehlt deinem Leben die Rechtfertigung, die nur Gott selbst ihm geben kann, dann fehlt ihm *jede*
Rechtfertigung"[160]. Gott will uns erfahrbar machen, „dass uns etwas
fehlt und was uns fehlt"[161]. In einem Jesuswort findet das ‚was uns
fehlt‘ seine religiöse Begründung, in der Feststellung nämlich: „Wer
von Euch ist ohne Sünde" (vgl. Joh 8,7). Wir alle haben zur Kenntnis zu nehmen, daß, wo immer wir bei Anderen oder bei uns selbst
nicht wiedergutzumachende, für immer bleibende Schädigungen ver-
ursacht haben, letztlich nicht wir, sondern nur ein allmächtiger und
allgütiger Gott diese Schäden wieder zu beheben vermag.

3. Clifford Geertz

Clifford Geertz († 2006) gilt als einer der bedeutendsten Vertreter der
Kulturanthropologie. In seiner ›Dichten Beschreibung‹ spricht er von
der bedrohlichen Erfahrung der Sinnlosigkeit, sieht Menschen einge-
sponnen in fremdartige Zusammenhänge, desgleichen eingeklemmt
in die Rätselhaftigkeit des Daseins. Geertz spricht gleichzeitig von
Optimismus, sogar von christlichem Optimismus, der bewirke, um-
fassende und dauerhafte Stimmungen und Motivationen hervorzu-
rufen.[162] So kann das für die westliche Welt unterstellte Endergebnis
nicht überraschen: „Die abendländische Vorstellung von der Person
als einem fest umrissenen, einzigartigen, mehr oder weniger inte-
grierten motivationalen und kognitiven Universum, einem dynami-
schen Zentrum des Bewußtseins, Fühlens, Urteilens und Handelns,
das als unterscheidbares Ganzes organisiert ist und sich sowohl von
anderen solchen Ganzheiten als auch von einem sozialen und natürlichen Hintergrund abhebt, erweist sich, wie richtig sie uns auch
scheinen mag, im Kontext der anderen Weltkulturen als eine recht
sonderbare Idee."[163]

4. Jürgen Habermas

Seit seiner Frankfurter Friedenspreis-Rede hat Jürgen Habermas, Deutschlands derzeit bekanntester Philosoph, die Religion gegen eine verkürzt argumentierende Aufklärung verteidigt. Vom säkularen Bewußtsein müsse „die Einübung in einen selbstreflexiven Umgang mit den Grenzen der Aufklärung erwartet" werden[164]. Die zu schulternde „Bürde von Toleranzzumutungen" sei eine doppelte, sowohl für Gläubige wie aber auch für Nichtgläubige[165]. Denn bei aller notwendigen Aufgeklärtheit gebe es religiöse Überlieferungen, „von deren normativen Gehalten wir gleichwohl zehren"[166], gelte es doch, „der schleichenden Entropie der knappen Ressource Sinn entgegenzuwirken"[167]. Denn „kein Fortschritt ändert etwas an den Krisen von Liebe, Verlust und Tod. Nichts mildert den persönlichen Schmerz derer, die im Elend leben, die sich einsam fühlen oder krank sind, die Mühsal, Beleidigung und Erniedrigung erfahren"[168]; vonnöten sei eine rettende Übersetzung, etwa der „Gottesebenbildlichkeit des Menschengeschöpfs"[169]. In den religiösen Überlieferungen seien Intuitionen von Verfehlung und Erlösung, vom rettenden Ausgang aus einem als heillos erfahrenen Leben artikuliert, was andernorts verloren gegangen sei: „Ich meine hinreichend differenzierte Ausdrucksmöglichkeiten und Sensibilitäten für verfehltes Leben"[170].

Auf eben diese Frage, ‚was uns fehlt‘, hat Jürgen Habermas in der Neuen Zürcher Zeitung vom 10. Februar 2007 Stellung bezogen und zur Antwort gegeben, deren Kern lautet: Die praktische Vernunft verfehlt „ihre eigene Bestimmung, wenn sie nicht mehr die Kraft hat, in profanen Gemütern ein Bewusstsein für die weltweit verletzte Solidarität, ein Bewusstsein von dem, was fehlt, von dem, was zum Himmel schreit, zu wecken und wachzuhalten"[171]. Wie erkenntlich sind Habermas' Überlegungen aus der Sicht der Gescheiterten und Geopferten formuliert. Zugleich will Habermas vom Jenseits her Hoffnung eröffnen: Die Nachfahren einer jeden Tätergeneration schuldeten „den Gequälten und Ermordeten die öffentliche Geste der Anerkennung, wiewohl niemand das an den Toten begangene Unrecht sühnen könne, denn die auf Erden einzig mögliche Gerechtigkeit sei „keine *rettende* Gerechtigkeit"[172]. Darum zuletzt Habermas' Appell an ein Gottesgericht: „Im Bild des Jüngsten Gerichtes, wenn Gott die paradoxe

Aufgabe lösen wird, über das Tun und Lassen eines jeden in Würdigung der jeweils individuellen Lebensgeschichte ein differentielles, zugleich gerechtes und doch gnädiges (letztlich erlösendes) Urteil zu sprechen, verdichtet sich auch ein egalitärer Universalismus"[173] – das Gottesgericht als wieder gutmachende Hoffnung zugunsten aller im Leben Gescheiterten, Unterdrückten und Unvollendeten.

VIII. FAZIT

Das Schlußwort sei poetisch mit Hilde Domin anhand ihres Gedichtes ›Sämann‹ wiedergegeben. Das Gedicht veranlaßt, in das normale Leben zurückzufinden, in die Welt jenseits aller Religionskämpfe, in die Welt, wie wir sie tatsächlich antreffen: „Der große Sämann | ungerufen, | blies einen Atem von Blumensamen über mich hin | und streute eine Saat | von Kornblumen und rotem Mohn | in meine Weizenfelder. | Das leuchtende Unkraut, | mächtiger Sämann, | wie trenn ich es je | von den Ähren, | ohne die Felder | zu roden?"[174] Das ‚wie trenn ich es je' führt zurück in den Alltag unseres Lebens, wo es gilt, daß wir täglich unser Unkraut ertragen.

ANMERKUNGEN

I. Der Gottesfrevel

1 Grimm, DWB, Bd. 9, Stuttgart 2006, Sp. 906–908, hier: Sp. 908.
2 Köpcke-Duttler, Schuld, Sp. 1467.
3 Karow, Blasphemie, S. 167–169.
4 Hilpert, Sakrileg, Sp. 1464.
5 Rox, Schutz religiöser Gefühle, S. 16–25.
6 Wils, Blasphemie, S. 45.
7 Roß, Verteidigung des Menschen, S. 46.
8 Maier, Liturgy and the Crusade, S. 476.
9 Groß, Menschenhand, S. 138.
10 Ebd., S. 137.
11 Burkert, Kulte des Altertums, S. 147.
12 Groß, Menschenhand, S. 332.
13 Weber, Wirtschaft und Gesellschaft, S. 392 f.
14 Ebd., S. 350.
15 Ebd., S. 258.
16 Ebd., S. 393.
17 Ebd., S. 403.
18 Speyer, Religionen, S. 155 f.
19 Burkert, Kulte des Altertums, S. 147.
20 Hammurabi, Gesetze § 6; übers. v. Winkler, S. 11.
21 Weber, Wirtschaft und Gesellschaft, S. 267.
22 Speyer, Frevelhaftes Verhalten, S. 254.
23 Ders., Fluch (A. Allgemeines), Sp. 1163.
24 Ders., Gottesfeind (A. Allgemeines), Sp. 998.
25 Ders., Gottesfeind (B. Nichtchristlich), Sp. 1022.
26 Ders., Fluch (A. Allgemeines), Sp. 1169.
27 Weber, Wirtschaft und Gesellschaft, S. 350.
28 Ebd., S. 317.
29 Miggelbrink, Zorn Gottes, S. 593.
30 Isensee, Blasphemie, S. 196.
31 Ebd., S. 198.
32 Ebd., S. 199.
33 Ebd., S. 200.
34 Ebd., S. 205.
35 Ebd., S. 209.
36 Wils, Gotteslästerung, S. 15.
37 Ebd., S. 27.
38 Ebd., S. 57.
39 Ebd., S. 67.
40 Ebd., S. 79.
41 Ebd.
42 Ebd., S. 54.
43 Stein, Himmlische Quellen, S. 15.
44 Ebd., S. 19.
45 Ebd., S. 89.
46 Fürst, Entdeckung der Freiheit, S. 154.
47 Ebd., S. 152.
48 Ebd.
49 Ebd., S. 153.
50 Ebd., S. 155.
51 Ebd., S. 152.
52 Volp, Würde des Menschen, S. 364 f.
53 Stroumsa, Ende des Opferkults, S. 34.
54 Höffe, Anfang des Abendlandes, S. 13.
55 Angenendt, Geburt der christlichen Caritas, S. 40–51.

56 STROUMSA, Ende des Opferkults,
S. 45.
57 JANOWSKI, Ein Gott, S. 148; SLOTER-
DIJK, Zorn und Zeit, S. 116.
58 SCHRÖDER, Unkraut.

59 LECLER, Religionsfreiheit. Bd. 1, S. 89.
60 ZANDER, Europäische Religionsgeschichte, S. 286.
61 FORST, Toleranz im Konflikt, S. 58.
62 Ebd., S. 64.

II. Bibel und Alte Kirche

1 STOBBE, Gewalt und Krieg, S. 161–167.
2 SPEYER, Gottesfeind (B. Nichtchristlich), Sp. 1026.
3 MICHEL, Gewalt bei der Landnahme,
S. 35.
4 SCHNOCKS, Das Alte Testament,
S. 111–122.
5 Ebd., S. 121.
6 STOBBE, Gewalt und Krieg, S. 182.
7 SCHNOCKS, Das Alte Testament,
S. 109.
8 SCHENKER, Sühne, S. 335–338.
9 Ebd., S. 339.
10 Ebd., S. 340.
11 JEREMIAS, Theologie, S. 291.
12 Ebd., S. 295.
13 JANOWSKI, Ein Gott, S. 279.
14 MIGGELBRINK, Zorn Gottes, S. 199–
202.
15 JANOWSKI, Ein Gott, S. 173.
16 Ebd., S. 116.
17 OBERLIES, Gebet / Fluch, S. 444 f.
18 SPEYER, Fluch (C. Christlich),
Sp. 1285.
19 Ebd., Sp. 1278.
20 Traditio Apostolica 1, 3; FC 1, S. 99[10].
21 FORST, Toleranz im Konflikt, S. 65.
22 Ebd., S. 61.
23 Ebd.
24 LUZ, Evangelium nach Matthäus.
Bd. I/1, S. 541.
25 DERS., Evangelium nach Matthäus.
Bd. I/3, S. 19.
26 DERS., Evangelium nach Matthäus.
Bd. I/2, S. 489.
27 EBNER, Jesus von Nazareth, S. 260.

28 LUZ, Evangelium nach Matthäus.
Bd. I/1, S. 528.
29 SLOTERDIJK, Gottes Eifer, S. 40.
30 WEBER, Wirtschaft und Gesellschaft,
S. 402.
31 Ebd.
32 MUNZEL-EVERLING, Eid, Sp. 1249.
33 PRODI, Sakrament der Herrschaft,
S. 49.
34 LUZ, Evangelium nach Matthäus.
Bd. I/1, S. 372 f.
35 SCHREY, Eid, S. 392.
36 PRODI, Sakrament der Herrschaft,
S. 94.
37 LANDAU, Eid, S. 382.
38 PRODI, Sakrament der Herrschaft,
S. 50.
39 Decretum Gratiani, pars II, c. XXII,
qu. I, c. XXVII; ed. v. FRIEDBERG,
(CIC(L)I.), Sp. 866.
40 LANDAU, Eid, S. 386.
41 TOMUSCHAT, Universalisierung der
Menschenrechte, S. 177.
42 VAN ESS, Dschihad gestern, S. 6.
43 BRENNECKE, Kriegsdienst, S. 181.
44 SCORNAIENCHI, Jesus als Polemiker,
S. 392.
45 BRENNECKE, Kriegsdienst, S. 180.
46 DIETRICH – MAYORDOMO, Gewalt und
Gewaltüberwindung, S. 94.
47 HENGEL, War Jesus, S. 11.
48 HENGEL – SCHWEMER, Jesus und das
Judentum, S. 47.
49 Ebd., S. 61.
50 HENGEL, War Jesus, S. 17.
51 DIETRICH – MAYORDOMO, Gewalt und
Gewaltüberwindung, S. 171.

52 Bonizo von Sutri, Liber ad amicum VIIII; MGH.LL 1, S. 619[1].

53 Beispiele bietet: BABEROWSKI, Räume der Gewalt.

54 WOLFFSOHN, Kann eine Bombe Mensch sein?, S. 8.

55 SPEYER, Frühes Christentum, S. 104.

56 Ebd., S. 105.

57 Ebd., S. 106.

58 Ebd., S. 112.

59 Ebd.

60 HADOT, Philosophie.

61 JOAS, Sakralität der Person, S. 63.

62 BLICKLE, Von der Leibeigenschaft, S. 211–227, S. 259–278.

63 BURKERT, Kulte des Altertums, S. 153.

64 MARKSCHIES, Innerer Mensch (B. Christlich), Sp. 281.

65 CROUZEL, Bild, S. 499.

66 MARKSCHIES, Innerer Mensch (B. Christlich), Sp. 288.

67 Ebd., Sp. 289.

68 Ebd., Sp. 305.

69 SCHÜTTE, Atheismus, Sp. 595.

70 Ebd., Sp. 596.

71 Ebd., Sp. 595.

72 WLOSOK, Religions- und Gottesbegriff, S. 18.

73 Ebd., S. 21.

74 Ebd., S. 22.

75 STROUMSA, Ende des Opferkults, S. 139.

76 WLOSOK, Christliche Apologetik, S. 145.

77 VEYNE, Griechisch-römische Religion, S. 60.

78 Tertullian, Apologetikum 24, 6; ed. v. GEORGES, S. 189[17] / 188[12].

79 Laktanz, Auszug aus den göttlichen Unterweisungen 49; BKV[2] 36, S. 188[5].

80 GIRARDET, Libertas religionis, S. 226.

81 FÜRST, Christliche Friedensethik, S. 19.

82 PETERS, Vorbehalt, Sp. 880 f.

83 LUZ, Evangelium nach Matthäus. Bd. I/1, S. 406.

84 SPEYER, Gottesfeind (B. Nichtchristlich), Sp. 1017.

85 DERS., Frühes Christentum, S. 62.

86 DERS., Gottesfeind (B. Nichtchristlich), Sp. 1022.

87 DERS., Gottesfeind (C. Christlich), Sp. 1037.

88 Ebd., Sp. 1041.

89 BERGER, Kommentar, S. 430.

90 DERS., Theologiegeschichte, S. 649.

91 LUZ, Evangelium nach Matthäus. Bd. I/1, S. 347.

92 EBNER, Endgericht, S. 20 f.

93 Ebd., S. 22.

94 Ebd., S. 33.

95 BIELEFELDT, Muslime, S. 25.

96 Laktanz, Von den Todesarten der Verfolger 52; BKV[2] 36, S. 63[7].

97 Laktanz, Von den Todesarten der Verfolger 1; BKV[2] 36, S. 200[25].

98 Laktanz, Auszug aus den göttlichen Unterweisungen 48; BKV[2] 36, S. 186[11].

99 Laktanz, Vom Zorne Gottes 20; BKV[2] 36, S. 117[28].

100 Laktanz, Divinarium institutionum libri septem V, 20; ed. v. HECK – WLOSOK, S. 516[12].

101 FORST, Toleranz im Konflikt, S. 63.

102 FÀBREGA, Lactantius (A. Leben und Werk), Sp. 801.

103 SPEYER, Religionen, S. 153.

104 Laktanz, Von den Todesarten der Verfolger 1; BKV[2] 36, S. 4[27].

105 FÀBREGA, Lactantius (A. Leben und Werk), Sp. 802.

106 Decretum Gratiani, pars II, c. XXIII, qu. IV, c. XXVI; ed. v. FRIEDBERG, (CIC(L)I.), Sp. 911.

107 LECLER, Geschichte der Religionsfreiheit. Bd. 2, S. 350.

108 LOHFINK, Im Ringen, S. 14.

109 THEIßEN, Erleben und Verhalten, S. 428.

110 BERGER, Theologiegeschichte, S. 35.

111 Ebd., S. 492.

112 THEIßEN, Erleben und Verhalten, S. 431.

113 BERGER, Theologiegeschichte, S. 67.
114 MUNDLE, Furcht, Sp. 680.
115 BERGER, Theologiegeschichte, S. 35.
116 THEOBALD, Tod und Trauer, S. 90–117.
117 VORGRIMLER, Hölle, S. 23.
118 THEOBALD, Tod und Trauer, S. 187.
119 GOETZ, Gott, S. 111.
120 VON BALTHASAR, Diskurs über die Hölle, S. 7, S. 22, S. 23.
121 GRESHAKE, Himmel – Hölle – Fegefeuer, S. 94.
122 GNILKA, Jesus von Nazaret, S. 107.
123 Ebd.
124 Hannah Arendt, Vita activa oder Vom tätigen Leben, S. 304, S. 308[28].
125 RICŒUR, Gedächtnis, S. 755.
126 Ebd., S. 759.
127 SLOTERDIJK, Zorn und Zeit, S. 53.
128 Ebd.
129 Ebd.
130 LUZ, Evangelium nach Matthäus. Bd. I/3, S. 61–64.
131 BREUNING, Apokatastasis, Sp. 822.
132 Ebd., Sp. 821.
133 BROX, Gerechtigkeit, S. 11.
134 DERS., Frühchristentum, S. 392.
135 KRETZENBACHER, Versöhnung im Jenseits, S. 5–79.
136 Origenes, De principiis I, 6,3; hg. v. GÖRGEMANNS – KARPP, S. 226[1] / 227[1].
137 Origenes, De principiis II, 10,4; hg. v. GÖRGEMANNS – KARPP, S. 4283 / 4294.
138 DALEY, Eschatologie, S. 193–207.
139 BREUNING, Apokatastasis, Sp. 823.
140 Augustinus, Enarrationes in psalmos II,7 (CChr.SL 38), S. 603[12]; ebd. LVIII,1,13 (CChr.SL 39), S. 739; ebd. CII,26 (CChr.SL 40), S. 1472; ebd. CXVIII,23,3, S. 1742; DERS., Sermones de vetere testamento 19, 20 (CChr.SL 41), S. 252[30], S. 263[54]; ANGENENDT, Deus, qui nullum peccatum.
141 Augustinus, De civitate Dei XXI, 10; ed. v. THIMME 2, S. 702[13].
142 HEINZ, Dies irae, Sp. 219.
143 GOETZ, Gott, S. 131.
144 DINZELBACHER, Angst im Mittelalter, S. 137–165.
145 SCORNAIENCHI, Jesus als Polemiker, S. 411.
146 Ebd., S. 406.
147 Ebd., S. 387.
148 Ebd., S. 393.
149 LUZ, Feindesliebe, S. 145.
150 DE VOS, Schriftgelehrte und Pharisäer, S. 123.
151 GRUBER, Verbale Gewalt, S. 67.
152 Ebd., S. 68.
153 HORN, Götzendiener, S. 229 f.
154 HÄFNER, Polemik in den Pastoralbriefen, S. 302.
155 DIETRICH – MAYORDOMO, Gewalt und Gewaltüberwindung, S. 101.
156 LICHTENBERGER, To see ourselves, S. 34.
157 FÖRSTER, Kultische Reinheit, S. 104.
158 EBNER, Endgericht, S. 25.
159 CHADWICK, Gewissen, Sp. 1066.
160 THEIßEN, Erleben und Verhalten, S. 484.
161 SCHREINER, Tolerantia, S. 336–339; GRUNDMANN, Oportet et haereses, S. 345 f.
162 FORST, Toleranz im Konflikt, S. 55.
163 STOELLGER, Was dazwischenredet, S. 290.
164 SPEYER, Gottesfeind (C. Christlich), Sp. 1040 f.
165 Ebd., Sp. 1040.
166 SÖDING, Diesseits und Jenseits, S. 102.
167 ZANDER, Europäische Religionsgeschichte, S. 351.
168 SCHNELLE, Formierung des Urchristentums, S. 184.
169 LOHSE, Paulus, S. 220 f.
170 HUNZINGER, Bann, S. 165.
171 SÖDING, Diesseits und Jenseits, S. 115.
172 SPEYER, Toleranz und Intoleranz, S. 103.
173 WOHLMUTH, Jom Kippur, S. 59.
174 Ebd., S. 60.
175 GERHARDS – RICHTER, Opfer; LIMBECK, Abschied.
176 SLOTERDIJK, Gottes Eifer, S. 50.
177 Lauster, Die Verzauberung der Welt, S. 14.

178 VEYNE, Als unsere Welt christlich wurde, S. 57.
179 HAHN, Ausgemerzt werden muss der Irrglaube, S. 210.
180 VEYNE, Als unsere Welt christlich wurde, S. 71.
181 DASSMANN, Ambrosius und Symmachus.
182 Symmachus, Relatio III, 4; ed. v. KLEIN, S. 100[16] / 101[29].
183 Ambrosius von Mailand, Brief 17, 3; ed. v. KLEIN, S. 117 f.; BROWN, Schatz im Himmel, S. 177.
184 Ambrosius von Mailand, Brief 17, 9–10; ed. v. KLEIN, S. 123.
185 Ambrosius von Mailand, Brief 18, 7; ed. v. KLEIN, S. 132[22] / 133[30].
186 Ambrosius von Mailand, Brief 18, 7; ed. v. KLEIN, S. 134[16] / 135[33].
187 Augustinus, Brief an Vincentius III, 10; BKV[2] 29, S. 343[4].
188 STROUMSA, Ende des Opferkults, S. 121.
189 HAHN, Ausgemerzt werden muss der Irrglaube, S. 212 f.
190 PROCOPÉ, Haß (C. Jüdisch), Sp. 712 f.
191 BROX, Häresie (B. Christlich), Sp. 259.
192 DIETRICH – MAYORDOMO, Gewalt und Gewaltüberwindung, S. 49.
193 HAHN, Gewalt, S. 273.
194 DEMANDT, Die Spätantike. Römische Geschichte von Diocletian bis Justinian 284–565 n. Chr. (Handbuch der Altertumswissenschaft III. Abt., 6), München 1989, S. 114.
195 THEOBALD, Eucharistie als Quelle, S. 24–62.
196 DÜRIG, Dignitas, Sp. 1030.
197 SPEYER, Das wahre Porträt, S. 401.
198 PRÖPPER, Anthropologie I, S. 213.
199 HUBER, Menschenrechte, S. 578.
200 JANOWSKI, Ein Gott, S. 179.
201 HEINZ, Das Gebet.
202 Justinus, Dialog mit dem Juden Tryphon 35, 8; BKV 33, S. 53[26].
203 Justinus, Dialog mit dem Juden Tryphon 96, 3; BKV 33, S. 158[19].
204 Justinus, Dialog mit dem Juden Tryphon 133, 6; BKV 33, S. 218[19].
205 Tertullian, Über das Gebet 29, 2; FC 76, S. 276[28].
206 Constitutiones Apostolorum VIII, 10,16; ed. v. FUNK, S. 490[26] / 491[23].
207 Augustinus, Die Gabe der Beharrlichkeit 23, 63; ed. v. ZUMKELLER, S. 431[34].
208 Ambrosius von Mailand, Über die Pflichten II, 30; BKV 32,3, S. 202[13].
209 Ambrosius von Mailand, Über die Pflichten II, 16,77; BKV 32,3, S. 169[22].
210 BÄRSCH, Pax Domini, S. 67.
211 HEINZ, Das Gebet, S. 141.
212 SPEYER, Toleranz und Intoleranz, S. 119.
213 FONTAINE, Priszillian, S. 453.
214 Augustinus, Contra litteras Petiliana 1, 31; ed. v. PETSCHENIG, S. 23[7].
215 SPEYER, Fluch (C. Christlich), Sp. 1279.
216 Isaak von Antiochien, Gedicht über die Buße; BKV[2] 6, S. 169[17].
217 Seneca, Über den Zorn I, I,1; ed. v. ROSENBACH, S. 96[6].
218 Seneca, Über den Zorn III, XLIII,5; ed. v. ROSENBACH, S. 311[6].
219 Seneca, Über die Wohltaten I, I,9; ed. v. ROSENBACH, S. 101[27].
220 Seneca, Über die Milde, Proömium I, 3; ed. v. ROSENBACH, S. 5[20].
221 Seneca, Über die Wohltaten I, I,9; ed. v. ROSENBACH, S. 101[20].
222 Seneca, Ad Lucilium, Ep. 73; übers. v. APELT, S. 292[22].
223 WILDBERGER, Seneca, S. 271.
224 DEMANDT, Marc Aurel, München 2018, S. 109, S. 113–118.
225 Ebd., S. 115.
226 Ebd., S. 116.
227 Ebd., S. 118.
228 Ebd., S. 115.
229 Ebd., S. 5.
230 Marc Aurel, Selbstbetrachtungen, I, 2, übers. von WILHELM CAPELLE, Stuttgart 1973, S. 1.

231 Marc Aurel, Selbstbetrachtungen, I, 3, übers. von WILHELM CAPELLE, Stuttgart 1973, S. 1.

232 Marc Aurel, Selbstbetrachtungen, I, 14, übers. von WILHELM CAPELLE, Stuttgart 1973, S. 5.

233 Marc Aurel, Selbstbetrachtungen, I, 14, übers. von WILHELM CAPELLE, Stuttgart 1973, S. 5.

234 Marc Aurel, Selbstbetrachtungen, I, 14, übers. von WILHELM CAPELLE, Stuttgart 1973, S. 5.

235 Marcus Aurelius, in: RAC 24 (2012), Sp. 89–99, Sp. 96.

236 Marc Aurel, Selbstbetrachtungen IV, 12; übers. v. CAPELLE, S. 36[21].

237 Marc Aurel, Selbstbetrachtungen VI, 50; übers. v. CAPELLE, S. 82[6].

238 Marc Aurel, Selbstbetrachtungen IX, 42; übers. v. CAPELLE, S. 135[16].

239 Marc Aurel, Selbstbetrachtungen X, 2; übers. v. CAPELLE, S. 138[3].

240 SÄNGER, Polemik im Galaterbrief, S. 172.

241 Irenäus von Lyon, Adv. Haereses IV 40, 2; übers. v. BROX; FC 8/4, S. 353.

242 Ebd.

243 Tertullian, De praescriptione haereticorum 31, 1; FC 42, S. 293[16].

244 Tertullian, De praescriptione haereticorum 31, 3; FC 42, S. 293[24].

245 Tertullian, De praescriptione haereticorum 31, 4; FC 42, S. 293[27].

246 Cyprian, Brief 55, 3; BKV 60, S. 168[7].

247 Cyprian, Brief 55,25; BKV 60, S. 190[31].

248 Origenes, 21,1 Homilie zum Buch Josua; ed. v. ELßNER – HEITHER, S. 105[24].

249 Origenes, Römerbrief-Kommentar 6,4: Römer 6,20–22; ed. v. HEITHER, S. 223[24].

250 Johannes Chrysostomus, Matthäus-Kommentar, 46. Homilie; BKV[2] 26, S. 44[16].

251 Johannes Chrysostomus, Matthäus-Kommentar, 46. Homilie; BKV[2] 26, S. 44[28].

252 Iustinian, Corpus Iuris Civilis III, Novelle 77; hg. v. SCHOELL – KROLL, S. 382[5].

253 MEIER, Zeitalter Justinians, S. 591–599, hier: S. 597.

254 BECK, Actus fidei, S. 55.

255 Ebd., S. 54.

256 Ebd., S. 48.

257 BROX, Häresie (B. Christlich), Sp. 282.

258 Ebd.

259 Ebd.

260 NOETHLICHS, Krieg, Sp. 64.

261 BECK, Actus fidei, S. 16.

262 Ebd., S. 35.

263 Ebd., S. 20.

264 Ebd., S. 21.

265 Ebd.

266 Ebd., S. 27.

267 FEARS, Gottesgnadentum, Sp. 1147.

268 Ebd., Sp. 1146 f.

269 ULLMANN, Gelasius I., S. 85.

270 Leo der Große, Epistola 134 (PL 54), Sp. 1094B; vgl. ebd. 154, Sp. 1124C; 111,3, Sp. 1022C; 155,2, Sp. 1126C; 156,6, Sp. 1131C.

271 STOCKMEIER, Leo I., S. 146.

272 ULLMANN, Gelasius I., S. 3.

273 Ebd.

274 CLAUSS, Athanasius, S. 61.

275 Ebd., S. 74.

276 Ebd., S. 81.

277 Ebd., S. 83.

278 Ebd., S. 121.

279 Ebd., S. 110.

280 Ebd., S. 111.

281 Ebd.

282 BECK, Actus fidei, S. 26.

283 FORST, Toleranz im Konflikt, S. 78.

284 Augustinus, Brief an Vitalis III, 8; BKV[2] 30, S. 290[18].

285 Augustinus, Brief an Vitalis III, 11; BKV[2] 30, S. 292[17].

286 Augustinus, Brief an Vitalis IV, 16; BKV[2] 30, S. 297[18].

287 Augustinus, Brief an Vincentius II, 4; BKV[2] 29, S. 338[2].

288 Augustinus, Brief an Vincentius IX, 34; BKV[2] 29, S. 367[19].

289 Augustinus, Brief an Vincentius IX, 33; BKV² 29, S. 366[16].
290 Augustinus, Brief an Maximinus 6; BKV² 29, S. 59[21].
291 Eine überreiche Belegsammlung findet sich bei: LETTIERI, Tollerare o sradicar, S. 90–110.
292 Augustinus, Contra epistulam Parmeniani III, 2,13; CSEL 51; 7,1, S. 115[4].
293 Augustinus, Vom Gottesstaat I, 9; übers. v. THIMME – ANDRESEN, S. 18[1].
294 Augustinus, Vom Gottesstaat XVI, 2; übers. v. THIMME – ANDRESEN, S 279[28].
295 Augustinus, Brief an Maximinus 6; BKV² 29, S. 60[12].
296 Augustinus, Contra epistulam Parmeniani III, 2,13; CSEL 51; 7,1, S. 115[9].
297 Augustinus, Brief an alle Donatisten 2; BKV² 29, S. 276[12].
298 Augustinus, Brief an alle Donatisten 2; BKV² 29, S. 276[14].
299 Augustinus, Brief an Vincentius I, 3; BKV² 29, S. 336[29].
300 MAIER, Compelle intrare, S. 58.
301 Augustinus, Brief an Vincentius II, 10; BKV² 29, S. 342[36].
302 Augustinus, Brief an Maximinus 7; BKV² 29, S. 60[33].
303 BROX, Häresie (B. Christlich), Sp. 281.
304 Augustinus, 1. Brief an Macedonius IV, 10; BKV² 30, S. 87[28].
305 STOBBE, Gewalt und Krieg, S. 207; siehe auch: FÜRST, Christliche Friedensethik, S. 28 f.
306 NOETHLICHS, Krieg, Sp. 53.
307 Ebd.
308 Ebd., Sp. 55.
309 Ebd., Sp. 54.
310 CLAUSS, Heerwesen, Sp. 1096.
311 FÜRST, Origenes, Sp. 560 f.
312 CLAUSS, Heerwesen, Sp. 1098.
313 Ebd., Sp. 1105.
314 ERDMANN, Entstehung des Kreuzzugsgedankens, S. 3.
315 FÜRST, Christliche Friedensethik, S. 19.
316 Ebd., S. 21.
317 Ebd., S. 28.
318 Ebd., S. 35.
319 Ebd., S. 29.
320 Ebd., S. 31.
321 NOETHLICHS, Krieg, Sp. 59.
322 Ebd.
323 Augustinus, Contra Faustum 22, 75; CSEL 25; 6,1, S. 673[24].
324 GEERLINGS, Friedensgedanke, S. 64–66; FÜRST, Christliche Friedensethik, S. 28 f.
325 WEISSENBERG, Friedenslehre des Augustinus, S. 512.
326 Ebd., S. 519.
327 Ebd.
328 Ebd., S. 521.
329 Ebd.
330 BRENNECKE, Kriegsdienst, S. 181.
331 SLOTERDIJK, Gottes Eifer, S. 91.
332 LUZ, Feindesliebe, S. 142.

III. Das Mittelalter

1 LUHMANN, Religion der Gesellschaft, S. 276.
2 Immanuel Kant, Vorlesung zur Moralphilosophie. Philosophiae practicae universalis Cap. II, 80, 103; hg. v. STARK – KUHN, S. 83[13].
3 GERHARDT, Der Sinn, S. 307.
4 ANGENENDT, Mission im Frühmittelalter; sowie: ANGENENDT, Entwicklungslinien der Mission.
5 NOETHLICHS, Heidenverfolgung (A. Begriff), Sp. 1150.
6 DERS., Heidenverfolgung (C. Chronologischer Teil), Sp. 1156.

7 Beda, The ecclestical history of the english people III, 29; übers. v. COLGRAVE – MYNORS, S. 320.

8 Zacharias, Brief an Bonifatius, 60; FSGA IVb, S. 174[17]/ 175[17].

9 Vgl.: Willibald, Vita Bonifatii 8; FSGA IVb, S. 510 f.

10 LEBECQ, Vulfran, S. 429–451.

11 HARTMANN, Heidenkrieg, S. 171.

12 Willibald, Vita Bonifatii 8; FSGA IVb, S. 518[6]/ 519[7].

13 SCHUBERT, Die Capitulatio, S. 11.

14 KÖRNTGEN, Heidenkrieg, S. 283.

15 WEIKMANN, Hoheitliche Strafbestimmungen, S. 169.

16 Ebd., S. 162.

17 VON PADBERG, Zwangsbekehrung, S. 586–589.

18 LOHFINK, Im Ringen, S. 26.

19 ERDMANN, Entstehung des Kreuzzugsgedankens, S. 9.

20 Thomas von Celano, Zweite Lebensbeschreibung II, 30; übers. v. GRAU, S. 250[20].

21 Franziskus von Assisi, Nicht bullierte Regel 22; hg. v. HARDICK – GRAU, S. 198[2].

22 LUHMANN, Religion der Gesellschaft, S. 257.

23 ANGENENDT, Cartam offerre, S. 133–158.

24 Siehe dazu den Sammelband: SCHIEFFER, Schriftkultur und Reichsverwaltung.

25 LUHMANN, Religion der Gesellschaft, S. 259.

26 Ebd., S. 263.

27 FRIED, Anfänge der Deutschen, S. 899.

28 EGGERS, Deutsche Sprachgeschichte, S. 197.

29 Ebd., S. 49.

30 Ebd., S. 51.

31 Ebd., S. 276.

32 RAGG, Ketzer und Recht, S. 39.

33 BRENNECKE, Priscilian, Sp. 219.

34 GIRARDET, Ketzer und das Recht, S. 50.

35 MÜLLER, Ketzer und Kirche, S. 104.

36 Hrabanus Maurus, Expositio in Matthaeum III, 13,30; CChr.CM 174, S. 390[32].

37 Hrabanus Maurus, Expositio in Matthaeum III, 13,30; CChr.CM 174, S. 390[44].

38 Hrabanus Maurus, Expositio in Matthaeum III, 13,28; CChr.CM 174, S. 389[5].

39 RAGG, Ketzer und Recht, S. 32.

40 Ebd., S. 61.

41 Ebd., S. 50.

42 Ebd., S. 45.

43 FICHTENAU, Ketzer und Professoren, S. 35.

44 OBERSTE, Ketzerei und Inquisition, S. 33.

45 RAGG, Ketzer und Recht, S. 163.

46 FICHTENAU, Ketzer und Professoren, S. 103.

47 BECK, Actus fidei, S. 61.

48 Ebd.

49 GOETZ, Recht und Gerechtigkeit, S. 99.

50 FICHTENAU, Ketzer und Professoren, S. 64 f.

51 Bernhard von Clairvaux, Sermo 66, 12; hg. v. WINKLER, S. 386[24].

52 Vgl.: SAVIGNI, La parabola della zizzania, S. 222.

53 LUTTERBACH, Das Mittelalter, S. 162.

54 BERGER, Theologiegeschichte, S. 80.

55 Ebd., S. 81.

56 Ebd.

57 Ebd., S. 258.

58 WECKWERTH, Reinheit (C. Christlich), Sp. 896–914. An dieser Stelle fehlen die wichtigen Beiträge von Hubertus Lutterbach.

59 ANGENENDT, Reinigung Jerusalems, S. 325–337.

60 SCHUMACHER, Sündenschmutz.

61 SCHIEFFER, Entstehung von Domkapiteln, S. 232.

62 LAUWERS, Les femmes.

63 LUTTERBACH, Sexualität im Mittelalter, S. 80–96.

64 FRANZ, Die kirchlichen Benediktionen, S. 186–245.

65 Karl der Große, Admonitio Generalis
17; MGH. Cap. 1, S. 55[20]: *non oppor-
teat mulieres ad altare ingredi.*

66 GROß, Menschenhand.

67 Zweites Laterankonzil, 7; hg. v.
WOHLMUTH (Bd. 2), S. 198[9].

68 PRICE, Zölibat, S. 722.

69 FRANZEN, Die Visitationsprotokolle,
S. 117–126.

70 HUIZINGA, Herbst des Mittelalters,
S. 277.

71 HEHL, Heiliger Krieg, S. 333.

72 Ebd., S. 335.

73 SCHREINER, Alttestamentliche Kriegs-
helden, S. 391–417; SCHWIENHORST-
SCHÖNBERGER, Makkabäer-Syndrom,
S. 148–189.

74 SCHNOCKS, Das Alte Testament,
S. 109.

75 SCHREINER, Alttestamentliche Kriegshelden, S. 395.

76 ANGENENDT, Reinigung Jerusalems,
S. 325–337.

77 SCHNOCKS, Das Alte Testament, S. 121.

78 Innozenz III., Brief I/407; ed. v.
HAGENEDER – HAIDACHER, S. 609[33].

79 LINDER, Raising Arms, S. 37–41, hier:
S. 41.

80 GILCHRIST, The Papacy and War,
S. 193.

81 Ebd., S. 178.

82 Ebd., S. 179.

83 Ebd., S. 188.

84 Ebd., S. 189.

85 ANGENENDT, Reinigung Jerusalems,
S. 344 f.

86 FLAHIFF, Deus non vult, S. 162–188.

87 Walter Map, De nugis curialium,
Distinctio I, cap. 25; ed. v. JAMES,
S. 98[2]: „Cum ergo non liceat ethnicis
inferre violenciam, vel eciam ad
fidem cogere, quomodo quos Deus
suscipit spernendi sunt et spoli-
andi?"

88 Radulfus Niger, De re militari et trio-
lici via peregrinationis ierosolimitane III, 90; ed. v. SCHMUGGE, S. 196.

89 Radulfus Niger, De re militari et triplici via peregrinationis ierosolimitane III, 87; ed. v. SCHMUGGE, S. 194 f.

90 Radulfus Niger, De re militari et triplici via peregrinationis ierosolimitane III, 91; ed. v. SCHMUGGE, S. 197[1]:
*Et forte non est satisfactio congrua
cuiuscumque sanguinis effusio.*

91 Wolfram von Eschenbach, Willehalm VI, 306; hg. v. HEINZLE, S. 520[28].

92 HEINZLE, Kommentar, S. 800 f.

93 BUMKE, Wolfram von Eschenbach,
Sp. 1403.

94 DOSKOZIL, Exkommunikation (I. Allgemeines), Sp. 1.

95 SCHREINER, Mönchsein in der Adelsgesellschaft, S. 17.

96 Thangmar, Vita Sancti Bernwardi,
Prologus; FSGA XXII, S. 273[23].

97 Thangmar, Vita Sancti Bernwardi,
c. 7; FSGA XXII, S. 285[39].

98 Thangmar, Vita Sancti Bernwardi,
c. 13; FSGA XXII, S. 297[18].

99 Thangmar, Vita Sancti Bernwardi,
c. 17; FSGA XXII, S. 303[28].

100 Thangmar, Vita Sancti Bernwardi,
c. 17; FSGA XXII, S. 303[40].

101 Lampert von Hersfeld, Annalen, Von
der Bestrafung Widerads von Fulda;
ed. v. SCHMIDT – FRITZ, S. 79[8].

102 Lampert von Hersfeld, Annalen, Von
der Bestrafung Widerads von Fulda;
ed. v. SCHMIDT – FRITZ, S. 79[30].

103 JASER, Ecclesia maledicens, S. 25.

104 BROWN, Gesellschaft, S. 78.

105 JASER, Ecclesia maledicens, S. 25.

106 Ebd., S. 21.

107 Ebd., S. 25 f.

108 Ebd., S. 59 f.

109 Ebd., S. 61.

110 Ebd., S. 61.

111 Ebd., S. 51–53.

112 Ebd., S. 43.

113 Ebd.

114 Regino von Prüm, De synodalibus
causis II, 416; ed. v. Wasserschleben,
Reginonis, S. 374 f.
115 Angenendt, Offertorium, S. 239 f.
116 Jaser, Ecclesia maledicens, S. 252.
117 Pontificale Romano-Germanicum
LXXXV, 3; ed. v. Vogel – Elze,
S. 310²³; siehe ebenso: Pontificale
Romano-Germanicum XC. Excommunicatio Leonis papae; ed. v.
Vogel – Elze, S. 315–317; sowie:
Jaser, Ecclesia maledicens, S. 262.
118 Jaser, Ecclesia maledicens, S. 225.
119 Pontificale Romano-Germanicum
LXXXIX. Excommunicatio brevis;
ed. v. Vogel – Elze, S. 314¹⁸.
120 Jaser, Ecclesia maledicens, S. 525 f.
121 Sloterdijk, Zorn und Zeit, S. 152 f.
122 Jaser, Ecclesia maledicens, S. 261.
123 Angenendt, Offertorium, S. 236 f.
124 Jaser, Ecclesia maledicens, S. 301.
125 Ebd., S. 300.
126 Ebd., S. 288.
127 Ebd., S. 529.
128 Ebd., S. 526.
129 Ebd.
130 Ebd., S. 133–136, S. 290–298.
131 Althoff, Selig sind, S. 165–173.
132 Ebd., S. 50 f.
133 Wenrich von Trier, Epistola an Papst
Hildebrand 7; FSGA 12b, S. 110² /
111³.
134 Lutterbach, Verbote des Waffentragens, S. 149–166.
135 Erdmann, Entstehung des Kreuzzugsgedankens, S. 51.
136 Ebd., S. 55.
137 Ebd., S. 56, S. 67.
138 Ebd., S. 51.
139 Ebd., S. 197.
140 Ebd., S. 202.
141 Erdmann, Entstehung des Kreuzzugsgedankens, S. 206.
142 Ebd.
143 Auf diese Stelle hat schon Voltaire
hingewiesen; in seiner Tragödie
›Saul‹ wird König Agag auf offener

Bühne mit dem Beil zerhackt
(Detemple, Voltaire, S. 148 f.).
144 Althoff, Selig sind, S. 50.
145 Ebd., S. 43–53.
146 Ebd., S. 50.
147 Ebd., S. 51.
148 Ebd., S. 173.
149 Bertholdchronik (Zweite Fassung);
FSGA 14, S. 83¹³.
150 Bruno, Der Sachsenkrieg 70; FSGA
12, S. 289¹.
151 Althoff, Selig sind, S. 51.
152 Brief Heinrichs Nr. 107; FSGA 12a,
S. 337³⁵.
153 Althoff, Selig sind, S. 75–92.
154 Bonizo von Sutri, Liber ad amicum
IX; MGH.LL 1, S. 618⁸.
155 Bonizo von Sutri, Liber ad amicum
IX; MGH.LL 1, S. 620⁶.
156 Bonizo von Sutri, Liber ad amicum I;
MGH.LL 1, S. 572¹⁴.
157 Althoff, Selig sind, S. 77 f.
158 Ebd., S. 91 f.
159 Vgl.: Jaser, Ecclesia maledicens,
S. 270.
160 Ebd., S. 271–272.
161 Prodi, Sakrament der Herrschaft,
S. 111.
162 Bruno, Der Sachsenkrieg 70; FSGA
12, S. 289¹⁸.
163 Prodi, Sakrament der Herrschaft,
S. 119.
164 Althoff, Selig sind, S. 68.
165 Ebd., S. 171.
166 Ebd., S. 60.
167 Vgl.: Petrus Damiani, Liber
Gomorrhianus, Brief Nr. 31; MGH.B.
4,1, S. 300–302.
168 Erdmann, Entstehung des Kreuzzugsgedankens, S. 131.
169 Petrus Damiani, Brief an Papst
Alexander II (Nr. 164); MGH.B 4,4,
S. 167 f.
170 Petrus Damiani, Brief Nr. 40;
MGH.B. 4,1, S. 497²⁰.
171 Petrus Damiani, Brief Nr. 40;
MGH.B. 4,1, S. 497¹⁸.

172 Bruno, Der Sachsenkrieg 70;
FSGA 12, S. 289[29].

173 ALTHOFF, Selig sind, S. 187 f.

174 WORSTBROCK, Anselm, Sp. 392 f.

175 Anselm von Lüttich, Anselmi gesta
episcoporum Leodiensium 63;
MGH.SS 7, S. 227[22].

176 Anselm von Lüttich, Anselmi gesta
episcoporum Leodiensium 63;
MGH.SS 7, S. 227[39].

177 Anselm von Lüttich, Anselmi gesta
episcoporum Leodiensium 63;
MGH.SS 7, S. 227[49].

178 Anselm von Lüttich, Anselmi gesta
episcoporum Leodiensium 63;
MGH.SS 7, S. 228[8].

179 Anselm von Lüttich, Anselmi gesta
episcoporum Leodiensium 63;
MGH.SS 7, S. 228[4].

180 Sigebert von Gembloux, Leodicensium Epistola adversus Paschalem
Papam 6; MGH.LL 2, S. 457[31].

181 Liber de unitate ecclesiae conservanda I, 5; FSGA 12b, S. 292[34] / 293[36].

182 Liber de unitate ecclesiae conservanda I, 8; FSGA 12b, S. 308[19] / 309[22].

183 Liber de unitate ecclesiae conservanda II, 17; FSGA 12b, S. 438[21] /
439[22].

184 DUGGAN, Johannes von Salisbury,
S. 153–155.

185 Johannes von Salisbury, Policraticus
VIII, 23; ed. v. WEBB, S. 404[24].

186 Johannes von Salisbury, Policraticus
VIII, 23; ed. v. WEBB, S. 405[3].

187 HAACKE, Gerhoch von Reichersberg,
Sp. 1245–1259.

188 CLASSEN, Gerhoch von Reichersberg,
S. 142.

189 Ebd., S. 236.

190 Gerhoch von Reichersberg, Epistola
ad Innocentium; MGH.LL 3, S. 233[43].

191 Gerhoch von Reichersberg, Epistola
ad Innocentium; MGH.LL 3, S. 235[4].

192 Gerhoch von Reichersberg, De
investigatione Antichristi liber I,40;
MGH.LL 3, S. 317[37].

193 Gerhoch von Reichersberg, Ex
commentario in psalmos. Commentarius in psalmum LXIV; MGH.LL 3,
S. 471[44].

194 Gerhoch von Reichersberg, Ex
commentario in psalmos. Commentarius in psalmum LXIV; MGH.LL 3,
S. 486[32].

195 Gerhoch von Reichersberg, Ex
commentario in psalmos. Commentarius in psalmum LXIV; MGH.LL 3,
S. 489[3].

196 Decretum Gratiani, pars II, c. XXIII,
qu. I; ed. v. FRIEDBERG, (CIC(L)I.),
Sp. 890.

197 Decretum Gratiani, pars II, c. XXIII,
qu. IV, c. I; ed. v. FRIEDBERG,
(CIC(L)I.), Sp. 899.

198 Decretum Gratiani, pars II, c. XXIII,
qu. IV, c. II; ed. v. FRIEDBERG,
(CIC(L)I.), Sp. 899.

199 Decretum Gratiani, pars II, c. XXIII,
qu. IV, c. XII; ed. v. FRIEDBERG,
(CIC(L)I.), Sp. 902 f.

200 Decretum Gratiani, pars II, c. XXIII,
qu. IV, c. XVI; ed. v. FRIEDBERG,
(CIC(L)I.), Sp. 903.

201 Decretum Gratiani, pars II, c. XXIII,
qu. IV, c. XXXV; ed. v. FRIEDBERG,
(CIC(L)I.), Sp. 915.

202 Decretum Gratiani, pars II, c. XXIII,
qu. IV, c. XV; ed. v. FRIEDBERG,
(CIC(L)I.), Sp. 903.

203 Decretum Gratiani, pars II, c. XXIII,
qu. IV, c. XXXVII; ed. v. FRIEDBERG,
(CIC(L)I.), Sp. 916.

204 Decretum Gratiani, pars II, c. XXIII,
qu. V, c. IV; ed. FRIEDBERG, (CIC(L)I.),
Sp. 930.

205 Decretum Gratiani, pars II, c. XXIII,
qu. IV, c. XXXVI; ed. FRIEDBERG,
(CIC(L)I.), Sp. 916.

206 Decretum Gratiani, pars II, c. XXIII,
qu. V, c. VIII; ed. FRIEDBERG,
(CIC(L)I.), Sp. 932; siehe auch:
Augustinus, De civitate dei I,17; ed. v.
THIMME I, S. 31[11].

207 Decretum Gratiani, pars II, c. XXIII, qu. V, c. XIII; ed. v. Friedberg, (CIC(L)I.), Sp. 935.

208 Decretum Gratiani, pars II, c. XXIII, qu. V, c. XXXI; ed. Friedberg, (CIC(L)I.), Sp. 939.

209 Decretum Gratiani, pars II, c. XXIII, qu. IV, c. XLII; ed. Friedberg, (CIC(L)I.), Sp. 922.

210 Decretum Gratiani, pars II, c. XXIII, qu. IV, c. XLI; ed. v. Friedberg, (CIC(L)I.), Sp. 922.

211 Decretum Gratiani, pars II, c. XXIII, qu. IV, c. L; ed. v. Friedberg, (CIC(L)I.), Sp. 926.

212 Decretum Gratiani, pars II, c. XXIII, qu. V, c. XLIII; ed. v. Friedberg, (CIC(L)I.), Sp. 943.

213 Decretum Gratiani, pars II, c. XXIII; ed. v. Friedberg, (CIC(L)I.), Sp. 889.

214 Decretum Gratiani, pars II, c. XXIII, qu. I; ed. v. Friedberg, (CIC(L)I.), Sp. 890.

215 Decretum Gratiani, pars II, c. XXIII, qu. I, c. I; ed. v. Friedberg, (CIC(L)I.), Sp. 890.

216 Decretum Gratiani, pars II, c. XXIII, qu. I, c. II; ed. v. Friedberg, (CIC(L)I.), Sp. 891.

217 Decretum Gratiani, pars II, c. XXIII, qu. III, c. V; ed. v. Friedberg, (CIC(L)I.), Sp. 893.

218 Decretum Gratiani, pars II, c. XXIII, qu. III, c. IV; ed. v. Friedberg, (CIC(L)I.), Sp. 893.

219 Decretum Gratiani, pars II, c. XXIII, qu. IV, c. I–IV; ed. v. Friedberg, (CIC(L)I.), Sp. 899 f.

220 Decretum Gratiani, pars II, c. XXIII, qu. IV, c. XI; ed. v. Friedberg, (CIC(L)I.), Sp. 902.

221 Decretum Gratiani, pars II, c. XXIII, qu. IV, c. XXII; ed. v. Friedberg, (CIC(L)I.), Sp. 903.

222 Decretum Gratiani, pars II, c. XXIII, qu. IV, c. XIV; ed. v. Friedberg, (CIC(L)I.), Sp. 903.

223 Decretum Gratiani, pars II, c. XXIII, qu. IV, c. XV; ed. v. Friedberg, (CIC(L)I.), Sp. 903.

224 Decretum Gratiani, pars II, c. XXIII, qu. IV, c. XVIII; ed. v. Friedberg, (CIC(L)I.), Sp. 905.

225 Decretum Gratiani, pars II, c. XXIII, qu. IV, c. XXIV; ed. v. Friedberg, (CIC(L)I.), Sp. 909.

226 Decretum Gratiani, pars II, c. XXIII, qu. IV; ed. v. Friedberg, (CIC(L)I.), Sp. 911.

227 Decretum Gratiani, pars II, c. XXVII, qu. IV, c. XXVI; ed. v. Friedberg, (CIC(L)I.), Sp. 911.

228 Decretum Gratiani, pars II, c. XXIII, qu. IV, c. XXX; ed. v. Friedberg, (CIC(L)I.), Sp. 913.

229 Decretum Gratiani, pars II, c. XXIII, qu. IV, c. XXXV; ed. v. Friedberg, (CIC(L)I.), Sp. 915.

230 Decretum Gratiani, pars II, c. XXIII, qu. IV, c. XXXVIII; ed. v. Friedberg, (CIC(L)I.), Sp. 917.

231 Decretum Gratiani, pars II, c. XXIII, qu. IV, c. XLII; ed. v. Friedberg, (CIC(L)I.), Sp. 922 f.

232 Decretum Gratiani, pars II, c. XXIII, qu. IV, c. XLII; ed. v. Friedberg, (CIC(L)I.), Sp. 923.

233 Decretum Gratiani, pars II, c. XXIII, qu. IV, c. XLIII; ed. v. Friedberg, (CIC(L)I.), Sp. 923.

234 Decretum Gratiani, pars II, c. XXIII, qu. IV, c. XLVIII; ed. v. Friedberg, (CIC(L)I.), Sp. 926.

235 Decretum Gratiani, pars II, c. XXIII, qu. IV, c. XLVIII; ed. v. Friedberg, (CIC(L)I.), Sp. 926.

236 Decretum Gratiani, pars II, c. XLVIII, qu. IV, c. L; ed. v. Friedberg, (CIC(L)I.), Sp. 925.

237 Decretum Gratiani, pars II, c. XXIII, qu. IV, c. XXXVI; ed. v. Friedberg, (CIC(L)I.), Sp. 916.

238 Decretum Gratiani, pars II, c. XXIII, qu. IV, c. LIV; ed. v. Friedberg, (CIC(L)I.), Sp. 928.

239 Decretum Gratiani, pars II, c. XXIII,
qu. V, c. XXVI; ed. v. Friedberg,
(CIC(L)I.), Sp. 938.

240 Decretum Gratiani, pars II, c. XXIII,
qu. V, c. XXIX; ed. v. Friedberg,
(CIC(L)I.), Sp. 939.

241 Decretum Gratiani, pars II, c. XXII,
qu. V, c. XXVIII; ed. v. Friedberg,
(CIC(L)I.), Sp. 938.

242 Decretum Gratiani, pars II, c. XXIII,
qu. V, c. XXXIV; ed. v. Friedberg,
(CIC(L)I.), Sp. 940.

243 Decretum Gratiani, pars II, c. XXIII,
qu. IV, c. 48; ed. v. Friedberg,
(CIC(L)I.), Sp. 925.

244 Decretum Gratiani, pars II, c. XXIII,
qu. V, c. XLIII; ed. v. Friedberg,
(CIC(L)I.), Sp. 943.

245 Decretum Gratiani, pars II, c. XXIII,
qu. V, c. XLIV; ed. v. Friedberg,
(CIC(L)I.), Sp. 943.

246 Decretum Gratiani, pars II, c. XXIII,
qu. V, c. XLV; ed. v. Friedberg,
(CIC(L)I.), Sp. 944.

247 Decretum Gratiani, pars II, c. XXIII,
qu. V, c. XLVI; ed. v. Friedberg,
(CIC(L)I.), Sp. 944.

248 Trusen, Verbot der Gottesurteile,
S. 236.

249 Ragg, Ketzer und Recht, S. 65.

250 Kéry, Gottesfurcht, S. 674.

251 Ragg, Ketzer und Recht, S. 66.

252 Kéry, Gottesfurcht, S. 339.

253 Ebd., S. 290 f.

254 Angenendt, Offertorium, S. 240–244.

255 Oberste, Krieg gegen Ketzer, S. 386.

256 Innocenz III., Brief 228 an den
Bischof von Verona; PL 214, Sp. 789[3].

257 Ragg, Ketzer und Recht, S. 139 f.

258 Peter Abaelard, Theologia Christiana
IV, 72; CChr.CM 12, S. 298[9].

259 Peter Abaelard, Theologia Christiana
IV, 72; CChr.CM 12, S. 298[12].

260 Peter Abaelard, Gespräch eines
Philosophen, eines Juden und eines
Christen; ed. v. Krautz, S. 233[23].

261 Forst, Toleranz im Konflikt, S. 97.

262 Assmann, Die mosaische Unterscheidung, S. 31.

263 Braun, Anselm von Havelberg,
Sp. 384–391.

264 Anselm von Havelberg, Anticimenon;
übers. v. Sieben.

265 Anselm von Havelberg, Anticimenon
I, 1; übers. v. Sieben, S. 48[26].

266 Anselm von Havelberg, Anticimenon
I, 10; übers. v. Sieben, S. 69[6].

267 Anselm von Havelberg, Anticimenon
III, 22; übers. v. Sieben, S. 187[19].

268 Ragg, Ketzer und Recht, S. 56–100.

269 Ebd., S. 56–100, S. 147.

270 Ebd., S. 151.

271 Thomas von Aquin, Summa theologica, Gerechtigkeit II-II qu. 76
art. 1,1; DThA 18, S. 331[14].

272 Thomas von Aquin, Summa theologica, Gerechtigkeit II-II qu. 76
art. 1,2; DThA 18, S. 331[18].

273 Thomas von Aquin, Summa theologica, Gerechtigkeit II-II qu. 76
art. 1,3; DThA 18, S. 332[6].

274 Thomas von Aquin, Summa theologica, Gerechtigkeit II-II qu. 76
art. 1,4; DThA 18, S. 332[15].

275 Thomas von Aquin, Summa theologica, Gerechtigkeit II-II qu. 76
art. 1,4; DThA 18, S. 332[12].

276 Thomas von Aquin, Summa theologica, Gerechtigkeit II-II qu. 76 art. 1
ad 5; DThA 18, S. 335[22].

277 Thomas von Aquin, Summa contra
gentiles III, 146; ed. v. Allgaier,
S. 311[36].

278 Thomas von Aquin, Summa contra
gentiles III, 146; ed. v. Allgaier,
S. 313[32].

279 Thomas von Aquin, Summa contra
gentiles III, 146; ed. v. Allgaier,
S. 313[7].

280 Thomas von Aquin, Summa contra
gentiles III, 146; ed. v. Allgaier,
S. 315[7].

281 Thomas von Aquin, Summa contra
gentiles III, 146; ed. v. Allgaier,
S. 315[16].

282 Thomas von Aquin, Summa contra gentiles III, 146; ed. v. ALLGAIER, S. 315[27].

283 Thomas von Aquin, Summa contra gentiles III, 146; ed. v. ALLGAIER, S. 315[33].

284 Thomas von Aquin, Summa contra gentiles III, 146; ed. v. ALLGAIER, S. 315[37].

285 Thomas von Aquin, Summa theologica II-II qu. 64 art. 2 resp.; DThA 18, S. 156[12].

286 Thomas von Aquin, Summa theologica II-II qu. 76 art. 1 resp.; DThA 18, S. 334[19].

287 Thomas von Aquin, Summa theologica II-II qu. 64 art. 2 resp.; DThA 18, S. 156[12].

288 Thomas von Aquin, Summa theologica II-II qu. 64 art. 2 resp.; DThA 18, S. 156[21].

289 Thomas von Aquin, Summa theologica II-II qu. 11 art. 3 resp.; DThA 15, S. 241[2].

290 Thomas von Aquin, Summa theologica II-II qu. 10 art. 8 resp.; DThA 15, S. 213[25].

291 Thomas von Aquin, Summa theologica II-II qu. 11 art. 3 resp.; DThA 15, S. 241[12].

292 Weder gehen OTTO H. PESCH in seinem Buch ›Thomas von Aquin Handbuch‹ noch VOLKER LEPPIN in seinem ›Thomas Handbuch‹ auf diesen Umbruch ein.

293 HOYE, Wahrheit des Irrtums, S. 423.

294 STELZENBERGER, Syneidis, S. 105.

295 SLOTERDIJK, Kinder der Neuzeit, S. 349.

296 HATTENHAUER, Rechtsgeschichte, S. 17.

297 Incipit Liber sacramentorum Romanae aecclesiae ordinis anni circuli. Iudicium paenitentiale (Nr. 1726 f.); hg. v. MOHLBERG, S. 254[30].

298 Petrus Abaelardus, Nosce te ipsum 3; übers. v. HOMMEL, S. 58[7].

299 TRUSEN, Der Prozeß, S. 165.

300 MIETHKE, Gelehrte Ketzerei, S. 23.

301 TRUSEN, Verbot der Gottesurteile, S. 235–247.

302 TRUSEN, Verbot der Gottesurteile, S. 242 f.

303 FICHTENAU, Ketzer und Professoren, S. 11.

304 TRUSEN, Der Inquisitionsprozeß, S. 168–230.

305 KLAUSNITZER, Poesie und Konspiration, S. 119 f.

306 TRUSEN, Rechtliche Grundlagen, S. 1–20.

307 SELGE, Die Ketzerpolitik, S. 324 f.

308 MENTZER, Heresy Proceedings, S. 159.

309 MÜLLER, Ketzer und Kirche, S. 264.

310 Bernard Gui, Das Buch der Inquisition (Allgemeines); ed. v. SEIFERT, übers. v. PAWLIK, S. 110[33].

311 Bernard Gui, Das Buch der Inquisition (Allgemeines); ed. v. SEIFERT, übers. v. PAWLIK, S. 111[23].

312 Bernard Gui, Das Buch der Inquisition (Allgemeines); ed. v. SEIFERT, übers. v. PAWLIK, S. 111[30].

313 Tertullian, De virginibus velandis I, 1; CChr.SL 2,2, S. 1209[9].

314 HÖDL, Anselm von Canterbury, S. 769.

315 MIETHKE, Theologenprozesse, S. 87–116.

316 THIJSSEN, Censure and Heresy, S. 5.

317 Ebd., S. 23.

318 COURTENAY, Inquiry and Inquisition, S. 170.

319 MIETHKE, Gelehrte Ketzerei, S. 45.

320 RUH, Geschichte der abendländischen Mystik 3, S. 324.

321 MIETHKE, Gelehrte Ketzerei, S. 37.

322 KOCH, Philosophische und theologische Irrtumslisten, S. 423–450.

323 TRUSEN, Der Prozeß, S. 177.

324 MIETHKE, Gelehrte Ketzerei, S. 31.

325 Ebd., S. 31–42.

326 Meister Eckhart, Vom edlen Menschen; hg. u. übers. v. Quint, S. 142[11].

327 Acta Echardiana, Bulle „In agro dominico" vom 27. März 1329; hg. v. STURLESE, S. 597.

328 PELSTER, Ein Gutachten, S. 1107.

329 TRUSEN, Der Prozeß, S. 190.

330 Johannes XXII., Konstitution „In agro dominico": Meister Eckhart vom 27. März 1329 (Nr. 980); hg. v. DENZINGER – HÜNERMANN, S. 404[26].

331 COURTENAY, Inquiry and Inquisition, S. 179 f.

332 MIETHKE, Gelehrte Ketzerei, S. 43.

333 PATSCHOVSKY, Konrad von Marburg, Sp. 1361.

334 OBERSTE, Ketzer und Inquisition, S. 91.

335 Papst Gregor IX. würdigt Konrad von Marburg, in: KURZE, Anfänge der Inquisition, S. 190–193.

336 KURZE, Anfänge der Inquisition, S. 155.

337 GNÄDINGER, Margarete Porete, S. 215.

338 Ebd., S. 232.

339 Margarete Porete, Der Spiegel der einfachen vernichtigten Seelen und jener, die einzig im Wollen und Verlangen der Liebe verbleiben; übers. v. GNÄDINGER, S. 15[25].

340 GNÄDINGER, Margarete Porete, S. 226.

341 Ebd., S. 231.

342 Ebd., S. 216 f.

343 Marsilius von Padua, Defensor Pacis II, 10 §1; ed. v. SCHOLZ – KUSCH, S. 439.

344 Marsilius von Padua, Defensor Pacis II, 10 §2; ed. v. SCHOLZ – KUSCH, S. 441[6].

345 Marsilius von Padua, Defensor Pacis II, 10 §2–3; ed. v. SCHOLZ – KUSCH, S. 443.

346 Erasmus von Rotterdam, Paraphrasis in Evangelium Matthaei 13 (1522); zit. n.: SCHREINER, Toleranz, S. 473.

347 FORST, Toleranz im Konflikt, S. 141 f.

348 MIETHKE, Gelehrte Ketzerei, S. 38.

349 DERS., Marsilius von Padua, Sp. 333.

350 DERS., Wilhelm von Ockham, Sp. 178.

351 SCHMID, Ludwig der Bayer, Sp. 2179 f.

352 WALSH, Wyclif, Sp. 391–393.

353 BENRATH, Wyclifs Bibelkommentar, S. 129.

354 Ebd.

355 MERTENS, Türkenabwehr, S. 375 ff.

356 Gabriel Biel, Canonis Misse Exposito, Lectio 75, Q; hg. v. OBERMANN – COURTENAY, S. 259.

357 Gabriel Biel, Canonis Misse Exposito, Lectio 75, R; hg. v. OBERMANN – COURTENAY, S. 261.

358 Gabriel Biel, Canonis Misse Exposito, Lectio 75, S; hg. v. OBERMANN – COURTENAY, S. 261.

359 BRANDMÜLLER, Das Konzil in Konstanz, S. 323–359.

360 Jan Hus, Dispositiones testium, zit. n.: DE VOOGHT, L'Hérésie, S. 116.

361 ANGENENDT, Offertorium, S. 385–387.

362 Jan Hus, Von den sechs Verwirrungen; hg. v. SCHAMSCHULA, S. 49[26].

363 Jan Hus, Aus der „Postille"; hg. v. SCHAMSCHULA, S. 85[12].

364 Jan Hus, Brief an die Freunde in Böhmen, 24.VI. 1415 (Nr. 38); hg. v. SCHAMSCHULA, S. 161[20].

365 Jan Hus, Brief an Petr von Mladoňovice und Jan von Reinstein, 24.VI.1415 (Nr. 39); hg. v. SCHAMSCHULA, S. 164[21].

366 Jan Hus, Brief an Petr von Mladoňovice und Jan von Reinstein, 24.VI.1415 (Nr. 39); hg. v. SCHAMSCHULA, S. 165[4].

367 Jan Hus, Brief an Petr von Mladoňovice und Jan von Reinstein, 24.VI.1415 (Nr. 39); hg. v. SCHAMSCHULA, S. 165[7].

368 Jan Hus, Brief an die treuen Böhmen, 26.VI.1415 (Nr. 41); hg. v. SCHAMSCHULA, S. 167[32].

369 Jan Hus, Brief an die treuen Böhmen, 26.VI.1415 (Nr. 41); hg. v. SCHAMSCHULA, S. 168[23].

370 Jan Hus, Brief an die Freunde in Konstanz, 5.VII.1415 (Nr. 50); hg. v. SCHAMSCHULA, S. 177[23].

371 KEJŘ, Causa Johannes Hus, S. 165.

372 SCHWERHOFF, Zungen wie Schwerter, S. 25.
373 Ebd., S. 30.
374 Ebd., S. 74.
375 Ebd., S. 139–147.
376 Ebd., S. 178.
377 Ebd., S. 159.
378 Carolina 106, Wie gotsschwerer oder gotslesterung gestrafft werdenn sollenn; ed. v. KOHLER – SCHEEL, S. 57[20]; LEUTENBAUER, Delikt der Gotteslästerung, S. 28–43.
379 WILLOWEIT, Katholische Reform, S. 130.
380 JASER, Ecclesia maledicens, S. 378.

381 Martin Luther, Bulla coenae domini, das ist, die Bulla vom Abendfressen des allerheiligsten Herrn, des Papstes, verdeutscht durch Martin Luther 1522 (WA 8), S. 688–720.
382 JASER, Ecclesia maledicens, S. 399.
383 Ebd., S. 519.
384 Ebd., S. 522.
385 Ebd., 530.
386 Ebd.
387 Ebd., S. 532.
388 Ebd.
389 SCHWERHOFF, Zungen wie Schwerter, S. 191.

IV. Die Reformation

1 HECKEL, Reformation und das Recht, S. 662.
2 SCHILLING, Martin Luther, S. 634.
3 Martin Luther, An den christlichen Adel deutscher Nationen von des Christlichen standes besserung (WA 6), S. 455[21].
4 Leo X., Bulle „Exurge Domine" 33, vom 15. Juni 1520 (Nr. 1483); hg. v. DENZINGER – HÜNERMANN, S. 492[3].
5 HECKEL, Reformation und das Recht, S. 664.
6 Ebd., S. 668.
7 Ebd., S. 681.
8 Martin Luther, Die 95 Thesen über den Ablaß. 11. These (31. Oktober 1517); ed. v. OBERMANN, S. 18[34].
9 Martin Luther, Ob christliche Fürsten schuldig sind, der Widerteuffer unchristlichen Sect mit leiblicher straffe, und mit dem Schwert zu wehren, 1536 (WA 50), S. 9–15.
10 Martin Luther, Ob christliche Fürsten schuldig sind, der Widerteuffer unchristlichen Sect mit leiblicher straffe, und mit dem Schwert zu

wehren, 1536 (WA 50), S. 13[25]; BRECHT, Menschenrechte, S. 58–67.
11 HECKEL, Reformation und das Recht, S. 669.
12 Martin Luther, Ob christliche Fürsten schuldig sind, der Widerteuffer unchristlichen Sect mit leiblicher straffe, und mit dem Schwert zu wehren, 1536 (WA 50), S. 10[24].
13 Martin Luther, Ob christliche Fürsten schuldig sind, der Widerteuffer unchristlichen Sect mit leiblicher straffe, und mit dem Schwert zu wehren, 1536 (WA 50), S. 10[1].
14 Martin Luther, Ob christliche Fürsten schuldig sind, der Widerteuffer unchristlichen Sect mit leiblicher straffe, und mit dem Schwert zu wehren, 1536 (WA 50), S. 11[35].
15 Vgl.: Martin Luther, Annotationes in aliquot capita Matthaei, 1538 (WA 38), S. 558[35].
16 Martin Luther, Annotationes in aliquot capita Matthaei, 1538 (WA 38), S. 558[12].

17 Martin Luther, Annotationes in aliquot capita Matthaei, 1538 (WA 38), S. 558[14].

18 Martin Luther, Annotationes in aliquot capita Matthaei, 1538 (WA 38), S. 559[22].

19 Martin Luther, Annotationes in aliquot capita Matthaei, 1538 (WA 38), S. 560[27].

20 Vgl.: Martin Luther, Annotationes in aliquot capita Matthaei, 1538 (WA 38), S. 560[40].

21 Vgl.: Martin Luther, Annotationes in aliquot capita Matthaei, 1538 (WA 38), S. 561[34].

22 Vgl.: Martin Luther, Annotationes in aliquot capita Matthaei, 1538 (WA 38), S. 561[35].

23 Vgl.: Martin Luther, Annotationes in aliquot capita Matthaei, 1538 (WA 38), S. 562[31].

24 Martin Luther, Annotationes in aliquot capita Matthaei, 1538 (WA 38), S. 566[4].

25 VOGEL, Luthers Purgatoriums-Vorstellung, S. 613–619.

26 SCHINDLER, Häresie, S. 329.

27 Martin Luther, Annotationes in aliquot capita Matthaei, 1538 (WA 38), S. 560[20].

28 HECKEL, Reformation und das Recht, S. 393.

29 Reichstagsakte vom 22. April 1529; ed. v. KÜHN, S. 1299[26].

30 Reichstagsakte vom 22. April 1529; ed. v. KÜHN, S. 1299[36].

31 BLICKLE, Die Reformation, S. 64.

32 BALKE, Calvin, S. 147.

33 STAYER, Täufer, S. 600.

34 GOERTZ, Täuferische Gemeinschaften, S. 619 f.

35 STAYER, Täufer, S. 603.

36 Ebd.

37 Ebd.

38 VAN VEEN, Calvin, S. 156.

39 BALKE, Calvin, S. 153.

40 VAN VEEN, Calvin, S. 162.

41 FRIEDMAN, Servet, S. 173.

42 VAN VEEN, Calvin, S. 161.

43 Der Heidelberger Katechismus 100; hg. v. Moderamen des Reformierten Bundes, S. 78[31].

44 DE LANGE, Die Inquisition, S. 89.

45 VON SCHELIHA, Toleranz, S. 115.

46 Vereinigte Evangelisch-Lutherische Kirche Deutschlands, Erklärung zur Beschlussfassung zum Ende der lutherischen Verfolgung von Täuferinnen und Täufern, S. 51.

47 HERSCHE, Muße und Verschwendung (Zweiter Teilband), S. 694.

48 Ebd., S. 695.

49 DE LANGE, Die Inquisition, S. 97.

50 Ebd., S. 103.

51 TEDESCHI – MONTER, Statistical Profile, S. 142.

52 HENNINGSEN, Database of the Spanish Inquisition, S. 42–85.

53 Die Daten sind aus dem Englischen übersetzt und entnommen aus: MONTER, Heresy executions, S. 49.

54 DE LANGE, Die Inquisition, S. 111.

55 Ebd., S. 89.

56 FÜHNER, Religionspolitik, S. 193.

57 SCHWERHOFF, Zungen wie Schwerter, S. 154.

58 Bericht über Gefangennahme, Verhör und Hinrichtung von Adolf Clarenbach und Peter von Fliesteden; hg. v. EKID, ausgewählt v. FAULENBACH, S. 77[26].

59 GOEBEL, KLAUS, Adolf Clarenbach, S. 29.

60 Ebd.

61 FÜHNER, Religionspolitik, S. 167–357, S. 241 f.; GOOSENS, Les inquisitions modernes 1, S. 47–112.

62 Ebd., S. 241–245.

63 Ebd., S. 287.

64 AUGUSTIJN, Die Ketzerverfolgungen, S. 54.

65 DUKE, Reformation and Revolt, S. 88.

66 FÜHNER, Religionspolitik, S. 295.

67 Ebd., S. 316.

68 Ebd., S. 350.

69 GOOSENS, Les inquisitions modernes
    2, S. 44–73.

70 Ebd., S. 60 f.

71 GRELL, Exile, S. 164–181.

72 GOOSENS, Les inquisitions modernes
    2, S. 49.

73 Ebd.

74 HOFFMANN, Rubens, S. 452–457.

75 FÜHNER, Religionspolitik, S. 351.

76 GOOSENS, Les inquisitions modernes
    2, S. 190.

77 Ebd.

78 Die Daten sind aus dem Englischen
    übersetzt und entnommen aus:
    MONTER, Heresy executions, S. 55.

79 Die Statistik ist entnommen aus:
    GOOSENS, Les inquisitions modernes
    2, S. 119.

80 DILLINGER, Hexen und Magie, S. 91.

81 MONTER, Heresy executions, S. 63.

82 TRUSEN, Ketzer- und Hexenprozeß,
    S. 449 f.

83 ZANDER, Europäische Religions-
    geschichte, S. 291.

84 DILLINGER, Hexen und Magie, S. 102.

85 Ebd., S. 92.

86 Ebd.

87 Ebd., S. 94.

88 Ebd., S. 95.

89 Ebd., S. 96.

90 ANGENENDT, Toleranz, S. 308–319.

91 Ebd., S. 312–314, hier: S. 312.

92 BEHRINGER, Vom Unkraut, S. 15–47.
    Anders als der Titel impliziert,
    bietet Behringer keine Übersicht
    der verschiedenen zeitgenössischen
    Meinungen zum Weizen-Unkraut-
    Gleichnis.

93 DERS., Hexen und Hexenprozesse,
    Register, S. 509: „Gleichnis von
    Weizen und Unkraut".

94 Friedrich von Spee, Cautio Crimina-
    lis qu. 29; übers. v. RITTER, S. 135[34].

95 BEHRINGER, Hexen und Hexenpro-
    zesse, Register, S. 509: „Tanner,
    Adam" (mit Verweis auf Quellen).

96 MANN, Versagen der Religion, S. 48 f.

97 HÄUPTLI, Einleitung, S. 57.

98 SEEBAß, Verständnis des Alten Testa-
    ments, S. 342.

99 KLAASSEN, Marpeck, S. 175.

100 BENEDICT, Prophetische Politik,
    S. 509.

101 Ebd., S. 508.

102 Ebd., S. 567.

103 HASSINGER, Religiöse Toleranz, S. 9 f.

104 Sébastien Castellion, De l'impunité
    des hérétiques. De haereticis non
    puniendis; ed. v. BECKER – VALKHOFF,
    S. 87[2].

105 Sébastien Castellion, De l'impunité
    des hérétiques. De haereticis non
    puniendis; ed. v. BECKER – VALKHOFF,
    S. 91[1].

106 Sébastien Castellion, De l'impunité
    des hérétiques. De haereticis non
    puniendis; ed. v. BECKER – VALKHOFF,
    S. 115[35].

107 Sébastien Castellion, De l'impunité
    des hérétiques. De haereticis non
    puniendis; ed. v. BECKER – VALKHOFF,
    S. 116[35].

108 Sébastien Castellion, De l'impunité
    des hérétiques. De haereticis non
    puniendis; ed. v. BECKER – VALKHOFF,
    S. 125[8].

109 HASSINGER, Religiöse Toleranz, S. 11.

110 Giacomo Aconcio, Stratagematum
    Satanae VIII, III; ed. v. RADETTI,
    S. 238[18].

111 Balthasar Hubmaier, Von Ketzern
    und ihren Verbrennern 8; hg. v.
    WESTIN – BERGSTEN, S. 97[15].

112 Menno Simons, Reply to Gellius
    Faber 6; übers. v. WENGER – VERDUIN,
    S. 750[24].

113 Marin Bucer, Widerlegung des
    Bekenntnisses von Pilgram Marbeck
    29; ed. v. KREBS – ROTT, S. 425[1].

114 Martin Bucer, Beschluss; ed. v.
    KREBS – ROTT, S. 521[5].

115 Martin Bucer, Beschluss; ed. v.
    KREBS – ROTT, S. 526[34].

116 KLAASSEN, Marpeck, S. 176.

117 Marbeck, Vermahnung; ed. v. HEGE,
    S. 187[41].

118 Marbeck, Vermahnung; ed. v. Hege, S. 188[1].
119 Wallmann, Theologie und Frömmigkeit, S. 3.
120 Ebd., S. 4 f.
121 Ebd., S. 5.
122 Ebd., S. 6.
123 Brecht, Spiritualisten des 17. Jahrhunderts, S. 218.
124 Ebd., S. 219.
125 Arnold, Unparteische Kirchen- und Ketzerhistorie I. 1.2, Vorrede 1.
126 Arnold, Unparteische Kirchen- und Ketzerhistorie I. 1.2, Vorrede 14.
127 Arnold, Unparteische Kirchen- und Ketzerhistorie I. 1.2, Vorrede 26.
128 Schmidt, Die Interpretation, S. 180–188.
129 Arnold, Unparteische Kirchen- und Ketzerhistorie I. 1.2, S. 4, Sp. 1[37].
130 Arnold, Unparteische Kirchen- und Ketzerhistorie I. 1.2, S. 8, Sp. 1[25].
131 Arnold, Unparteische Kirchen- und Ketzerhistorie I. 1.2, S. 8, Sp. 1[54].
132 Arnold, Unparteische Kirchen- und Ketzerhistorie I. 1.2, S. 11, Sp. 1[31].
133 Arnold, Unparteische Kirchen- und Ketzerhistorie I. 1.2, S. 11, Sp. 1[34].
134 Arnold, Unparteische Kirchen- und Ketzerhistorie I. 1.2, S. 11, Sp. 2[36].
135 Arnold, Unparteische Kirchen- und Ketzerhistorie I. 1.2, S. 11, Sp. 2[39].
136 Arnold, Unparteische Kirchen- und Ketzerhistorie I. 1.2, S. 11, Sp. 2[43].
137 Schmidt, Wiedergeburt, S. 129.
138 Wallmann, Pietismus; Die Kirche in ihrer Geschichte. Ein Handbuch 4/ O1, S. 59.
139 Schmidt, Wiedergeburt, S. 129.
140 Wallmann, Theologie und Frömmigkeit, S. 227.
141 Ebd., S. 248.
142 Philipp Jakob Spener, Klagen über das verdorbene Christenthum; hg. v. Aland – Köster, S. 435[13].
143 Philipp Jakob Spener, Klagen über das verdorbene Christenthum; hg. v. Aland – Köster, S. 440[25].
144 Philipp Jakob Spener, Klagen über das verdorbene Christenthum; hg. v. Aland – Köster, S. 441[16].
145 Schneider, Der radikale Pietismus, S. 137.
146 Heckel, Reformation und das Recht, S. 695.

V. Die Aufklärung

1 Lohfink, Im Ringen, S. 12.
2 Forst, Toleranz und Konflikt, S. 165.
3 Habermas, Naturalismus und Religion, S. 107.
4 Lohfink, Im Ringen, S. 40.
5 Reiner, Gewissen, Sp. 579.
6 Ebd.
7 Ebner, Endgericht, S. 27.
8 Reiner, Gewissen, Sp. 579.
9 Stoellger, Was dazwischenredet, S. 289.
10 Ebd.
11 Gurjewitsch, Das Individuum, S. 68.
12 Ebd., S. 59.
13 Ebd., S. 69.
14 Ebd., S. 98.
15 Breitenstein, Arten des Gewissens, S. 9.
16 Ebd., S. 39.
17 Stelzenberger, Syneidesis, S. 105.
18 Forst, Toleranz im Konflikt, S. 216.
19 Ebd., S. 221.
20 Martin Luther, Reichstag 1521; zit. n.: Brecht, Martin Luther. Bd. 1, S. 439.
21 Martin Luther, Reichstag 1521; zit. n.: Brecht, Martin Luther. Bd. 1, S. 439.

22 SLENCZKA, Gewissen, S. 245.

23 Ebd.

24 Pierre Bayle, Historisches und kritisches Wörterbuch, Gregor I., Betrachtungen über die Maximen des hl. Gregor hinsichtlich des Gewissenszwangs; hg. u. übers. v. GAWLICK – KREIMENDAHL, S. 247.

25 PRODI, Sakrament der Herrschaft, S. 357.

26 Jean-Jacques Rousseau, Emil oder Über die Erziehung IV; übers. v. SCHMIDTS, S. 306[5].

27 Immanuel Kant, Vorlesung zur Moralphilosophie. Philosophiae practicae universalis Cap. II, 130; hg. v. STARK – KÜHN, S. 103[30].

28 Immanuel Kant, Vorlesung zur Moralphilosophie, Ethica philosophica I, I, 205; hg. v. STARK – KÜHN, S. 162[13].

29 Seneca, Ad Lucilium, Ep. 41; übers. v. APPELT, S. 140[30].

30 STOELLGER, Was dazwischenredet, S. 286.

31 Ebd.

32 GURJEWITSCH, Das Individuum, S. 54.

33 THEIßEN, Erleben und Verhalten, S. 487.

34 GAWLICK, Deismus, Sp. 45.

35 Ebd.

36 Samuel von Pufendorf, Über die Pflicht des Menschen und des Bürgers nach dem Gesetz der Natur I, 4 §4; hg. u. übers. v. LUIG, S. 52[33].

37 Samuel von Pufendorf, Über die Pflicht des Menschen und des Bürgers nach dem Gesetz der Natur I, 4 §9; hg. u. übers. v. LUIG, S. 55[16].

38 Paul Johann Anselm Ritter von Feuerbach, Lehrbuch des gemeinen in Deutschland gültigen peinlichen Rechts; hg. v. C. J. A. MITTERMAIER, 12. Originalausgabe, 1836, S. 270 (§303), zit. nach: Rox, Schutz religiöser Gefühle, S. 21.

39 STOLLBERG-RILINGER, Maria Theresia, S. 181.

40 KULENKAMPFF, Hume, S. 690.

41 VIERHAUS, Aufklärung, S. 91.

42 Alexandre Deleyre, Fanatisme; hg. v. BERGER, S. 136[9].

43 SCHMIDT, Atheismus, S. 351 f.

44 Ebd., S. 357.

45 Ebd., S. 358.

46 FORST, Toleranz im Konflikt, S. 213.

47 Zit. n.: FORST, Toleranz im Konflikt, S. 213, Anm. 59.

48 Ebd., S. 213.

49 PRINZ, Askese und Kultur.

50 WEBER, Religion und Gesellschaft, S. 107.

51 BARTLETT, Die Geburt Europas, S. 44.

52 MITTERAUER, Warum Europa?, S. 180.

53 Ebd., S. 198.

54 BURKERT, Kulte des Altertums, S. 39.

55 RUH, Geschichte der abendländischen Mystik 1, S. 26.

56 FORST, Toleranz im Konflikt, S. 567.

57 Jean-Jacques Rousseau, Vom Gesellschaftsvertrag 4, 8: Über die civile Religion; übers. v. SCHMIDTS, S. 206.

58 WALTHER, Terror, S. 337.

59 PRODI, Sakrament der Herrschaft, S. 335.

60 Immanuel Kant, Vorlesung zur Moralphilosophie. Ethica philosophica I, I, 197; hg. v. STARK – KÜHN, S. 155[22].

61 Immanuel Kant, Vorlesung zur Moralphilosophie. Philosophiae practicae universalis Cap. II, 125; hg. v. STARK – KÜHN, S. 99[6].

62 HECKEL, Reformation und das Recht, S. 393.

63 LANDAU, Eid (V. Historisch), S. 388.

64 BALKE, Calvin, S. 154.

65 Thomas Hobbes, Leviathan oder Stoff, Form und Gewalt eines kirchlichen und bürgerlichen Staates; hg. v. FETSCHER u. übers. v. EUCHNER, Kap. XIV, S. 109[16].

66 Samuel von Pufendorf, Über die Pflicht des Menschen des Bürgers: Nach dem Gesetz der Natur I, 11 §1; hg. u. übers. v. LUIG, S. 101[4].

67 Samuel von Pufendorf, Über die
    Pflicht des Menschen des Bürgers:
    Nach dem Gesetz der Natur I, 11 §1;
    hg. u. übers. v. LUIG, S. 101[6].

68 Samuel von Pufendorf, Über die
    Pflicht des Menschen des Bürgers:
    Nach dem Gesetz der Natur I, 11 §4;
    hg. u. übers. v. LUIG, S. 102[4].

69 John Locke, Brief über Toleranz;
    übers. v. MEYER, S. 118[17].

70 Jean-Jacques Rousseau, Über die
    civile Religion IV,8; ed. v. SCHMIDTS,
    S. 206[14].

71 Immanuel Kant, Die Religion
    innerhalb der Grenzen der bloßen
    Vernunft. Viertes Stück I (Nr. 240);
    hg. v. VORLÄNDER – NOACK, S. 177[13].

72 Immanuel Kant, Die Religion
    innerhalb der Grenzen der bloßen
    Vernunft. Viertes Stück I (Nr. 240);
    hg. v. VORLÄNDER – NOACK, S. 177[23].

73 Immanuel Kant, Vorlesung zur
    Moralphilosophie. Philosophiae
    practicae universalis Cap. II, 132;
    hg. v. STARK – KÜHN, S. 103[6].

74 HUBER, Menschenrechte, S. 580;
    SEDMAK, Würde des Menschen;
    informiert nicht über die historische
    Entfaltung dieses Prinzips.

75 Thomas von Aquin, Summa theo-
    logica II-II qu. 64,2. resp.; DThA 18,
    S. 90[34].

76 Decretum Gratiani, pars II, c. XXIII,
    qu. IV, c. XXXV; ed. v. FRIEDBERG,
    (CIC(L)I.), Sp. 916.

77 Radulfus Niger, De re militari et tri-
    plici via peregrinationis ierosolimi-
    tane III, 90; IV, 12; ed. v. SCHMUGGE,
    S. 196[11] / 205[5].

78 SCHWINGES, Kreuzzugsideologie,
    S. 242, S. 245.

79 Samuel von Pufendorf, Über die
    Pflicht des Menschen des Bürger:
    Nach dem Gesetz der Natur I, 7 §1;
    hg. u. übers. v. LUIG, S. 78[8].

80 HAMMERSTEIN, Samuel Pufendorf,
    S. 177.

81 Samuel von Pufendorf, De habitu
    226 §49; zit. n.: SCHNEIDER, Ius Refor-
    mandi, S. 427 (Anm. 67).

82 Samuel von Pufendorf, Über die
    Pflicht des Menschen des Bürgers:
    Nach der Natur I, 4 §5; hg. u. übers.
    v. LUIG, S. 53[37].

83 WAGNER, Naturrecht, S. 165.

84 Johann Wolfgang Goethe, Maximen
    und Reflexionen. Gesellschaft
    und Geschichte; ed. v. TRUNZ u. a.,
    S. 385[151].

85 SIEP, Toleranz und Anerkennung,
    S. 181.

86 Ebd., S. 183.

87 Ebd., S. 184.

88 Ebd., S. 291.

89 Immanuel Kant, Die Religion
    innerhalb der Grenzen der bloßen
    Vernunft IV, II, §4 (Nr. 287); hg. v.
    VORLÄNDER – NOACK, S. 209[16].

90 Immanuel Kant, Die Religion
    innerhalb der Grenzen der bloßen
    Vernunft IV, II, §4 (Nr. 288); hg. v.
    VORLÄNDER – NOACK, S. 210[8].

91 Immanuel Kant, Grundlegung zur
    Metaphysik der Sitten, Zweiter
    Abschnitt; hg. v. KRAFT – SCHÖ-
    NECKER, S. 53[25]; HÖFFE, Ethik und
    Politik, S. 85 f.

92 Immanuel Kant, Die Religion
    innerhalb der Grenzen der bloßen
    Vernunft. Zweites Stück (Nr. 98);
    hg. v. VORLÄNDER – NOACK, S. 79[14].

93 Immanuel Kant, Vorlesung zur
    Moralphilosophie, Ethica philoso-
    phica I, I, 148; hg. v. STARK – KÜHN,
    S. 115[21].

94 Gustav Mahler, Des Knaben Wun-
    derhorn. Vierter Satz; ed. v. HALLER,
    S. 82[7].

95 Gustav Mahler, Des Knaben Wun-
    derhorn. Fünfter Satz; ed. v. HALLER,
    S. 96[2].

96 Gustav Mahler, Des Knaben Wunder-
    horn. Fünfter Satz, zit. n.: SCHREIBER,
    Gustav Mahler, S. 140.

97 Bischöfliche Kanzlei Bernhards von Raesfeld, Aus dem Entwurf der Instruktion für eine Münstersche Gesandtschaft zum Reichstag in Augsburg, 24.02.1566 (Nr. 260); hg. v. KELLER, S. 356[22].

98 VETTER, Am Hofe, S. 107.

99 Kaiser Ferdinand II. an Herzog Albrecht, Frankfurt a. M., 16. September 1619; ed. v. BROCKMANN, Gegenreformation, S. 188[29].

100 Niederschrift über die Sondierungen Maximilian von Trauttmansdorffs und Hartger Henots, München, 5. Oktober 1619; ed. v. BROCKMANN, Gegenreformation, S. 190[14].

101 ROESER, Politik und religiöse Toleranz, S. 69.

102 WANEGFFELEN, L'Édit de Nantes, S. 64 f.

103 ARNOLD, Frankreich, Sp. 230.

104 NEUHOLD, Muster der Toleranzbegründung, S. 94.

105 Pierre de Beloy, Moyen d'abus, Entreprises et Nullitez, du rescrit et Bulle Du Pape Sixte Ve (Köln 1586), S. 333, zit. n.: NEUHOLD, Muster der Toleranzbegründung, S. 98.

106 Pierre de Beloy, Moyen d'abus, Entreprises et Nullitez, du rescrit et Bulle Du Pape Sixte Ve (Köln 1586), S. 333, zit. n.: NEUHOLD, Muster der Toleranzbegründung, S. 99.

107 Instrumenta Pacis Westphalicae 12 § 30; hg. v. MÜLLER, S. 37[12].

108 SCHNEIDER, Ius Reformandi, S. 302 f.

109 DREIER, Staat ohne Gott, S. 76 f.

110 SCHMIDT, Reiter der Apokalypse, S. 602.

111 SCHNEIDER, Ius Reformandi, S. 373.

112 SCHMIDT, Reiter der Apokalypse, S. 601.

113 Trauttmansdorff, Lamberg, Krane und Volmar an Ferdinand III., Osnabrück 1647 März 25 (Nr. 341); ed. v. OSCHMANN, S. 673[4].

114 HECKEL, Reformation und das Recht, S. 696.

115 Immanuel Kant, Vorlesung zur Moralphilosophie. Philosophiae practicae universalis Cap. II, 119; hg. v. STARK – KÜHN, S. 95[12].

116 KÖPCKE-DUTTLER, Schuld, Sp. 1468.

117 Immanuel Kant, Vorlesung zur Moralphilosophie. Ethica philosophica I, c. III, 360 (1751); hg. v. STARK – KÜHN, S. 288[5].

118 Thomas Hobbes, Leviathan oder Stoff, Form und Gewalt eines kirchlichen und bürgerlichen Staates; hrsg. v. FETSCHER u. übers. v. EUCHNER, S. 341[11].

119 Thomas Hobbes, Leviathan oder Stoff, Form und Gewalt eines kirchlichen und bürgerlichen Staates; hrsg. v. FETSCHER u. übers. v. EUCHNER, S. 345[31].

120 Thomas Hobbes, Leviathan oder Stoff, Form und Gewalt eines kirchlichen und bürgerlichen Staates; hrsg. v. FETSCHER u. übers. v. EUCHNER, S. 357[14].

121 Thomas Hobbes, Leviathan oder Stoff, Form und Gewalt eines kirchlichen und bürgerlichen Staates; hrsg. v. FETSCHER u. übers. v. EUCHNER, S. 357[21].

122 Thomas Hobbes, Leviathan oder Stoff, Form und Gewalt eines kirchlichen und bürgerlichen Staates; hrsg. v. FETSCHER u. übers. v. EUCHNER, S. 379[38].

123 Thomas Hobbes, Leviathan oder Stoff, Form und Gewalt eines kirchlichen und bürgerlichen Staates; hrsg. v. FETSCHER u. übers. v. EUCHNER, S. 444[4].

124 Thomas Hobbes, Leviathan oder Stoff, Form und Gewalt eines kirchlichen und bürgerlichen Staates; hrsg. v. FETSCHER u. übers. v. EUCHNER, S. 444[37].

125 Thomas Hobbes, Leviathan oder Stoff, Form und Gewalt eines kirchlichen und bürgerlichen Staates;

hrsg. v. Fetscher u. übers. v. Euchner, S. 444[38].

126 Thomas Hobbes, Leviathan oder Stoff, Form und Gewalt eines kirchlichen und bürgerlichen Staates; hrsg. v. Fetscher u. übers. v. Euchner, S. 381[12].

127 Koselleck, Kritik und Krise, S. 15.

128 Ebd., S. 20.

129 Ebd., S. 22.

130 Ebd., S. 27.

131 Hobbes, De cive I, 5, zit. n.: Koselleck, Kritik und Krise, S. 21.

132 John Locke, Brief über Toleranz; übers. v. Meyer, S. 23[1].

133 John Locke, Brief über Toleranz; übers. v. Meyer, S. 26.

134 John Locke, Brief über Toleranz; übers. v. Meyer, S. 27[7].

135 John Locke, Brief über Toleranz; übers. v. Meyer, S. 30[14].

136 John Locke, Brief über Toleranz; übers. v. Meyer, S. 32[15].

137 John Locke, Brief über Toleranz; übers. v. Meyer, S. 33[22].

138 John Locke, Brief über Toleranz; übers. v. Meyer, S. 42[10].

139 John Locke, Brief über Toleranz; übers. v. Meyer, S. 44[19].

140 John Locke, Brief über Toleranz; übers. v. Meyer, S. 47[1].

141 John Locke, Brief über Toleranz; übers. v. Meyer, Anm. S. 52.

142 John Locke, Brief über Toleranz; übers. v. Meyer, S. 74.

143 John Locke, Brief über Toleranz; übers. v. Meyer, S. 84[9].

144 Buddeberg – Forst, Bayles Theorie, S. 17.

145 Ebd., S. 21.

146 Pierre Bayle, Toleranz. Ein philosophischer Kommentar zu folgenden Worten des Evangeliums nach Lukas, Kapitel 14, Vers 23, I,3; hg. v. Buddeberg – Forst, S. 109[10].

147 Pierre Bayle, Toleranz. Ein philosophischer Kommentar zu folgenden Worten des Evangeliums nach

Lukas, Kapitel 14, Vers 23, I,3; hg. v. Buddeberg – Forst, S. 109[18].

148 Pierre Bayle, Toleranz. Ein philosophischer Kommentar zu folgenden Worten des Evangeliums nach Lukas, Kapitel 14, Vers 23, I,3; hg. v. Buddeberg – Forst, S. 110[1].

149 Pierre Bayle, Toleranz. Ein philosophischer Kommentar zu folgenden Worten des Evangeliums nach Lukas, Kapitel 14, Vers 23, I,3; hg. v. Buddeberg – Forst, S. 110[5].

150 Pierre Bayle, Toleranz. Ein philosophischer Kommentar zu folgenden Worten des Evangeliums nach Lukas, Kapitel 14, Vers 23, I,3; hg. v. Buddeberg – Forst, S. 111[2].

151 Pierre Bayle, Toleranz. Ein philosophischer Kommentar zu folgenden Worten des Evangeliums nach Lukas, Kapitel 14, Vers 23, I,3; hg. v. Buddeberg – Forst, S. 111[20].

152 Pierre Bayle, Toleranz. Ein philosophischer Kommentar zu folgenden Worten des Evangeliums nach Lukas, Kapitel 14, Vers 23, I,3; hg. v. Buddeberg – Forst, S. 110[2].

153 Pierre Bayle, Toleranz. Ein philosophischer Kommentar zu folgenden Worten des Evangeliums nach Lukas, Kapitel 14, Vers 23, I,3; hg. v. Buddeberg – Forst, S. 273[34].

154 Pierre Bayle, Historisches und kritisches Wörterbuch, Gregor I.; hg. u. übers. v. Gawlick – Kreimendah, S. 246.

155 Gros, La parabole de la zizanie, S. 297–319.

156 Voltaire, Über die Toleranz. Veranlaßt durch die Hinrichtung des Johann Calas im Jahre 1762; hg. v. Mensching, S. 201[10].

157 Voltaire, Über die Toleranz. Veranlaßt durch die Hinrichtung des Johann Calas im Jahre 1762; hg. v. Mensching, S. 203[21].

158 Voltaire, Über die Toleranz. Veranlaßt durch die Hinrichtung des

Johann Calas im Jahre 1762; hg. v. MENSCHING, S. 205[31].

159 Voltaire, Über die Toleranz. Veranlaßt durch die Hinrichtung des Johann Calas im Jahre 1762; hg. v. MENSCHING, S. 206.

160 Voltaire, Über die Toleranz. Veranlaßt durch die Hinrichtung des Johann Calas im Jahre 1762; hg. v. MENSCHING, S. 210[1].

161 Voltaire, Über die Toleranz. Veranlaßt durch die Hinrichtung des Johann Calas im Jahre 1762; hg. v. MENSCHING, S. 235[28].

162 Voltaire, Über die Toleranz. Veranlaßt durch die Hinrichtung des Johann Calas im Jahre 1762; hg. v. MENSCHING, S. 236[8].

163 FORST, Toleranz im Konflikt, S. 569.

164 Immanuel Kant, Vorlesung zur Moralphilosophie, Ethica philosophica I, I, 160 (1751); hg. v. STARK – KÜHN, S. 125[17].

165 Immanuel Kant, Vorlesung zur Moralphilosophie, Ethica philosophica I, I, 151 (1751); hg. v. STARK – KÜHN, S. 119[4].

166 Immanuel Kant, Vorlesung zur Moralphilosophie, Ethica philosophica I, I, 171 (1751); hg. v. STARK – KÜHN, S. 135[22].

167 Immanuel Kant, Vorlesung zur Moralphilosophie, Ethica philosophica I, I, 176 (1751); hg. v. STARK – KÜHN, S. 139[11].

168 Immanuel Kant, Vorlesung zur Moralphilosophie, Ethica philosophica I, I, 164 (1751); hg. v. STARK – KÜHN, S. 128[14].

169 Immanuel Kant, Vorlesung zur Moralphilosophie, Ethica philosophica I, I, 167 (1751); hg. v. STARK – KÜHN, S. 133[5].

170 Immanuel Kant, Vorlesung zur Moralphilosophie. Ethica philosophica I, I, 175 (1751); hg. v. STARK – KÜHN, S. 138[21].

171 Immanuel Kant, Vorlesung zur Moralphilosophie. Philosophiae practicae universalis Cap. II, 125,126; hg. v. STARK – KÜHN, S. 99[11].

172 Immanuel Kant, Vorlesung zur Moralphilosophie. Ethica philosophica I, III, 425 (1751); hg. v. STARK – KÜHN, S. 340[4].

173 Immanuel Kant, Vorlesung zur Moralphilosophie. Ethica philosophica I, III, 424 (1751); hg. v. STARK – KÜHN, S. 339[1].

174 Immanuel Kant, Die Religion innerhalb der Grenzen der bloßen Vernunft IV, II, §4 (Nr. 289); hg. v. VORLÄNDER – NOACK, S. 210[22].

175 Immanuel Kant, Die Religion innerhalb der Grenzen der bloßen Vernunft IV, II, §4 (Nr. 289); hg. v. VORLÄNDER – NOACK, S. 210[28].

176 Immanuel Kant, Die Religion innerhalb der Grenzen der bloßen Vernunft IV, II, §4 (Nr. 289); hg. v. VORLÄNDER – NOACK, S. 210[34].

177 Immanuel Kant, Die Religion innerhalb der Grenzen der bloßen Vernunft IV, II, §4 (Nr. 289); hg. v. VORLÄNDER – NOACK, S. 211[5].

178 Immanuel Kant, Vorlesungen zur Moralphilosophie. Ethica philosophica I, c. I, 211 (1751); hg. v. STARK – KÜHN, S. 167[13].

179 Immanuel Kant, Vorlesung zur Moralphilosophie. Philosophiae practicae universalis Cap. II, 80; hg. v. STARK – KÜHN, S. 64[23].

180 Immanuel Kant, Vorlesung zur Moralphilosophie. Philosophiae practicae universalis Cap. II, 86; hg. v. STARK – KÜHN, S. 71[3].

181 Immanuel Kant, Vorlesung zur Moralphilosophie. Philosophiae practicae universalis Cap. II, 80; hg. v. STARK – KÜHN, S. 64[12].

182 Immanuel Kant, Vorlesung zur Moralphilosophie. Philosophiae practicae universalis Cap. II, 79; hg. v. STARK – KÜHN, S. 63[24].

183 BAUER, Die Vereindeutigung der
Welt, S. 21.
184 Ebd., S. 22.

185 MEIER, Unusquisque in suo sensu
abundet, S. 3.

VI. Die moderne Religionsfreiheit

1 AUBERT, Kirche und Staat, S. 11.
2 JÜRGENSEN, Gestaltung des belgischen
  Staates, S. 167.
3 Gregor XVI., Enzyklika „Mirari
  vos arbitramur" vom 15. Aug. 1832
  (Nr. 2730–2732); hg. v. DENZINGER –
  HÜNERMANN, S. 758.
4 HALLERMANN, Verständnis der Religionsfreiheit, S. 55–60.
5 Hugues Félicité de Lamennais, Das
  Volksbuch; übers. v. HUBER; Hugues
  Félicité de Lamennais, Worte eines
  Gläubigen; übers. v. HUBER.
6 Hugues Félicité de Lamennais, Das
  Volksbuch; übers. v. HUBER, S. 219[13].
7 Hugues Félicité de Lamennais, Worte
  eines Gläubigen 38; übers. v. HUBER,
  S. 152[21].
8 Hugues Félicité de Lamennais, Das
  Volksbuch; übers. v. HUBER, S. 179[16].
9 Hugues Félicité de Lamennais, Das
  Volksbuch; übers. v. HUBER, S. 182[25].
10 Hugues Félicité de Lamennais, Das
  Volksbuch; übers. v. HUBER, S. 184[9].
11 Hugues Félicité de Lamennais, Das
  Volksbuch; übers. v. HUBER, S. 203[23].
12 Hugues Félicité de Lamennais, Das
  Volksbuch; übers. v. HUBER, S. 217[22].
13 Hugues Félicité de Lamennais, Das
  Volksbuch; übers. v. ADLER – PAETZ,
  S. 29–98.
14 ADLER, Lamennais und der religiöse
  Sozialismus, S. 18.
15 Hugues Félicité de Lamennais, Worte
  eines Gläubigen 27; übers. v. HUBER,
  S. 129[26].
16 BOCK, Ludwig Börne, S. 368.
17 Ebd., S. 364.

18 Hugues Félicité de Lamennais, Worte
  des Glaubens; übers. v. BÖRNE – HABS.
19 VALERIUS, Deutscher Katholizismus.
20 NIPPERDEY, Deutsche Geschichte
  1800–1866, S. 383.
21 Ebd.
22 Wilhelm Emmanuel von Ketteler,
  Religionsfreiheit; hg. v. ISERLOH,
  S. 300.
23 Zit. nach: Voltaire, Glaubensbekenntnis des Theisten von Le Comte
  Da...an R. D; übers. v. HORST S. 487.
24 UERTZ, Vom Gottesrecht, S. 163.
25 Ebd., S. 164.
26 Ebd., S. 166.
27 NIPPERDEY, Deutsche Geschichte
  1800–1866, S. 384.
28 Julius Köbner, Manifest des freien
  Christenthums an das deutsche
  Volk; hg. v. GELDBACH – WEHRSTEDT –
  LÜTZ, S. 150.
29 EBELING, Die Toleranz Gottes, S. 447.
30 Ebd., S. 455.
31 Ebd., S. 460.
32 SCHRÖDER, Unkraut unter dem Weizen.
33 Ebd.
34 DREIER, Staat ohne Gott, S. 84.
35 HABERMAS, Politik, S. 289.
36 SCHATZ, Vatikanum I., S. 32.
37 HALLERMANN, Verständnis der Religionsfreiheit, S. 59
38 HABERMAS, Naturalismus und Religion, S. 107.
39 Johannes XXIII., Enzyklika
  „Pacem in terris": Menschenrechte
  (Nr. 3986); hg. v. DENZINGER – HÜNER-
  MANN, S. 1146[38].

40 Johannes XXIII., Enzyklika „Pacem in terris": Menschenrechte (Nr. 3982); hg. v. Denzinger – Hünermann, S. 1144[40].

41 Johannes XXIII., Enzyklika „Pacem in terris": Menschenrechte (Nr. 3980); hg. v. Denzinger – Hünermann, S. 1143[44].

42 Koenig, Menschen- und Bürgerrechte, S. 131–148.

43 Huber, Menschenrechte, S. 591.

44 Herms, Demokratie, Sp. 652.

45 Kirchenamt im Auftrage des Rates der Evangelischen Kirche in Deutschland, Evangelische Kirche und freiheitliche Demokratie, S. 12[4].

46 Zweites Vatikanisches Konzil, 9. Sitzung: Erklärung über die Religionsfreiheit 2; hg. v. Wohlmuth (Bd. 3), S. 1002[29].

47 Zweites Vatikanisches Konzil, 9. Sitzung: Pastoralkonstitution über die Kirche in der Welt von heute 29; hg. v. Wohlmuth (Bd. 3), S. 1087[1].

48 Zweites Vatikanisches Konzil, 9. Sitzung: Pastoralkonstitution über die Kirche in der Welt von heute 29; hg. v. Wohlmuth (Bd. 3), S. 1086[19].

49 Zweites Vatikanisches Konzil, 9. Sitzung: Pastoralkonstitution über die Kirche in der Welt von heute 29; hg. v. Wohlmuth (Bd. 3), S. 1086[21].

50 Zweites Vatikanisches Konzil, 9. Sitzung: Erklärung über die Religionsfreiheit 11; hg. v. Wohlmuth (Bd. 3), S. 1007[21].

51 Zweites Vatikanisches Konzil, 9. Sitzung: Erklärung über die Religionsfreiheit 6; hg. v. Wohlmuth (Bd. 3), S. 1005[23].

52 Sloterdijk, Gottes Eifer, S. 117.

53 Altermatt, Religionsfreiheit und Demokratie, S. 75.

54 Gabriel – Spieß – Winkler, Faktoren der Erneuerung, S. 188.

55 Ebd., S. 180.

56 Ebd., S. 184.

57 Zweites Vatikanisches Konzil, 9. Sitzung: Erklärung über die Religionsfreiheit 11; hg. v. Wohlmuth (Bd. 3), S. 1007[10].

58 Zweites Vatikanisches Konzil, 9. Sitzung: Erklärung über die Religionsfreiheit 2; hg. v. Wohlmuth (Bd. 3), S. 1002[32].

59 Zweites Vatikanisches Konzil, 9. Sitzung: Pastoralkonstitution über die Kirche in der Welt von heute 31; hg. v. Wohlmuth (Bd. 3), S. 1087[32].

60 Zweites Vatikanisches Konzil, 9. Sitzung: Erklärung über die Religionsfreiheit 2; hg. v. Wohlmuth (Bd. 3), S. 1002[36].

61 Zweites Vatikanisches Konzil, 9. Sitzung: Pastoralkonstitution über die Kirche in der Welt von heute 29; hg. v. Wohlmuth (Bd. 3), S. 1086[21].

62 Zweites Vatikanisches Konzil, 9. Sitzung: Erklärung über die Religionsfreiheit 6; hg. v. Wohlmuth (Bd. 3), S. 1005[7].

63 Gabriel – Spieß – Winkler, Faktoren der Erneuerung, S. 189.

64 Ebd. S. 194.

65 Lohfink, Im Ringen, S. 36.

66 Bielefeldt, Philosophie, S. 118.

67 Immanuel Kant, Vorlesung zur Moralphilosophie. Ethica philosophica I, I,206 (1751); hg. v. Stark – Kühn, S. 163[11].

68 Kaiser, Ist der Mensch zu retten?, S. 23; den Hinweis auf Gerhard Kaiser verdanke ich Dr. Ferdinand Schumacher.

69 Kaiser, Ist der Mensch zu retten?, S. 15.

70 Ebd.

71 Jonas, Prinzip Verantwortung, S. 9.

72 Ebd., S. 57.

73 Habermas, Zukunft der menschlichen Natur, S. 29.

74 Ebd., S. 45.

75 Ebd., S. 59.

76 Ebd., S. 101.

77 Ebd., S. 29.

78 Ebd., S. 137.
79 Sören Kierkegaard, Tagebuch 1843; übers. v. HAECKER, S. 203[19].
80 Sören Kierkegaard, Tagebuch 1843; übers. v. HAECKER, S. 203[19].
81 DREIER, Staat ohne Gott, S. 9.
82 Ebd., S. 10.
83 Ebd., S. 9.
84 Ebd., S. 9–11.
85 Ebd., S. 49.
86 Ebd., S. 14 f.
87 BÖCKENFÖRDE, Recht, Staat, Freiheit, S. 112.
88 DREIER, Staat ohne Gott, S. 189.
89 Ebd., S. 199.
90 Ebd., S. 205.
91 FAZ 7. Mai 2018, Nr. 105, S. 3.
92 DREIER, Staat ohne Gott, S. 208.
93 Ebd., S. 213.
94 JOAS, Braucht der Mensch Religion?, S. 151–158.
95 DURKHEIM, Soziologie und Philosophie, S. 403.
96 DREIER, Staat ohne Gott, S. 146.
97 Ebd., S. 143.
98 BURKERT, Kulte des Altertums, S. 70.
99 WICKLER, Hat die Ethik einen evolutionären Ursprung?, S. 125–140, S. 129.
100 JONAS, Das Prinzip Verantwortung, S. 85.
101 ROELLECKE, Staat und Tod, S. 40.
102 HABERMAS – RATZINGER, Säkularisierung, S. 15.
103 Ebd., S. 16.
104 Ebd., S. 22 f.
105 HABERMAS, Gespräch über Gott, S. 193.
106 WILS, Gotteslästerung, S. 25.
107 STROUMSA, Ende des Opferkultes, S. 78.
108 Ebd., S. 45.
109 ASSMANN, Achsenzeit.
110 ASSMANN, Totale Religion, S. 172.
111 Aleida und Jan ASSMANN, „Zweifache Energie fürs Denken", in: FAZ vom 14.10.2018.
112 JOAS, Sakralisierung, S. 285.

113 Immanuel Kant, Vorlesung zur Moralphilosophie. Philosophiae practicae universalis Cap. II, 122; hg. v. STARK – KÜHN, S. 97[1].
114 BARUZZI, Rechtsphilosophie, S. 246.
115 Ebd., S. 251.
116 BIELEFELDT, Philosophie, S. 37.
117 Ebd., S. 44.
118 Ebd., S. 47.
119 Ebd., S. 65.
120 Ebd., S. 77.
121 Ebd., S. 87.
122 Ebd., S. 37.
123 PRÖPPER, Anthropologie I, S. 142–153.
124 SCHWIENHORST-SCHÖNBERGER, Als Mann und Frau, S. 22.
125 PRÖPPER, Anthropologie I, S. 132.
126 SCHWIENHORST-SCHÖNBERGER, Als Mann und Frau, S. 22 f.
127 Ebd., S. 24.
128 PRÖPPER, Anthropologie I, S. 151.
129 ROß, Verteidigung des Menschen, S. 38.
130 BLICKLE, Von der Leibeigenschaft, S. 21.
131 LEBECQ, Sklave, Sp. 1977.
132 Ebd., Sp. 1979.
133 MITTERAUER, Warum Europa, S. 67.
134 LEBECQ, Sklave, Sp. 1979.
135 HOCH, Serfdom, S. 354.
136 STARK, The Victory, S. 28.
137 Thomas Morus, Utopia II; übers. v. RITTER – ONCKEN, S. 44[1].
138 BLICKLE, Von der Leibeigenschaft, S. 42.
139 Ebd., S. 17.
140 Ebd., S. 34.
141 HOFFMANN, Kirche und Sklaverei, S. 22.
142 Ebd., S. 7.
143 BLICKLE, Von der Leibeigenschaft, S. 39.
144 Ebd., S. 17.
145 BLICKLE, Die Reformation, S. 130.
146 DERS., Von der Leibeigenschaft, S. 91.
147 DERS., Die Reformation, S. 121.
148 DERS., Von der Leibeigenschaft, S. 249.

149 DERS., Die Reformation, S. 131.
150 DERS., Von der Leibeigenschaft,
S. 229.
151 Ebd., S. 236.
152 Ebd.
153 Ebd., S. 93.
154 Ebd., S. 167.
155 Ebd., S. 172.
156 Ebd., S. 170.
157 NIPPERDEY, Aktualität des Mittelalters, S. 24–35, S. 24 f.
158 WALSER, Über Rechtfertigung, S. 32.
159 Ebd., S. 33.
160 Ebd., S. 51.
161 Ebd., S. 73.
162 GEERTZ, Dichte Beschreibung, S. 48.
163 Ebd., S. 294.

164 HABERMAS, Naturalismus und Religion, S. 117 f.
165 Ebd., S. 268.
166 HABERMAS, Glaube und Wissen, S. 20.
167 Ebd., S. 29.
168 HABERMAS, Nachmetaphysisches
Denken, S. 98.
169 DERS., Glaube und Wissen, S. 22.
170 HABERMAS – RATZINGER, Über Vernunft, S. 31.
171 HABERMAS, Ein Bewusstsein.
172 DERS., Nachmetaphysisches Denken,
S. 181.
173 Ebd., S. 266.
174 DOMIN, Der Sämann, in: DIES. (Hg.),
Nur eine Rose, S. 66. Den Hinweis
verdanke ich Dr. Edeltraud Balzer.

QUELLEN

Acta Echardiana, Bulle „In agro dominico" vom 27. März 1329; hg. v. Loris Sturlese, Magistri Echardi. Opera Pariensia – Tractatus super oratione dominica / Responsio ad articulos sibi impositos de scriptis et dictis suis – Acta Echardiana (Meister Eckhart. Die deutschen und lateinischen Werke 5), Stuttgart 2006.

Alexandre Deleyre, Fanatisme; hg. v. Günter Berger, Jean Le Rond d'Alembert – Denis Diderot u. a., Enzyklopädie. Eine Auswahl, Frankfurt a. M. 1989.

Ambrosius von Mailand, Briefe 17 und 18; ed. v. Richard Klein, Der Streit um den Victoriaaltar. Die dritte Relatio des Symmachus – die Briefe 17, 18 und 57 des Mailänder Bischofs Ambrosius (TzF 7), Darmstadt 1972.

Ambrosius von Mailand, Über die Pflichten; übers. v. Joh. Ev. Niederhuber, Des heiligen Kirchenlehrers Ambrosius von Mailand. Pflichtenlehre und Ausgewählte kleinere Schriften (BKV² 32,3), Kempten – München 1917.

Anselm von Havelberg, Anticimenon; übers. v. Hermann Josef Sieben, Anselm von Havelberg. Anticimenon: Über die eine Kirche von Abel bis zum letzten Erwählten und von Ost bis West (Archa Verbi. Jahrbuch der internationalen Gesellschaft für theologische Mediävistik 7), Münster 2010.

Anselm von Lüttich, Anselmi gesta episcoporum Leodiensium; ed. v. Georg Heinrich Pertz, Chronica et gesta aevi Salici (MGH.SS 7), Hannover 1846.

Arnold, Gottfried, Unparteische Kirchen- und Ketzerhistorie. Vom Anfang des Neuen Testaments bis auf das Jahr Christi 1688. I.1.2., Frankfurt a. M. 1729, ND Hildesheim 1967.

Aurelius Augustinus, 1. Brief an Macedonius; übers. v. Alfred Hoffmann, Des heiligen Kirchenvaters Aurelius Augustinus ausgewählte Briefe. Bd. 2 (BKV² 30), Kempten – München 1917.

Aurelius Augustinus, Brief an alle Donatisten; übers. v. Alfred Hoffmann, Des heiligen Kirchenvaters Aurelius Augustinus ausgewählte Briefe. Bd. 1 (BKV² 29), Kempten – München 1917.

Aurelius Augustinus, Brief an Maximinus; übers. v. Alfred Hoffmann, Des heiligen Kirchenvaters Aurelius Augustinus ausgewählte Briefe. Bd. 1 (BKV² 29), Kempten – München 1917.

Aurelius Augustinus, Brief an Vincentius; übers. v. Alfred Hoffmann, Des heiligen Kirchenvaters Aurelius Augustinus ausgewählte Briefe. Bd. 1 (BKV² 29), Kempten – München 1917.

Aurelius Augustinus, Brief an Vitalis; übers. v. Alfred Hoffmann, Des heiligen Kirchenvaters Aurelius Augustinus ausgewählte Briefe. Bd. 2 (BKV² 30), Kempten – München 1917.

Aurelius Augustinus, Contra epistulam Parmeniani; ed. v. M. Petschenig, Sancti Aureli Augustini. Scripta contra Donatistas. Pars I: Psalmus contra partem Donati – Contra epistulam Parmeniani Libri Tres – De baptism Libri Septem (CSEL 51; 7,1), Wien – Leipzig 1908.

Aurelius Augustinus, Contra Faustum; ed. v. Joseph Zycha, Sancti Aureli Augustini, De utilitate credendi. De Duabus Animabus. Contra Fortunatum. Contra Adimantum. Contra Epistulam fundamenti. Contra faustum (CSEL 25; 6,1), Prag u. a. 1891.

Aurelius Augustinus, Contra litteras Petiliana; ed. v. Michael Petschenig, Sancti Aureli Augustini. Scriptorum contra Donatistas pars II (CSEL 52), Wien – Leipzig 1909.

Aurelius Augustinus, Die Gabe der Beharrlichkeit; ed. v. Adolar Zumkeller, Aurelius Augustinus Schriften gegen die Semipelagianer lat. / dt. Gnade und freier Wille – Zurechtweisung und Gnade – Die Vorherbestimmung der Heiligen – Die Gabe der Beharrlichkeit (Sankt Augustinus. Der Lehrer der Gnade 7), Würzburg 1955.

Aurelius Augustinus, Vom Gottesstaat I–X; übers. v. Wilhelm Thimme – Carl Andresen, Aurelius Augustinus. Vom Gottesstaat (De civitate dei). Bd. 1: Buch 1 bis 10 (dtv Bibliothek. Literatur – Philosophie – Wissenschaft 6087), Zürich – München 1977.

Aurelius Augustinus, Vom Gottesstaat XI–XXII; übers. v. Wilhelm Thimme – Carl Andresen, Aurelius Augustinus. Vom Gottesstaat (De civitate dei). Bd. 2: Buch 11 bis 22 (dtv Bibliothek. Literatur – Philosophie – Wissenschaft 6088), Zürich – München 1978.

Balthasar Hubmaier, Von Ketzern und ihren Verbrennern; hg. v. Gunnar Westin – Torsten Bergsten, Balthasar Hubmaier. Schriften (QFRG 29), Heidelberg 1962.

Beda, The ecclestical history of the english people; hg. v. Bertram Colgrave – R. A. B. Mynors, (OMT), Oxford – New York – Toronto 1969.

Bernard Gui, Das Buch der Inquisition; ed. v. Petra Seifert, übers. v. Manfred Pawlik, Das Buch der Inquisition. Das Originalbuch des Inquisitors Bernard Gui, Augsburg 1999.

Bernhard von Clairvaux, Sermones; hg. v. Gerhard B. Winkler, Bernhard von Clairvaux. Sämtliche Werke. Bd. VI, Innsbruck 1995.

Bertholdchronik (Zweite Fassung); hg. v. Helga Robinson-Hammerstein – Ian Stuart Robinson, Bertholds und Bernolds Chroniken (Ausgewählte Quellen zur deutschen Geschichte des Mittelalters. FSGA 14), Darmstadt 2002.

Bischöfliche Kanzlei Bernhards von Raesfeld, Aus dem Entwurf der Instruktion für eine Münstersche Gesandtschaft zum Reichstag in Augsburg, 24.02.1566 (Nr. 260); hg. v. Ludwig Keller, Die Gegenreformation in Westfalen und am Niederrhein. Bd. 1: 1555–1585 (PPSA 9), Leipzig 1881.

Bonizo von Sutri, Liber ad amicum; ed. v. Ernestus Dümmler (MGH.SS Ldl 1), Hannover 1891.

Brief Heinrichs Nr. 107; übers. v. Franz-Josef Schmale, Quellen zum Investiturstreit. Erster Teil: Ausgewählte Briefe Papst Gregors VII. (Ausgewählte Quellen zur deutschen Geschichte des Mittelalters FSGA 12a), Darmstadt 1978.

Bruno, Der Sachsenkrieg; übers. v. Franz-Josef Schmale – Irene Schmale-Ott, Quellen zur Geschichte Kaiser Heinrichs IV. (Ausgewählte Quellen zur deutschen Geschichte des Mittelalters. FSGA 12), Darmstadt 1968.

Carolina; ed. v. J. Kohler – Willy Scheel, Die peinliche Gerichtsordnung Kaiser Karls V. Constitutio criminalis carolina (Die Carolina und ihre Vorgängerinnen 1), Halle a. d. Saale 1900.

Constitutiones Apostolorum; ed. v. Franciscus Xaverius Funk, Didascalia – Constitutiones Apostolorum I, Paderborn 1905.

Cyprian, Briefe; übers. v. JULIUS BAER, Des heiligen Kirchenvaters Caecilius Cyprianus Briefe (BKV² 60), München 1928.

Decretum Gratiani; ed. v. AEMILIUS FRIEDBERG, Decretum Magistri Gratiani (CIC(L)I.) (ND der Ausgabe Leipzig 1879), Graz 1959.

Der Heidelberger Katechismus; hg. v. Moderamen des Reformierten Bundes. Der Heidelberger Katechismus. Für den Jugendunterricht evangelischer Gemeinden: Vereinfachte Ausgabe, Neukirchen-Vluyn ⁷1987.

Einheitsübersetzung der Heiligen Schrift. Die Bibel. Gesamtausgabe; hg. im Auftrag der Bischöfe Deutschlands u. a., Stuttgart 1980.

Franzen, August (Hg.), Die Visitationsprotokolle der ersten Nachtridentinischen Visitation im Erzstift Köln unter Salentin von Isenburg im Jahre 1569 (RGST 85), Münster 1960.

Franziskus von Assisi, Nicht bullierte Regel; hg. v. LOTHAR HARDICK – ENGELBERT GRAU, Die Schriften des Heiligen Franziskus von Assisi (FQS 1), Werl ⁸1984.

Friedrich von Spee, Cautio Criminalis; übers. v. JOACHIM-FRIEDRICH RITTER, Friedrich von Spee. Cautio Criminalis oder Rechtliches Bedenken wegen der Hexenprozesse. Mit acht Kupferstichen aus der „Bilder Cautio" (dtv Bibliothek 6122), München 1982.

Gabriel Biel, Canonis Misse Exposito, Lectio; hg. v. HEIKO AUGUSTINUS OBERMANN – WILLIAM JAMES COURTENAY, Gabrielis Biel. Canonis misse expositio. Bd. 3 (VIEG.R 33), Wiesbaden 1966.

Gerhoch von Reichersberg, De investigatione Antichristi liber I,40; ed. v. E. SACKUR (MGH.LL 3), Hannover 1897.

Gerhoch von Reichersberg, Epistola ad Innocentium papam missa, quid distet inter clericos seculares et regulares; ed. v. E. SACKUR (MGH.LL 3), Hannover 1897.

Gerhoch von Reichersberg, Ex commentario in psalmos. Commentarius in psalmum; ed. v. E. SACKUR (MGH.LL 3), Hannover 1897.

Giacomo Aconcio, Stratagematum Satanae, Libri VIII; ed. v. GIORGIO RADETTI, Giacomo Aconcio. Stratagematum Satanae, Libri VIII (ENCPI 7), Florenz 1946.

Gregor XVI., Enzyklika „Mirari vos arbitramur", 15. August 1832 (Nr. 2730–2732); hg. v. HEINRICH DENZINGER – PETER HÜNERMANN, Kompendium der Glaubensbekenntnisse und kirchlichen Lehrentscheidungen, Freiburg i. Br. u. a. ³⁷1991.

Hammurabi, Gesetze; übers. v. HUGO WINCKLER, Die Gesetze Hammurabis Königs von Babylon um 2250 v. Chr., Leipzig 1906.

Hannah Arendt, Vita activa oder Vom tätigen Leben, München ¹⁵2015.

Hrabanus Maurus, Expositio in Mattheaum III; ed. v. B. LÖFSTEDT (CChr.CM 174 A), Turnhout 2000.

Hugues Félicité de Lamennais, Das Volksbuch; übers. v. FRANZ HUBER, Hugues Félicité de Lamennais. Die Liebe macht alles leicht. Worte eines Gläubigen und Das Volksbuch, Offenburg in Baden 1947.

Hugues Félicité de Lamennais, Das Volksbuch; übers. v. GEORG ADLER – ALFRED PAETZ (Hg.), Das Volksbuch von Félicité de Lamennais (Hauptwerke des Sozialismus und der Sozialpolitik 3. Heft), Leipzig 1905.

Hugues Félicité de Lamennais, Worte des Glaubens; übers. v. LUDWIG BÖRNE – ROBERT HABS, Lamennais' Worte des Glaubens (Reclams Universal-Bibliothek 1462), Leipzig 1880.

Hugues Félicité de Lamennais, Worte eines Gläubigen; übers. v. FRANZ HUBER, Hugues Félicité de Lamennais. Die Liebe macht alles leicht. Worte eines Gläubigen und Das Volksbuch, Offenburg – Baden 1947.

Immanuel Kant, Die Religion innerhalb der Grenzen der bloßen Vernunft; hg. v. KARL VORLÄNDER – HERMANN NOACK, Immanuel Kant, Die Religion innerhalb der Grenzen der bloßen Vernunft (PhB 45), Hamburg 1978.

Immanuel Kant, Grundlegung zur Metaphysik der Sitten; hg. v. BERND KRAFT – DIETER SCHÖNECKER, Immanuel Kant. Grundlegung zur Metaphysik der Sitten (PhB 519), Hamburg 1999.

Immanuel Kant, Vorlesung zur Moralphilosophie; hg. v. WERNER STARK – MANFRED KÜHN, Immanuel Kant. Vorlesung zur Moralphilosophie, Berlin – New York 2004.

Incipit Liber sacramentorum Romanae aecclesiae ordinis anni circuli. Iudicium paenitentiale; hg. v. LEO KUNIBERT MOHLBERG (RED.F 4), Rom 1960.

Innocenz III., Brief 228 an den Bischof von Verona; ed. v. JAQUES-PAUL MIGNE, Patrologiæ Cursus completus (PL 214), Paris 1890.

Innozenz III., Briefe; ed. v. OTHMAR HAGENEDER – ANTON HAIDACHER, Die Register Innocenz' III. Bd. 1: 1. Pontifikatsjahr, 1198/99, Texte (PÖHIR, II. Abteilung, Quellen, I. Reihe), Graz 1964.

Instrumenta Pacis Westphalicae; hg. v. KONRAD MÜLLER, Die Westfälischen Friedensverträge 1648 (QNG 12/13), Bern 1949.

Irenäus von Lyon, Adversus Haereses; übers. v. NORBERT BROX, Gegen die Häresien IV. Griechisch/Lateinisch/Deutsch (FC 8,4), Freiburg i. Br. 1997.

Isaak von Antiochien, 5. Gedicht über die Buße; übers. v. SIMON LANDERSDORFER, Ausgewählte Schriften der syrischen Dichter: Cyrillonas, Baläus, Isaak von Antiochien und Jakob von Sarug, (BKV² 6) Kempten – München 1912.

Iustinian, Corpus Iuris Civilis III; hg. v. RUDOLF SCHOELL – WILHELM KROLL, Corpus Iuris civilis. Bd. 3: Novellae, Dublin – Zürich ND ¹⁰1972.

Jan Hus, Aus der „Postille"; hg. v. WALTER SCHAMSCHULA, Jan Hus, Schriften zur Glaubensreform und Briefe der Jahre 1214–1415, Frankfurt a. M. 1969.

Jan Hus, Briefe; hg. v. WALTER SCHAMSCHULA, Jan Hus, Schriften zur Glaubensreform und Briefe der Jahre 1214–1415, Frankfurt a. M. 1969.

Jan Hus, Von den sechs Verwirrungen; hg. v. WALTER SCHAMSCHULA, Jan Hus, Schriften zur Glaubensreform und Briefe der Jahre 1214–1415, Frankfurt a. M. 1969.

Jean-Jacques Rousseau, Emil oder Über die Erziehung; übers. v. LUDWIG SCHMIDTS, Jean-Jacques Rousseau. Emil oder Über die Erziehung, Paderborn ¹³1998.

Jean-Jacques Rousseau, Vom Gesellschaftsvertrag oder Prinzipien des Staatsrechtes; übers. v. LUDWIG SCHMIDTS, Jean-Jacques Rousseau, Politische Schriften. Bd. 1: Abhandlung über die Politische Ökonomie – Vom Gesellschaftsvertrag – Politische Fragmente (UTB 667), Paderborn 1977.

Johann Wolfgang Goethe, Maximen und Reflexionen. Gesellschaft und Geschichte; ed. v. ERICH TRUNZ u. a., Goethes Werke. Bd. XII: Schriften zur Kunst. Schriften zur Literatur (Hamburger Ausgabe 12), München 1998.

Johannes Chrysostomus, Matthäus-Kommentar; übers. v. P. JOH. CHRYSOSTOMUS BAUR, Des Heiligen Kirchenlehrers Johannes Chrysostomus Erzbischof von Konstantinopel Kommentar zum Evangelium des Hl. Matthäus. Bd. 3 (BKV² 26), Kempten – München 1916.

Johannes von Salisbury, Policraticus; ed. v. CLEMENS C. I. WEBB, Ioannis Saresberiensis episcopi Carnotensis Policratici sive De nugis curialium et vestigiis philosophorum, Libri VIII, Frankfurt a. M. 1965.

Johannes XXII., Konstitution „In agro dominico": Meister Eckhart vom 27. März 1329 (Nr. 950–980); hg. v. HEINRICH DENZINGER – PETER HÜNERMANN, Kompendium der Glaubensbekenntnisse und kirchlichen Lehrentscheidungen, Freiburg i. Br. u. a. ³⁷1991.

Johannes XXIII., Enzyklika „Pacem in terris": Menschenrechte (Nr. 3955–3997); hg. v. HEINRICH DENZINGER – PETER HÜNERMANN, Kompendium der Glaubensbekenntnisse und kirchlichen Lehrentscheidungen, Freiburg i. Br. u. a. ³⁷1991.

John Locke, Brief über Toleranz; übers. v. JOHANN FRIEDRICH MEYER, John Locke, Brief über Toleranz (Worte, die die Welt veränderten), Paderborn 2007.

Julius Köbner, Manifest des freien Christenthums an das deutsche Volk; hg. v. ERICH GELDBACH – MARKUS WEHRSTEDT – DIETMAR LÜTZ, Religionsfreiheit. Festschrift zum 200. Geburtstag von Julius Köbner (Freikirchliche Beiträge zur Theologie 12), Berlin 2006.

Justinus, Dialog mit dem Juden Tryphon; übers. v. PHILIPP HAEUSER, Des Heiligen Philosophen und Märtyrers Justinus. Dialog mit dem Juden Tryphon (BKV 33), Kempten – München 1917.

Kaiser Ferdinand II. an Erzherzog Albrecht, Frankfurt a. M., 16. September 1619; ed. v. THOMAS BROCKMANN, Gegenreformation und habsburgische Bündnispolitik, in: JÖRG ENGELBRECHT – STEPHAN LAUX (Hgg.), Landes- und Reichsgeschichte (FS Hansgeorg Molitor) (Studien zur Regionalgeschichte 18), Bielefeld 2004, S. 147–198.

Karl der Große, Admonitio Generalis; ed. v. ALFRED BORETIUS (MGH. Cap. 1), Hannover 1883.

Kirchenamt im Auftrage des Rates der Evangelischen Kirche in Deutschland (Hg.), Evangelische Kirche und freiheitliche Demokratie. Der Staat des Grundgesetzes als Angebot und Aufgabe. Eine Denkschrift der Evangelischen Kirche in Deutschland, Gütersloh ⁴1990.

Laktanz, Auszug aus den göttlichen Unterweisungen; übers. v. ALOYS HARTL, Des Luc. Cael. Firm. Lactantius ausgewählte Schriften (BKV² 36), Kempten – München 1919.

Laktanz, Divinarium institutionum libri septem; ed. v. EBERHARD HECK – ANTONIE WLOSOK, L. Caelius Firmianus Lactantius, Divinarium Institutionum Libri Septem. Libri V et VI (BSGRT), Berlin 2009.

Laktanz, Vom Zorne Gottes; übers. v. ALOYS HARTL, Des Luc. Cael. Firm. Lactantius ausgewählte Schriften (BKV² 36), Kempten – München 1919.

Laktanz, Von den Todesarten der Verfolger; übers. v. ALOYS HARTL, Des Lactantius Schriften. Von den Todesarten der Verfolger – Vom Zorne Gottes – Auszug aus den göttlichen Unterweisungen – Gottes Schöpfung (BKV² 36), Kempten – München 1919.

Lampert von Hersfeld, Annalen, Von der Bestrafung Widerads von Fulda; ed. v. ADOLF SCHMIDT – WOLFGANG DIETRICH FRITZ, Lampert von Hersfeld. Annalen (Ausgewählte Quellen zur deutschen Geschichte des Mittelalters. FSGA 13), Darmstadt 1962.

Leo X., Bulle „Exurge Domine" vom 15. Juni 1520 (Nr. 1451–1492); hg. v. HEINRICH DENZINGER – PETER HÜNERMANN, Kompendium der Glaubensbekenntnisse und kirchlichen Lehrentscheidungen, Freiburg i. Br. u. a. ³⁷1991.

Liber de unitate ecclesiae conservanda; übers. v. Irene Schmale-Ott, Quellen zum Investiturstreit. Zweiter Teil: Schriften über den Streit zwischen Regnum und Sacerdo-
tium (Ausgewählte Quellen zur Deutschen Geschichte des Mittelalters. FSGA 12b),
Darmstadt 1984.
Marbeck, Vermahnung; ed. v. Christian Hege, in: Konferenz der Süddeutschen Mennoniten e. V. (Hg.), Gedankenschrift zum 400jährigem Jubiläum der Mennoniten oder
Taufgesinnten. 1525–1925, Ludwigshafen a. Rh. 1925.
Marc Aurel, Selbstbetrachtungen; übers. v. Wilhelm Capelle, Marc Aurel. Selbstbetrachtungen (KRT 4), Stuttgart 1973.
Margarete Porete, Der Spiegel der einfachen vernichtigten Seelen und jener, die einzig
im Wollen und Verlangen der Liebe verbleiben; übers. v. Louise Gnädinger, Margarete Porete, Der Spiegel der einfachen Seelen. Wege der Frauenmystik (Unbekann-
tes Christentum), Zürich – München 1987.
Marin Bucer, Beschluss; ed. v. Manfred Krebs – Hans Georg Rott, Quellen zur Geschich-
te der Täufer. Bd. VII: Elsaß, I. Teil. Stadt Straßburg 1522–1532 (QFRG 26), Heidel-
berg 1959.
Marin Bucer, Widerlegung des Bekenntnisses von Pilgram Marbeck / Beschluss; ed. v.
Manfred Krebs – Hans Georg Rott, Quellen zur Geschichte der Täufer. Bd. VII:
Elsaß, I. Teil. Stadt Straßburg 1522–1532 (QFRG 26), Heidelberg 1959.
Marsilius von Padua, Defensor Pacis; übers. v. Richard Scholz – Horst Kusch, Marsilius
von Padua, Der Verteidiger des Friedens. Neu eingeleitet und herausgegeben von
Jürgen Miethke (Ausgewählte Quellen zur Geschichte des Mittelalters. FSGA 50),
Darmstadt 2017.
Martin Luther, An den christlichen Adel deutscher Nationen von des Christlichen stan-
des besserung; hg. v. Joachim Karl Friedrich Knaake, D. Martin Luthers Werke.
Kritische Gesamtausgabe (WA 6), Weimar 1888.
Martin Luther, Annotationes in aliquot capita Matthaei, 1538; hg. v. Karl Drescher,
D. Martin Luthers Werke. Kritische Gesamtausgabe (WA 38), Weimar 1912.
Martin Luther, Bulla coenae domini, das ist, die Bulla vom Abendfressen des aller-
heiligsten Herrn, des Papstes, verdeutscht durch Martin Luther 1522; hg. v. J. K. F.
Knaacke, D. Martin Luthers Werke. Kritische Gesamtausgabe (WA 8), Weimar 1889.
Martin Luther, Die 95 Thesen über den Ablaß (31. Oktober 1517); hg. v. Heiko A. Ober-
mann, Die Kirche im Zeitalter der Reformation (KTGQ 3), Neukirchen-Vluyn 1981.
Martin Luther, Ob christliche Fürsten schuldig sind, der Widerteuffer unchristlichen
Sect mit leiblicher straffe, und mit dem Schwert zu wehren (1536); hg. v. Joachim
Karl Friedrich Knaake, D. Martin Luthers Werke. Kritische Gesamtausgabe
(WA 50), Weimar 1914.
Meister Eckhart, Vom edlen Menschen; hg. u. übers. v. Josef Quint, Meister Eckehart,
Deutsche Predigten und Traktate, München ⁵1963.
Menno Simons, Reply to Gellius Faber; übers. v. John C. Wenger – Leonard Verduin, The
complete writings of Menno Simons c. 1496–1561, Scottdale (Pennsylvania) 1956.
Niederschrift über die Sondierungen Maximilian von Trauttmansdorffs und Hartger
Henots, München, 5. Oktober 1619; ed. v. Thomas Brockmann, Gegenreformation
und habsburgische Bündnispolitik, in: Jörg Engelbrecht – Stephan Laux (Hgg.),
Landes- und Reichsgeschichte (FS Hansgeorg Molitor) (Studien zur Regionalge-
schichte 18), Bielefeld 2004, S. 147–198.

Origenes, 21. Homilie zum Buch Josua; ed. v. Thomas R. Elßner – Theresia Heither, Die Homilien des Origenes zum Buch Josua. Die Kriege Josuas als Heilswirken Jesu (Beiträge zur Friedensethik 38), Stuttgart 2006.

Origenes, De principiis; hg. v. Herwig Görgemanns – Heinrich Karpp, Origenes. Vier Bücher von den Prinzipien (TzF 24), Darmstadt ³1992.

Origenes, Römerbrief-Kommentar; ed. v. Theresia Heither, Origenes Römerbriefkommentar. Fünftes und sechstes Buch, Lateinisch-Deutsch (FC 2), Freiburg i. Br. 1993.

Peter Abaelard, Gespräch eines Philosophen, eines Juden und eines Christen; ed. v. Hans-Wolfgang Krautz, Peter Abailard, Gespräch eines Philosophen, eines Juden und eines Christen, Frankfurt a. M. – Leipzig 1995.

Peter Abaelard, Theologia Christiana; ed. v. Eliqius M. Buytaert (CChr.CM 12), Turnhout 1969.

Petrus Abaelardus, Nosce te ipsum; übers. v. Ferdinand Hommel, Nosce te ipsum. Die Ethik des Peter Abälard (Bücher des Wissens 2), Wiesbaden 1947.

Petrus Damiani, Brief an Papst Alexander II. (Nr. 164); ed. v. Kurt Reindel, Die Briefe des Petrus Damiani. Teil 4: Nr. 151–180 (MGH.B 4,4), München 1993.

Petrus Damiani, Brief Nr. 40; ed. v. Kurt Reindel, Die Briefe des Petrus Damiani. Teil 4: Nr. 151–180 (MGH.B 4,4), München 1993.

Petrus Damiani, Liber Gomorrhianus; ed. v. Kurt Reindel, Die Briefe des Petrus Damiani. Teil 1: Nr. 1–40 (MGH.B 4,1), München 1983.

Philipp Jakob Spener, Klagen über das verdorbene Christenthum; hg. v. Kurt Aland – Beate Köster, Die Werke Philipp Jakob Speners. Studienausgabe. Bd. I: Die Grundschriften. Teil 2, Basel 2000.

Pierre Bayle, Historisches und kritisches Wörterbuch; hg. u. übers. v. Günter Gawlick – Lothar Kreimendahl, Pierre Bayle, Historisches und kritisches Wörterbuch. Zweiter Teil der Auswahl (PhB 582), Hamburg 2006.

Pierre Bayle, Toleranz. Ein philosophischer Kommentar zu folgenden Worten des Evangeliums nach Lukas, Kapitel 14, Vers 23; hg. v. Eva Buddeberg – Rainer Forst, Pierre Bayle, Toleranz. Ein philosophischer Kommentar (stw 2183), Berlin 2016.

Pontificale Romano-Germanicum; ed. v. Cyrille Vogel – Reinhard Elze, Le Pontifical Romano-Germanique du dixième siècle. Le texte I (StT 226), Città del Vaticano 1963.

Radulfus Niger, De re militari et triplici via peregrinationis ierosolimitane; ed. v. Ludwig Schmugge, Radulfus Niger, De re militari et triplici via peregrinationis ierosolimitane (1187/88) (BGQMA 6), Berlin – New York 1977.

Regino von Prüm, De synodalibus causis; ed. v. F. G. W. Wasserschleben, Reginonis abbatis prumiensis libri duo. De synodalibus causis et disciplinis ecclesiasticis, Leipzig 1840.

Reichstagsakte vom 22. April 1529; ed. v. Johannes Kühn, Deutsche Reichstagsakten unter Karl V. (DRTA.JR 7.1), Stuttgart 1935.

Samuel von Pufendorf, Über die Pflicht des Menschen des Bürgers nach dem Gesetz der Natur; hg. u. übers. v. Klaus Luig, Samuel von Pufendorf, Über die Pflicht des Menschen des Bürgers nach dem Gesetz der Natur (Bibliothek des deutschen Staatsdenkens 1), Frankfurt a. M. – Leipzig 1994.

Sébastien Castellion, De l'impunité des hérétiques. De haereticis non puniendis; ed. u. hg. v. Bruno Becker – M. Valkhoff, Sébastien Castellion, De l'impunité des hérétiques. De haereticis non puniendis (THR 118), Genf 1971.

Seneca, Ad Lucilium; übers. v. Otto Apelt, Lucius Annaeus Seneca. Philosophische Schriften. Dialoge – Briefe an Lucilius (Vollständige Studienausgabe), Wiesbaden 2004.

Seneca, Über den Zorn; ed. v. Manfred Rosenbach, L. Annaeus Seneca, Philosophische Schriften. Lateinisch und Deutsch. Sonderausgabe. Erster Band: Dialoge I–VI, Darmstadt ²2011.

Seneca, Über die Milde; ed. v. Manfred Rosenbach, L. Annaeus Seneca, Philosophische Schriften. Lateinisch und Deutsch. Sonderausgabe. Erster Band: Dialoge I–VI, Darmstadt ²2011.

Seneca, Über die Wohltaten; ed. v. Manfred Rosenbach, L. Annaeus Seneca, Philosophische Schriften. Lateinisch und Deutsch. Sonderausgabe. Erster Band: Dialoge I–VI, Darmstadt ²2011.

Sigebert von Gembloux, Leodicensium Epistola adversus Paschalem Papam; ed. v. Ernst Dümmler (MGH.LL 2), Hannover 1892.

Sören Kierkegaard, Tagebuch 1843; übers. v. Theodor Haecker, Sören Kierkegaard, Die Tagebücher. Bd. 1: 1834–1848, Innsbruck 1923.

Symmachus, Relatio III; ed. v. Richard Klein, Der Streit um den Victoriaaltar. Die dritte Relatio des Symmachus – die Briefe 17,18 und 57 des Mailänder Bischofs Ambrosius (TzF 7), Darmstadt 1972.

Tertullian, Apologetikum; ed. v. Tobias Georges, Apologeticum – Verteidigung des christlichen Glaubens. Lateinisch/Deutsch (FC 62), Freiburg i. Br. 2015.

Tertullian, De praescriptione haereticorum; ed. v. Dietrich Schleyer, Tertullian. Vom Prinzipiellen Einspruch gegen die Häretiker (FC 42), Turnhout 2002.

Tertullian, De virginibus velandis; ed. v. A. Gerlo, Quinti septimi florentis Terulliani opera (CChr.SL 2,2), Turnhout 1954.

Tertullian, Über das Gebet; ed. v. Dietrich Schleyer, Tertullian. De baptismo – De oratione / Von der Taufe – Vom Gebet (FC 76), Turnhout 2006.

Thangmar,Vita Sancti Bernwardi Episcopi Hildesheimensis; übers. v. Hatto Kallfelz, Leben des heiligen Bernward Bischofs von Hildesheim – Lebensbeschreibungen einiger Bischöfe des 10.–12. Jahrhunderts (Ausgewählte Quellen zur deutschen Geschichte des Mittelalters FSGA 22), Darmstadt 1973.

Thomas Hobbes, Leviathan oder Stoff, Form und Gewalt eines kirchlichen und bürgerlichen Staates; hrsg. v. Iring Fetscher und übers. v. Walter Euchner, Thomas Hobbes, Leviathan oder Stoff, Form und Gewalt eines kirchlichen und bürgerlichen Staates (stw 462), Frankfurt a. M. ⁴1991.

Thomas Morus, Utopia; übers. v. Gerhard Ritter – Hermann Oncken, Thomas Morus, Utopia, Darmstadt 1973.

Thomas von Aquin, Summa contra gentiles; hg. v. Karl Allgaier, Thomas von Aquin, Summa contra gentiles III, 84–163, Darmstadt 1996.

Thomas von Aquin, Summa theologica II-II, quaest. 1–16; übers. v. Dominikanern und Benediktinern Deutschlands und Österreichs, „Thomas von Aquin", Summa Theologica II-II, 1–16. Glaube als Tugend (DThA 15), Graz 1950.

Thomas von Aquin, Summa theologica II-II, quaest. 57–79; übers. v. Dominikanern und Benediktinern Deutschlands und Österreichs, „Thomas von Aquin", Summa Theologica II-II, 57–79. Recht und Gerechtigkeit (DThA 18), Graz 1953.

Thomas von Aquin, Summa theologica Supplement zu III, quaest. 17–40; übers. v. Dominikanern und Benediktinern Deutschlands, Thomas von Aquin, Summa Theologica. Die Schlüsselgewalt der Kirche – Krankensalbung – das Sakrament der Weihe (DThA 32), Graz – Wien – Köln 1985.

Thomas von Celano, Zweite Lebensbeschreibung; übers. v. ENGELBERT GRAU, Leben und Wunder des heiligen Franziskus von Assisi, Werl ⁴1988.

Traditio Apostolica; ed. v. GEORG SCHÖLLGEN, Didache. Zwöf-Apostel-Lehre (FC 1), Freiburg i. Br. u. a. 1991.

Trauttmansdorff, Lamberg, Krane und Volmar an Ferdinand III., Osnabrück 1647 März 25; ed. v. ANTJE OSCHMANN, Die Kaiserlichen Korrespondenzen. Bd. 5: 1646–1647 (APW II, A 5), Münster 1993.

Vereinigte Evangelisch-Lutherische Kirche Deutschlands, Erklärung zur Beschlussfassung zum Erbe der lutherischen Verfolgung von Täuferinnen und Täufern, in: Texte aus der VELKD 163 (2012).

Voltaire, Glaubensbekenntnis des Theisten von Le Comte Da...an R.D; übers. v. KARL AUGUST HORST, Voltaire. Kritische und satirische Schriften, München 1970.

Voltaire, Über die Toleranz. Veranlaßt durch die Hinrichtung des Johann Calas im Jahre 1762; hg. v. GÜNTHER MENSCHING, Voltaire, Recht und Politik. Schriften I, Frankfurt a. M. 1978.

Walter Map, De nugis curialium; ed. v. MONTAGUE RHODES JAMES, Walter Map. De nugis curialium – Courtier's Trifles (OMT), Oxford 1983.

Wenrich von Trier, Epistola an Papst Hildebrand; hg. v. IRENE SCHMALE-OTT, Quellen zum Investiturstreit. Zweiter Teil: Schriften über den Streit zwischen Regnum und Sacerdotium (Ausgewählte Quellen zur Deutschen Geschichte des Mittelalters. FSGA 12b), Darmstadt 1984.

Wilhelm Emmanuel von Ketteler, Religionsfreiheit; hg. v. ERWIN ISERLOH, Schriften, Aufsätze und Reden 1848–1866 (Wilhelm Emmanuel Freiherr von Ketteler. Sämtliche Werke und Briefe, Bd. I,1), Mainz 1977.

Willibald, Vita Bonifatii; ed. v. REINHOLD RAU, Briefe des Bonifatius – Willibalds Leben des Bonifatius. Nebst einigen zeitgenössischen Dokumenten (Ausgewählte Quellen zur Deutschen Geschichte des Mittelalters. FSGA IVb), Darmstadt 1968.

Winfried Bonifatius, Briefe; ed. v. REINHOLD RAU, Briefe des Bonifatius – Willibalds Leben des Bonifatius. Nebst einigen zeitgenössischen Dokumenten (Ausgewählte Quellen zur deutschen Geschichte des Mittelalters. FSGA IVb), Darmstadt 1968.

Wolfram von Eschenbach, Willehalm; hg. v. JOACHIM HEINZLE, Wolfram von Eschenbach. Willehalm: Nach der Handschrift 857 der Stiftsbibliothek St. Gallen (Bibliothek des Mittelalters 9), Frankfurt a. M. 1991.

Zacharias, Brief an Bonifatius; ed. v. REINHOLD RAU, Briefe des Bonifatius – Willibalds Leben des Bonifatius. Nebst einigen zeitgenössischen Dokumenten (Ausgewählte Quellen zur deutschen Geschichte des Mittelalters. FSGA IVb), Darmstadt 1968.

Zweites Laterankonzil; hg. v. JOSEF WOHLMUTH u. a., Dekrete der ökumenischen Konzilien. Bd. 2: Konzilien des Mittelalters vom Ersten Lateilankönzil (1123) bis zum Fünften Laterankonzil (1512–1517), Paderborn u. a. 2000.

Zweites Vatikanisches Konzil; hg. v. JOSEF WOHLMUTH, Dekrete der Ökumenischen Konzilien. Bd. 3: Konzilien der Neuzeit. Konzil von Trient (1545–1563) – Erstes Vatikanisches Konzil (1869/70) – Zweites Vatikanisches Konzil (1962–1965), Paderborn 2002.

LITERATUR

ADLER, GEORG, Lamennais und der religiöse Sozialismus des 19. Jahrhunderts, in: GEORG ADLER – ALFRED PAETZ (Hg.), Das Volksbuch von Félicité de Lamennais (Hauptwerke des Sozialismus und der Sozialpolitik 3. Heft), Leipzig 1905, S. 7–28.

ALTERMATT, URS, Religionsfreiheit und Demokratie aus der Sicht der Katholizismusforschung, in: KARL GABRIEL – CHRISTIAN SPIEß – KATJA WINKLER (Hgg.), Religionsfreiheit und Pluralismus. Entwicklungslinien eines katholischen Lernprozesses (Katholizismus zwischen Religionsfreiheit und Gewalt 1), Paderborn u.a. 2010, S. 57–79.

ALTHOFF, GERD, „Selig sind, die Verfolgung ausüben". Päpste und Gewalt im Hochmittelalter, Darmstadt 2013.

ALTHOFF, GERD, Die Macht der Rituale. Symbolik und Herrschaft im Mittelalter, Darmstadt ²2013.

ANGENENDT, ARNOLD, Cartam offerre super altare. Zur Liturgisierung von Rechtsvorgängen, in: FmSt 36 (2002), S. 133–158.

ANGENENDT, ARNOLD, Deus, qui nullum peccatum impunitum dimittit. Ein „Grundsatz" der mittelalterlichen Bußgeschichte, in: MATTHIAS LUTZ-BACHMANN (Hg.), Und dennoch ist von Gott zu reden (FS Vorgrimler), Freiburg i.Br. – Basel – Wien 1994, S. 142–156.

ANGENENDT, ARNOLD, Die Geburt der christlichen Karitas, in: CHRISTOPH STIEGEMANN (Hg.), Caritas. Nächstenliebe von den frühen Christen bis zur Gegenwart. Katalog zur Ausstellung im Erzbischöflichen Diözesanmuseum Paderborn [23. Juli bis 13. Dezember 2015], Petersberg 2015, S. 40–51.

ANGENENDT, ARNOLD, Die Reinigung Jerusalems, oder: Die Pollutio als Kreuzzugsmotivik, in: FmSt 49 (2015), S. 301–345.

ANGENENDT, ARNOLD, Mission im Frühmittelalter. Die religiösen und sozialgeschichtlichen Rahmenbedingungen, in: ZMR 88.2 (2004), S. 99–122.

ANGENENDT, ARNOLD, Offertorium. Das mittelalterliche Meßopfer (LWQF 101), Münster ³2014.

ANGENENDT, ARNOLD, Toleranz und Gewalt. Das Christentum zwischen Bibel und Schwert, Münster ⁵2009.

ARNOLD, MATTHIEU, Frankreich, in: RGG⁴ 3 (2000), Sp. 223–241.

ASSMANN, ALEIDA – ASSMANN, JAN, „Zweifache Energie fürs Denken", in: FAZ vom 14.10.2018 (http://www.faz.net/-hmj-9fg3c, zuletzt abgerufen am 17.10.2018).

ASSMANN, JAN, Achsenzeit. Eine Archäologie der Moderne, München 2018.

ASSMANN, JAN, Die mosaische Unterscheidung. Oder der Preis des Monotheismus, München 2003.

ASSMANN, JAN, Totale Religion. Ursprünge und Formen puritanischer Verschärfung, Wien 2016.

AUBERT, ROGER, Kirche und Staat in Belgien im 19. Jahrhundert, in: WERNER CONZE (Hg.), Beiträge zur deutschen und belgischen Verfassungsgeschichte im 19. Jahrhundert, Stuttgart 1967, S. 5–25.

AUGUSTIJN, CORNELIS, Die Ketzerverfolgung in den Niederlanden von 1520 bis 1545, in: HANS RUDOLF GUGGISBERG – BERND MOELLER – SILVANA SEIDEL MENCHI (Hgg.), Ketzerverfolgung im 16. und frühen 17. Jahrhundert (Wolfenbütteler Forschungen 51), Wiesbaden 1992, S. 49–63.

BABEROWSKI, JÖRG, Räume der Gewalt, Frankfurt a. M. 2015.

BALKE, WIM, Calvin und die Täufer, in: HERMAN J. SELDERHUIS (Hg.), Calvin Handbuch, Tübingen 2008, S. 147–155.

BÄRSCH, JÜRGEN, „Pax Domini" und „Depressio inimicorum". Skizzen zu Krieg und Frieden im Spiegel der abendländischen Liturgie in Spätantike und Mittelalter, in: GERHARD BEESTERMÖLLER (Hg.), Friedensethik im frühen Mittelalter. Theologie zwischen Kritik und Legitimation von Gewalt (StFr 46), Münster 2014, S. 53–84.

BARTLETT, ROBERT, Die Geburt Europas aus dem Geist der Gewalt. Eroberung, Kolonisierung und kultureller Wandel von 950 bis 1350 (Knaur Taschenbuch 77321), München 1998.

BARUZZI, ARNO, Recht/Rechtstheologie/Rechtsphilosophie (VI. Rechtsphilosophie), in: TRE 28 (1997), S. 245–256.

BAUER, THOMAS, Die Vereindeutigung der Welt. Über den Verlust an Mehrdeutigkeit und Vielfalt, Stuttgart 2018 (RUB: Was bedeutet das alles?).

BECK, HANS-GEORG, Actus fidei. Wege zum Autodafé (Bayrische Akademie der Wissenschaften. Philosophisch-Historische Klasse. Sitzungsberichte 3/1987), S. 1–72.

BEHRINGER, WOLFGANG (Hg.), Hexen und Hexenprozesse in Deutschland, München ⁴2000.

BEHRINGER, WOLFGANG, „Vom Unkraut unter dem Weizen". Die Stellung der Kirchen zum Hexenproblem, in: RICHARD VAN DÜLMEN (Hg.), Hexenwelten. Magie und Imagination vom 16.–20. Jahrhundert, Frankfurt a. M. 1987, S. 15–47.

BENEDICT, PHILIP, Prophetische Politik? Geistliche, Krieg und Exempel des Alten Testaments in den französischen Religionskriegen, in: ANDREAS HOLZEM (Hg.), Krieg und Christentum. Religiöse Gewalttheorien in der Kriegserfahrung des Westens (KRiG 50), Paderborn u. a. 2009, S. 505–526.

BENRATH, GUSTAV ADOLF, Wyclifs Bibelkommentar (AKG 36), Berlin 1966.

BERGER, KLAUS, Kommentar zum Neuen Testament, Gütersloh 2011.

BERGER, KLAUS, Theologiegeschichte des Urchristentums. Theologie des Neuen Testaments (UTB für Wissenschaft: Große Reihe), Tübingen – Basel 1994.

BIELEFELDT, HEINER, Muslime im modernen Rechtsstaat. Integrationschancen durch Religionsfreiheit, Bielefeld 2003.

BIELEFELDT, HEINER, Philosophie der Menschenrechte. Grundlagen eines weltweiten Freiheitsethos, Darmstadt 1998.

BIELEFELDT, HEINER, Religionsfreiheit – oft missverstanden, aber unverzichtbar, in: KLAUS KRÄMER – KLAUS VELLGUTH (Hgg.), Religionsfreiheit. Grundlagen – Reflexionen – Modelle (Theologie der einen Welt 5), Freiburg i. Br. 2014, S. 115–137.

BLICKLE, PETER, Die Reformation im Reich (KTB 747), Stuttgart ⁴2015.

BLICKLE, PETER, Von der Leibeigenschaft zu den Menschenrechten. Eine Geschichte der Freiheit in Deutschland, München 2003.

BOCK, HELMUT, Ludwig Börne. Vom Gettojuden zum Nationalschriftsteller, Berlin 1962.

Böckenförde, Ernst-Wolfgang, Recht, Staat, Freiheit. Studien zur Rechtsphilosophie, Staatstheorie und Verfassungsgeschichte (stw 914), Frankfurt a. M. 1991.

Brandmüller, Walter, Das Konzil in Konstanz. Bd. 1 (Konziliengeschichte Reihe A), Paderborn 1991, S. 323–359.

Braun, Johann Wilhelm, Anselm von Havelberg, in: VerfLex² 1 (2010), Sp. 384–391.

Brecht, Martin, Die Menschenrechte in der Geschichte der Kirche, in: Jörg Bauer (Hg.), Zum Thema Menschenrechte. Theologische Versuche und Entwürfe, Stuttgart 1977, S. 39–96.

Brecht, Martin, IV. Die deutschen Spiritualisten des 17. Jahrhunderts, in: Ders. (Hg.), Der Pietismus vom siebzehnten bis zum frühen achtzehnten Jahrhundert (Geschichte des Pietismus 1), Göttingen 1993, S. 205–240.

Brecht, Martin, Martin Luther. Bd. 1: Sein Weg zur Reformation 1483–1521, Stuttgart 1981.

Breitenstein, Mirko, Vier Arten des Gewissens. Spuren eines Ordnungsschemas vom Mittelalter bis in die Moderne. Mit Edition des Traktats: De quattuor modis conscientiarum (Klöster als Innovationslabore. Studien und Texte 4), Regensburg 2017.

Brennecke, Hanns Christof, Kriegsdienst und Soldatenberuf für Christen und die Rolle des römischen Heeres für die Mission, in: Andreas Holzem (Hg.), Krieg und Christentum. Religiöse Gewalttheorien in der Kriegserfahrung des Westens (KRiG 50), S. 180–211.

Brennecke, Hanns Christof, Priscilian/Priscilianismus, in: LMA 7 (1995), Sp. 219.

Breuning, Wilhelm, Apokatastasis, in: LThK³ 1 (1993), Sp. 821–824.

Brockmann, Thomas, Gegenreformation und habsburgische Bündnispolitik, in: Jörg Engelbrecht – Stephan Laux (Hgg.), Landes- und Reichsgeschichte (FS Hansgeorg Molitor) (Studien zur Regionalgeschichte 18), Bielefeld 2004, S. 147–198.

Brown, Peter, Der Schatz im Himmel. Der Aufstieg des Christentums und der Untergang des Römischen Reiches, Stuttgart 2017.

Brown, Peter, Gesellschaft und das Übernatürliche. Vier Studien zum frühen Christentum (Kleine Kulturwisssenschaftliche Bibliothek 40), Berlin 1993.

Brox, Norbert, Das Frühchristentum. Schriften zur Historischen Theologie; hg. v. Dünzel, Alfons u. a., Freiburg i. Br. 2000.

Brox, Norbert, Häresie (B. Christlich), in: RAC 13 (1986), Sp. 255–290.

Brox, Norbert, Mehr als Gerechtigkeit. Die außenseiterischen Eschatologien des Markion und Origenes, in: Kairos 24 (1982), S. 1–16.

Buddeberg, Eva – Forst, Rainer, Zur Einleitung: Pierre Bayles Theorie der Toleranz, in: Eva Buddeberg – Rainer Forst (Hg.), Pierre Bayle, Toleranz. Ein philosophischer Kommentar (stw 2183), Berlin 2016, S. 11–45.

Bumke, Joachim, Wolfram von Eschenbach, in: VerfLex 10 (1999), Sp. 1376–1418.

Burkert, Walter, Kulte des Altertums. Biologische Grundlagen der Religion, München 1998.

Chadwick, Henry, Gewissen, in: RAC 10 (1978), Sp. 1025–1107.

Classen, Peter, Gerhoch von Reichersberg. Eine Biographie. Mit einem Anhang über die Quellen, ihre handschriftliche Überlieferung und ihre Chronologie, Wiesbaden 1960.

Clauss, Manfred, Athanasius der Große. Der unbeugsame Heilige (Historische Biografie), Darmstadt 2016.

Clauss, Manfred, Heerwesen (Heeresreligon) (E. Rom), in: RAC 13 (1986), Sp. 1078–1113.

LITERATUR

COURTENAY, WILLIAM J., Inquiry and Inquisition: Academic Freedom in Medieval Universities, in: ChH 58 (1989), S. 168–181.

CROUZEL, HENRI, Bild Gottes II (Alte Kirche), in: TRE 6 (1980), S. 499–502.

DALEY, BRIAN, Eschatologie. In der Schrift und Patristik (HDG IV,7a), Freiburg i. Br. u. a. 1986.

DASSMANN, ERNST, Wieviele Wege führen zur Wahrheit? Ambrosius und Symmachus im Streit um den Altar der Viktoria, in: THOMAS SÖDING (Hg.), Ist der Glaube Feind der Freiheit? Die neue Debatte um den Monotheismus (QD 196), Freiburg i. Br. 2003, S. 123–141.

DE LANGE, ALBERT, Die Inquisition in der Römischen Kirche vor und nach der Reformation. Kontinuität oder Diskontinuität?, in: ARMIN KOHNLE – CHRISTIAN WINTER (Hgg.), Zwischen Reform und Abgrenzung. Die Römische Kirche und die Reformation (Quellen und Forschungen zur sächsischen Geschichte 37), Leipzig 2014, S. 89–112.

DE VOOGHT, PAUL, L'Hérésie de Jean Huss (BRHE 34), Louvain 1960.

DE VOS, J. CORNELIS, Schriftgelehrte und Pharisäer im Matthäusevangelium. Das ambivalente Verhältnis des Matthäus zu seinem jüdischen Hintergrund, in: DERS. – NICLAS FÖRSTER (Hgg.), Juden und Christen unter römischer Herrschaft. Selbstwahrnehmung und Fremdwahrnehmung in den ersten beiden Jahrhunderten n. Chr. (Schriften des Institutum Judaicum Delitzschianum 10), Göttingen 2015, S. 110–126.

DEMANDT, ALEXANDER, Marc Aurel, München 2018.

DETEMPLE, SIEGFRIED, Voltaire. Die Werke. Zum 300. Geburtstag, Berlin 1994.

DIETRICH, WALTER – MAYORDOMO, MOISÉS, Gewalt und Gewaltüberwindung in der Bibel. In Zusammenarbeit mit Claudia Henne-Einsele und einem studentischen Autorenteam, Zürich 2005.

DILLINGER, JOHANNES, Hexen und Magie. Eine historische Einführung (Historische Einführungen 3), Frankfurt a. M. – New York 2007.

DINZELBACHER, PETER, Angst im Mittelalter. Teufels-, Todes- und Gotteserfahrung: Mentalitätsgeschichte und Ikonographie, Paderborn 1996.

DOMIN, HILDE, Nur eine Rose als Stütze. Gedichte, Frankfurt a. M. 2014.

DOSKOZIL, W., Exkommunikation (I. Allgemeines), in: RAC 7 (1969), Sp. 1–2.

DREIER, HORST, Staat ohne Gott. Religion in der säkularen Moderne, München 2018.

DRESCHER, SEYMOUR, Moral Issues, in: DERS. – STANLEY L. ENGERMAN (Hgg.), A historical Guide to World Slavery, New York u. a. 1998, S. 282–290.

DUGGAN, ANNE J., Johannes von Salisbury (1115/20–1180), in: TRE 17 (1988), S. 153–155.

DUKE, ALASTAIR, Reformation and Revolt in the Low Countries, London – Ronceverte 1990.

DÜRIG, WALTER, Dignitas (B. Christlich), in: RAC 3 (1957), Sp. 1028–1035.

DURKHEIM, ÉMILE, Soziologie und Philosophie. Mit einer Einleitung von THEODOR W. ADORNO (stw 176), Frankfurt a. M. ³1996, S. 403.

EBELING, GERHARD, Die Toleranz Gottes und die Toleranz der Vernunft, in: ZThK 78.4 (1981), S. 442–464.

EBNER, MARTIN, Endgericht als Verunsicherung: oder von der Gewissheit, dass die letzte Entscheidung nicht in menschlicher Hand liegt, in: JÜRGEN WERBICK – SVEN KALISCH – KLAUS VON STOSCH (Hgg.), Glaubensgewissheit und Gewalt. Eschatologische Erkundungen in Islam und Christentum (BKT 3), Paderborn 2011, S. 13–35.

EBNER, MARTIN, Jesus von Nazareth. Was wir von ihm wissen können, Stuttgart 2007.

EGGERS, HANS, Deutsche Sprachgeschichte. Bd. 1: Das Althochdeutsche, Reinbek bei Hamburg 1963.

ERDMANN, CARL, Die Entstehung des Kreuzzugsgedankens (Sonderausgabe: unveränderter reprografischer Nachdruck der Ausgabe Stuttgart 1935), Darmstadt 1980.

FÀBREGA, VALENTIN, Lactantius (A. Leben und Werk), in: RAC 22 (2008), Sp. 796–803.

FEAR, J. RUFUS, Gottesgnadentum (C. Christlich), in: RAC 11 (1981), Sp. 1132–1159.

FELD, HELMUT, Jeanne d'Arc. Geschichtliche und virtuelle Existenz des Mädchens von Orleans (CuD 5), Berlin 2016.

FICHTENAU, HEINRICH, Ketzer und Professoren. Häresie und Vernunftglaube im Hochmittelalter, München 1992.

FLAHIFF, GEORGE B., 'Deus non vult'. A Critic of the Third Crusade, in: MS 9 (1947), S. 162–188.

FONTAINE, JACQUES, Priszillian/Priszillianismus, in: TRE 27 (1997), S. 449–454.

FORST, RAINER, Toleranz im Konflikt. Geschichte, Gehalt und Gegenwart eines umstrittenen Begriffs (stw 1682), Frankfurt a. M. 2003.

FÖRSTER, NICLAS, Kultische Reinheit und Identitätsfindung. Jesus und der jüdische Tempel nach P. Oxy. 840, in: DERS. – J. CORNELIS DE VOS (Hgg.), Juden und Christen unter römischer Herrschaft. Selbstwahrnehmung und Fremdwahrnehmung in den ersten beiden Jahrhunderten n. Chr. (Schriften des Institutum Judaicum Delitzschianum 10), Göttingen 2015, S. 85–109.

FRANZ, ADOLPH, Die kirchlichen Benediktionen im Mittelalter. Bd. 2 (ND), Graz 1960.

FRIED, JOHANNES, Die Anfänge der Deutschen. Der Weg in die Geschichte, Berlin ²2015.

FRIEDMAN, JEROME, Servet, Michael, in: TRE 31 (2000), S. 173–176.

FÜHNER, JOCHEN A., Die Kirchen- und die antireformatorische Religionspolitik Kaiser Karls V. in den siebzehn Provinzen der Niederlande 1515–1555 (Brills Series in Church History 23), Leiden – Boston 2004.

FÜRST, ALFONS, Christliche Friedensethik von Augustinus bis Gregor dem Großen – Religion, Politik und Krieg am Ende der Antike, in: GERHARD BEESTERMÖLLER (Hg.), Friedensethik im frühen Mittelalter. Theologie zwischen Kritik und Legitimation von Gewalt (StFr 46), S. 19–52.

FÜRST, ALFONS, Die Entdeckung der Freiheit im frühen Christentum, in: REINHARD FELDMEIER – MONIKA WINET (Hgg.), Gottesgedanken. Erkenntnis, Eschatologie und Ethik in Religionen der Spätantike und des frühen Mittelalters, Tübingen 2016, S. 151–159.

FÜRST, ALFONS, Origenes (E. Origenes und die antike Philosophie), in: RAC 26 (2015), Sp. 507–567.

GABRIEL, KARL – SPIEß, CHRISTIAN – WINKLER, KATJA, Wie fand der Katholizismus zur Religionsfreiheit? Faktoren der Erneuerung der katholischen Kirche (Katholizismus zwischen Religionsfreiheit 2), Paderborn 2016.

GAWLICK, G., Deismus, in: HWP 2 (1972), Sp. 44–47.

GEERLINGS, WILHELM, Augustinus und der antike Friedensgedanke, in: KLAUS GARBER u. a. (Hgg.), Der Frieden. Rekonstruktion einer europäischen Vision. Bd. 1: Erfahrung und Deutung von Krieg und Frieden. Religion – Geschlechter – Natur und Kultur, München 2001, S. 63–81.

GERHARDS, ALBERT – RICHTER, KLEMENS (Hgg.), Das Opfer. Biblischer Anspruch und liturgische Gestalt (QD 186), Freiburg i. Br. 2000.

GERHARDT, VOLKER, Der Sinn des Sinns. Versuch über das Göttliche, München ³2015.

GILCHRIST, JOHN, The Papacy and War against the 'Saracens' 795–1216, in: The International Historical Review 10, Nr. 2 (1988), S. 173–197.

GIRARDET, KLAUS MARTIN, Kaiser, Ketzer und das Recht von Staat und Kirche im spätantiken Trier, in: Kurtrierisches Jahrbuch 24 (1984), S. 35–52.

GIRARDET, KLAUS MARTIN, Libertas religionis. ‚Religionsfreiheit' bei Tertullian und Laktanz. Zwei Skizzen, in: KARLHEINZ MUSCHELER (Hg.), Römische Jurisprudenz. Dogmatik, Überlieferung, Rezeption (FS für Detlef Liebs zum 75. Geburtstag) (FrRGA. NF 63), Berlin 2011, S. 205–226.

GNÄDINGER, LOUISE, Margarete Porete, eine Begine, in: DIES. (Hg.), Margarete Porete. Der Spiegel der einfachen Seelen: Wege der Frauenmystik (Unbekanntes Christentum), Zürich – München 1987, S. 215–236.

GNILKA, JOACHIM, Jesus von Nazaret. Botschaft und Geschichte (Sonderausgabe), Freiburg i. Br. 1993.

GOEBEL, KLAUS, Adolf Clarenbach und das Jahrhundert der Reformation, in: AXEL BLUHM (Hg.), Allein Gottes Wort (SVRKG 62), Köln 1981, S. 23–31.

GOERTZ, HANS JÜRGEN, Täufer/Täuferische Gemeinschaften II., in: TRE 32 (2001), S. 618–623.

GOETERS, J. F. GERHARD, Adolf Clarenbach, sein Leben, Wirken und Zeugentod im Rahmen der nordwestdeutschen Reformationsbewegung, in: BLUHM, AXEL (Hg.), Allein Gottes Wort (SVRKG 62), Köln 1981, S. 32–55.

GOETZ, HANS-WERNER, Die Vorstellungen von Recht und Gerechtigkeit in der Merowingischen Geschichtsschreibung: das Beispiel Gregors von Tours, in: GERHARD DILCHER – EVA-MARIE DISTLER (Hgg.), Leges Gentes Regna. Zur Rolle von germanischen Rechtsgewohnheiten und lateinischer Schrifttradition bei der Ausbildung der frühmittelalterlichen Rechtskultur, Berlin 2006, S. 91–117.

GOETZ, HANS-WERNER, Gott und die Welt (Teil I, Bd. 2), Berlin 2012.

GOOSENS, ALINE, Les inquisitions modernes dans les Pays-Bas méridionaux (1520–1633). Bd. 1: La législation (Spiritualités et pensées libres), Bruxelles 1997.

GOOSENS, ALINE, Les inquisitions modernes dans les Pays-Bas méridionaux (1520–1633). Bd. 2: Les victimes (Spiritualités et pensées libres), Bruxelles 1998.

GÖRICH, KNUT, Der Gandersheimer Streit zur Zeit Ottos III. Ein Konflikt um die Metropolitanrechte des Erzbischofs Willigis von Mainz (ZRG.K 79), S. 56–94.

GRELL, OLE PETER, Exile and tolerance, in: OLE PETER GRELL – BOB SCRIBNER (Hgg.), Tolerance and intolerance in the European reformation, Cambridge 1996, S. 164–181.

GRESHAKE, GISBERT, Himmel – Hölle – Fegefeuer im Verständnis heutiger Theologie, in: DERS. (Hg.), Ungewisses Jenseits? Himmel – Hölle – Fegefeuer, Düsseldorf 1986.

GRIMM, JACOB – GRIMM, WILHELM; Deutsches Wörterbuch (DWB); hg. v. Berlin-Brandenburgische Akademie der Wissenschaften – Akademie der Wissenschaften zu Göttingen, Deutsches Wörterbuch von Jacob Grimm und Wilhelm Grimm (Neubearbeitung). Bd. 9, Stuttgart 2006, Sp. 906–908.

GROS, JEAN-MICHEL, La parabole de la zizanie chez Pierre Bayle, in: CrSt 25 (2005), S. 297–319.

GROß, KARL, Menschenhand und Gotteshand in Antike und Christentum. Aus dem Nachlaß hg. v. Wolfang Speyer, Stuttgart 1985.

GRUBER, MARGARETE, Verbale Gewalt in Johannes 8,43–44. Theologische Sachkritik am Johannesevangelium als intentio des Textes der Heiligen Schrift, in: HAMIDEH

Mohagheghi – Klaus von Stosch (Hgg.), Gewalt in den Heiligen Schriften von Islam und Christentum (BKT 10), Paderborn 2014, S. 63–71.

Grundmann, Herbert, Oportet et haereses esse. Das Problem der Ketzerei im Spiegel der mittelalterlichen Bibelexegese, in: Ders., Ausgewählte Aufsätze. Teil 1: Religiöse Bewegungen (SMGH 25,1), Stuttgart 1976, S. 328–363.

Gurjewitsch, Aaron J., Das Individuum im europäischen Mittelalter, München 1994.

Haacke, Hraban, Gerhoch von Reichersberg, in: VerfLex 2 (1979), Sp. 1245–1259.

Habermas, Jürgen – Ratzinger, Joseph, Dialektik der Säkularisierung. Über Vernunft und Religion, Freiburg i. Br. 2005.

Habermas, Jürgen, Die Zukunft der menschlichen Natur. Auf dem Weg zu einer liberalen Eugenetik? (stw 1744), Frankfurt a. M. 2005.

Habermas, Jürgen, Ein Bewusstsein von dem, was fehlt, in: Neue Zürcher Zeitung vom 10. Februar 2007, zit. n.: https://www.nzz.ch/articleevb7x-1.110807 (zuletzt aufgerufen am 06.08.2018).

Habermas, Jürgen, Ein Gespräch über Gott und die Welt, in: Ders., Zeit der Übergänge (Kleine Politische Schriften IX), Frankfurt a. M. 2001.

Habermas, Jürgen, Glauben und Wissen, in: Ders., Glauben und Wissen. Friedenspreis des Deutschen Buchhandels 2001, Frankfurt a. M. 2001, S. 9–31.

Habermas, Jürgen, Nachmetaphysisches Denken II. Aufsätze und Repliken, Berlin 2012.

Habermas, Jürgen, Politik und Religion, in: Friedrich Wilhelm-Graf – Heinrich Meier (Hgg.), Politik und Religion. Zur Diagnose der Gegenwart (Becksche Reihe 6105), München 2013, S. 287–300.

Habermas, Jürgen, Zwischen Naturalismus und Religion. Philosophische Aufsätze, Frankfurt a. M. 2005.

Hadot, Pierre, Philosophie als Lebensform. Geistige Übungen in der Antike, Berlin 1991.

Häfner, Gerd, Polemik in den Pastoralbriefen, in: Oda Wischmeyer – Lorenzo Scornaienchi (Hgg.), Polemik in der frühchristlichen Literatur. Texte und Kontexte (BZNW 170), Berlin – New York 2011, S. 295–329.

Hahn, Johannes, „Ausgemerzt werden muss der Irrglaube!". Zur Ideologie und Praxis christlicher Gewalt. Gegen pagane Kulte in der Spätantike, in: Pedro Barceló (Hg.), Religiöser Fundamentalismus in der römischen Kaiserzeit (PAwB 29), Stuttgart 2010, S. 209–248.

Hahn, Johannes, Gewalt und religiöser Konflikt. Studien zu den Auseinandersetzungen zwischen Christen, Heiden und Juden im Osten des Römischen Reiches (von Konstatin bis Theodosius II.) (Klio.B.NF 8), Berlin 2004.

Hallermann, Heribert, Das Verständnis der Religionsfreiheit in Lehre und Praxis der katholischen Kirche, in: Hans-Georg Ziebertz (Hg.), Religionsfreiheit. Positionen – Konflikte – Herausforderungen (WTh 12), Würzburg 2015, S. 53–78.

Hammerstein, Notker, Samuel Pufendorf, in: Michael Stolleis (Hg.), Staatsdenker im 17. und 18. Jahrhundert. Reichspublizistik – Politik – Naturrecht, Frankfurt a. M. 1977, S. 174–197.

Hartmann, Wilfried, Heidenkrieg bei Karl dem Großen?, in: Gerhard Beestermöller (Hg.), Friedensethik im frühen Mittelalter. Theologie zwischen Kritik und Legitimation von Gewalt (StFr 46), S. 149–174.

Hassinger, Erich, Religiöse Toleranz im 16. Jahrhundert. Motive – Argumente – Formen der Verwirklichung (Vorträge der Aeneas-Silvius-Stiftung an der Universität Basel 6), Basel 1966.

HATTENHAUER, HANS, Europäische Rechtsgeschichte, Heidelberg 1992.

HÄUPTLI, BRUNO W., Einleitung, in: DERS. (Ed.), Jacobus de Voragine. Legenda Aurea / Jacobus da Varazze. Legendae sanctorum (FC. Sonderband Teil 1), S. 13–66.

HECKEL, MARTIN, Martin Luthers Reformation und das Recht. Die Entwicklung der Theologie Luthers und ihre Auswirkung auf das Recht unter den Rahmenbedingungen der Reichsreform und der Territorialstaatsbildung im Kampf mit Rom und den „Schwärmern" (JusEcc 114), Tübingen 2016.

HEHL, ERNST-DIETER, Heiliger Krieg – eine Schimäre? Überlegungen zur Kanonistik und Politik des 12. und 13. Jahrhunderts, in: ANDREAS HOLZEM (Hg.), Krieg und Christentum. Religiöse Gewalttheorien in der Kriegserfahrung des Westens (Krieg in der Geschichte 50), Paderborn 2009, S. 323–340.

HEINZ, ANDREAS, Das Gebet für die Feinde in der abendländischen Liturgie, in: DERS. (Hg.), Lebendiges Erbe. Beiträge zur abendländischen Liturgie- und Frömmigkeitsgeschichte (PiLi 21), Tübingen 2010, S. 141–158.

HEINZ, ANDREAS, Dies irae, in: LThK³ 3 (1995), Sp. 219.

HEINZLE, JOACHIM, Kommentar, in: JOACHIM HEINZLE (Hg.), Wolfram von Eschenbach. Willehalm (Bibliothek des Mittelalters 9), Frankfurt a. M. 1991.

HENGEL, MARTIN – SCHWEMER, ANNA MARIA, Jesus und das Judentum (Geschichte des frühen Christentums 1), Tübingen 2007.

HENGEL, MARTIN, War Jesus Revolutionär? (Calwer Hefte), Stuttgart 1970.

HENNINGSEN, GUSTAV, The Database of the Spanish Inquisition. The ‚relaciones de causas'-project revisites, in: HEINZ MOHNHAUPT – DIETER SIMON (Hgg.), Vorträge zur Justizforschung (Rechtsprechung. Materialien und Studien. Veröffentlichungen des Max-Planck-Instituts für Europäische Rechtsgeschichte 7), Frankfurt a. M. 1993, S. 42–85.

HERMS, EILERT, Demokratie, in: RGG⁴ 2 (1999), Sp. 649–652.

HERSCHE, PETER, Muße und Verschwendung. Europäische Gesellschaft und Kultur im Barockzeitalter. Zweiter Teilband, Freiburg i. Br. u. a. 2006.

HILPERT, KONRAD, Sakrileg (II. theologisch-ethisch), in: LThK³ 8 (2009), Sp. 1463–1464.

HOCH, STEVEN L., Serfdom, in: SEYMOUR DRESCHER – STANLEY L. ENGERMAN (Hgg.), A historical Guide to World Slavery, New York u. a. 1998, S. 353–357.

HÖDL, LUDWIG, Anselm von Canterbury, in: TRE 2 (1978), S. 759–778.

HÖFFE, OTFRIED, Vom Anfang des Abendlandes, in: FAZ vom 23. Januar 2017 (Nr. 19), S. 13.

HÖFFE, OTFRIED. Ethik und Politik. Grundmodelle und -probleme der praktischen Philosophie (stw 266), Frankfurt a. M. 1979.

HOFFMANN, HARTMUT, Kirche und Sklaverei im frühen Mittelalter, in: DANA 42 (1986), S. 1–24.

HOFFMANN, KONRAD, Rubens, Peter Paul (1577–1640), in: TRE 29 (1998), S. 452–457.

HORN, FRIEDRICH WILHELM, Götzendiener, Tempelräuber und Betrüger, in: ODA WISCHMEYER – LORENZO SCORNAIENCHI (Hgg.), Polemik in der frühchristlichen Literatur. Texte und Kontexte (B7NW 170), Berlin – New York 2011, S. 207–232.

HUYE, WILLIAM J., Die Wahrheit des Irrtums. Das Gewissen als Individualitätsprinzip in der Ethik des Thomas von Aquin, in: JAN A. AERTZEN – ANDREAS SPEER (Hgg.), Individuum und Individualität im Mittelalter (MM 24), Berlin – New York 1996, S. 419–435.

HUBER, WOLFGANG, Menschenrechte/Menschenwürde, in: TRE 22 (1992), S. 577–602.

HUIZINGA, JOHAN, Herbst des Mittelalters. Studien über Lebens- und Geistesformen des 14. und 15. Jahrhunderts in Frankreich und in den Niederlanden, Stuttgart [10]1969.

HUNZINGER, CLAUS-HUNNO, Bann (II. Frühjudentum und Neues Testament), in: TRE 5 (1980), S. 161–167.

ISENSEE, JOSEF, Blasphemie und säkularer Staat, in: THOMAS LAUBACH (Hg.), Kann man Gott beleidigen? Zur aktuellen Blasphemie-Debatte, Freiburg i. Br. 2013, S. 193–216.

JANOWSKI, BERND, Ein Gott, der straft und tötet? Zwölf Fragen zum Gottesbild des Alten Testaments, Neukirchen-Vluyn 2013.

JASER, CHRISTIAN, Ecclesia maledicens. Rituelle und zeremonielle Exkommunikationsformen im Mittelalter (Spätmittelalter, Humanismus, Reformation 75), Tübingen 2013.

JEREMIAS, JÖRG, Theologie des Alten Testaments (GAT 6), Göttingen – Bristol 2015.

JOAS, HANS, Braucht der Mensch Religion? Über Erfahrungen der Selbsttranszendenz, Freiburg i. Br. u. a. 2004.

JOAS, HANS, Die Macht des Heiligen. Eine Alternative zur Geschichte von der Entzauberung, Berlin [2]2017.

JOAS, HANS, Die Sakralität der Person. Eine neue Genealogie der Menschenrechte, Berlin 2011.

JOAS, HANS, Sakralisierung und Entsakralisierung, in: FRIEDRICH WILHELM GRAF – HEINRICH MEIER (Hgg.), Politik und Religion. Zur Diagnose der Gegenwart (Becksche Reihe 6105), München 2013, S. 259–285.

JONAS, HANS, Das Prinzip Verantwortung. Versuch einer Ethik für technologische Zivilisation (stw 1085), Frankfurt a. M. 1979.

JÜRGENSEN, KURT, Lamenias und die Gestaltung des belgischen Staates. Der liberale Katholizismus in der Verfassungsbewegung des 19. Jahrhunderts (VIEG.U 29), Wiesbaden 1963.

KAHLOS, MAIJASTINA, Rechtgläubigkeit (C. Christlich), in: RAC Lieferung 222 (2017), Sp. 760–771.

KAISER, GERHARD, Ist der Mensch zu retten? Vision und Kritik der Moderne in Goethes »Faust«, Freiburg i. Br. 1994.

KAROW, YVONNE, Blasphemie, in: HRWG 2 (1990), S. 139–141.

KEJŘ, JIŘI, Die Causa Johannes Hus und das Prozessrecht der Kirche, Regensburg 2005.

KÉRY, LOTTE, Gottesfurcht und irdische Strafe. Der Beitrag des mittelalterlichen Kirchenrechts zur Entstehung des öffentlichen Strafrechts (Konflikt, Verbrechen und Sanktion in der Gesellschaft Alteuropas. Symbiosen und Synthesen 10), Köln u. a. 2006.

KLAASSEN, WALTER, Marpeck, Pilgram, in: TRE 22 (1992), S. 174–177.

KLAUSNITZER, RALF, Poesie und Konspiration. Beziehungssinn und Zeichenökonomie von Verschwörungsszenarien in Publizistik, Literatur und Wissenschaft 1750–1850 (spektrum Literaturwissenschaft. Komparistische Studien 13), Berlin 2007.

KLUGE, FRIEDRICH, Etymologisches Wörterbuch der deutschen Sprache, Berlin – New York [22]1989.

KOCH, JOSEF, Philosophische und theologische Irrtumslisten von 1270–1329. Ein Beitrag zur Entwicklung der theologischen Zensuren, in: DERS., Kleine Schriften. Zweiter Band (SeL 128), Rom 1973, S. 423–450.

KOENIG, MATTHIAS, Die Entstehung der Menschen- und Bürgerrechte. Protestantische Genealogien und historische Soziologie, in: GERHARD ERNST – STEPHAN SELLMAIER (Hgg.), Universelle Menschenrechte und partikulare Moral (Ethik im Diskurs 5), Stuttgart 2010, S. 131–148.

Köpcke-Duttler, Arnold, Schuld, in: HWP 8 (1992), Sp. 1465–1472.

Körntgen, Ludger, Heidenkrieg und Bistumsgründung. Glaubensverbreitung als Herr-scheraufgabe bei Karolingern und Ottonen, in: Andreas Holzem (Hg.), Krieg und Christentum. Religiöse Gewalttheorien in der Kriegserfahrung des Westens (KRiG 50), S. 281–304.

Koselleck, Reinhart, Kritik und Krise. Ein Beitrag zur Pathogenese der bürgerlichen Welt, Freiburg i. Br. – München ²1959.

Kretzenbacher, Leopold, Versöhnung im Jenseits. Zur Widerspiegelung des Apokatasta-sis-Denkens in Glaube, Hochdichtung und Legende (Bayrische Akademie der Wis-senschaften. Philosophisch-Historische Klasse 7), München 1971, S. 5–79.

Kulenkampff, Jens, Hume, David (1711–1776), in: TRE 15 (1986), S. 688–691.

Kurze, Dietrich, Anfänge der Inquisition in Deutschland, in: Peter Segl (Hg.), Die Anfänge der Inquisition im Mittelalter. Mit einem Ausblick auf das 20. Jahrhundert und einem Beitrag über religiöse Intoleranz im nichtchristlichen Bereich (BaHK 7), Köln 1993, S. 131–193.

Landau, Peter, Eid (V. Historisch), in: TRE 9 (1982), S. 382–391.

Lauster, Jörg, Die Verzauberung der Welt. Eine Kulturgeschichte des Christentums, München 2014.

Lauwers, Michel, Les femmes et l'eucharistie dans l'Occident médiéval: interdits, transgressions, dévotions (IXᵉ–XIIIᵉ siècles), in: Pratiques de l'Eucharistie dans les églises d'Orient et d'Occident (Antiquité et Moyen Âge), Nicole Bériou – Béatrice Caseau – Dominique Rigaux (Hgg.), Institut des études Augustiniennes, Paris 2009, S. 445–480.

Lebecq, Stéphane, Sklave (A. Westlich I.), in: LMA 7 (1995), Sp. 1977–1980.

Lebecq, Stéphane, Vulfran, Willibrord et la mission de Frise. Pour une relecture de la Vita Vulframni, in: Michel Polfer (Hg.), L'évangélisation des régions entre Meuse et Moselle et la fondation de l'abbaye d'Echternach (Vᵉ–IXᵉ siècle). Actes des 10ᵉˢ Jour-nées Lotharingiennes, Centre Universitaire de Luxembourg, 28–30 octobre 1998, Luxembourg 2000, S. 429–452.

Lecler, Joseph, Geschichte der Religionsfreiheit im Zeitalter der Reformation. Bd. 1 u. 2, Stuttgart 1965.

Lettieri, Gaetano, Tollerare o sradicar? Il dilemma del discernimento. La parabola del-la zizzania nell'Occidente latino da Ambrogio a Leone Magno, in: CrSt 26 (2005), S. 65–121.

Leutenbauer, Siegfried, Das Delikt der Gotteslästerung in der bayrischen Gesetzgebung (FDRG 14), Köln – Wien 1984.

Lichtenberger, Hermann, "To see ourselves as others see us" (Robert Burns). Juden und Christen unter römischer Herrschaft: Selbstwahrnehmung und Fremdwahrneh-mung, in: Niclas Förster – J. Cornelis de Vos (Hgg.), Juden und Christen unter römischer Herrschaft. Selbstwahrnehmung und Fremdwahrnehmung in den ersten beiden Jahrhunderten n. Chr. (Schriften des Institutum Judaicum Delitzschianum 10), Göttingen 2015, S. 17–41.

Limbeck, Meinrad, Abschied vom Opfertod. Das Christentum neu denken, Ostfildern 2012.

Linder, Amnon, Raising Arms. Liturgy in the Struggle to Liberate Jerusalem in the Late Middle Ages (Cultural Encounters in late Antiquity and the Middle Ages 2), Turn hout 2003.

LOHFINK, GERHARD, Im Ringen um die Vernunft. Reden über Israel, die Kirche und die Europäische Aufklärung, Freiburg i. Br. 2016.

LOHSE, EDUARD, Paulus. Eine Biographie, München 1996.

LUHMANN, NIKLAS, Die Religion der Gesellschaft; hg. v. ANDRÉ KIESERLING, Frankfurt a. M. 2000.

LUTTERBACH, HUBERTUS, Das Mittelalter – Ein „Pollutio-Ridden System"? Zur Prägekraft des kultischen (Un-)Reinheitsparadigmas, in: PETER BURSCHEL – CHRISTOPH MARX (Hgg.), Reinheit (Veröffentlichungen des Instituts für historische Anthropologie e. V. 12), Wien – Köln – Weimar 2011, S. 157–176.

LUTTERBACH, HUBERTUS, Die für Kleriker bestimmten Verbote des Waffentragens, des Jagens sowie der Vogel- und Hundehaltung (a. 500–900), in: ZKG 109 (1998), S. 149–166.

LUTTERBACH, HUBERTUS, Sexualität im Mittelalter. Eine Kulturstudie anhand von Bußbüchern des 6. bis 12. Jahrhunderts (BAKG 43), Köln u. a. 1999.

LUZ, ULRICH, Das Evangelium nach Matthäus. Bd. I/1: Mt 1–7 (EKK zum NT), Düsseldorf – Zürich – Neukirchen-Vluyn [5]2002.

LUZ, ULRICH, Das Evangelium nach Matthäus. Bd. I/2: Mt 8–17 (EKK zum NT), Düsseldorf – Zürich – Neukirchen-Vluyn [4]2007.

LUZ, ULRICH, Das Evangelium nach Matthäus. Bd. I/3: Mt 18–25 (EKK zum NT), Düsseldorf – Zürich – Neukirchen-Vluyn 1997.

LUZ, ULRICH, Feindesliebe und Gewaltverzicht. Zur Struktur und Problematik neutestamentlicher Friedensideen, in: ANDREAS HOLZEM (Hg.), Krieg und Christentum. Religiöse Gewalttheorien in der Kriegserfahrung des Westens (KRiG 50), Paderborn 2009, S. 137–149.

MAIER, CHRISTOPH T., Crisis, Liturgy and the Crusade in the Twelfth and Thirteenth Centuries, in: JEH 48 (1997), S. 628–657.

MAIER, HANS, Compelle intrare. Rechtfertigungsgründe für die Anwendung von Gewalt zum Schutz und zur Ausbreitung des Glaubens in der Theologie des abendländischen Christentums, in: KLAUS SCHREINER (Hg.), Heilige Kriege (SHiK 78), München 2008, S. 55–69.

MANN, FRIDO, Das Versagen der Religion. Betrachtungen eines Gläubigen, München 2013.

MARKSCHIES, CHRISTOPH, Innerer Mensch (B. Christlich), in: RAC 18 (1998), Sp. 279–312.

MEIER, CHRISTEL, Unusquisque in suo sensu abundet (Röm 14,5). Ambiguitätstoleranz in der Texthermeneutik des lateinischen Westens?, in: KLAUS OSCHEMA, LUDGER LIEB, JOHANNES HEIL (Hgg.), Abrahams Erbe. Konkurrenz, Konflikt und Koexistenz der Religionen im europäischen Mittelalter, Berlin – München – Boston 2015 (Das Mittelalter. Perspektiven mediävistischer Forschung. Beihefte 2).

MEIER, MISCHA, Das andere Zeitalter Justinians. Kontingenzerfahrung und Kontingenzbewältigung im 6. Jahrhundert n. Chr. (Hyp 147), Göttingen [2]2004, S. 591–599.

MENTZER, RAYMOND A., Heresy Proceedings in Languedoc, 1500–1560, in: TAPhS.NS 74, Teil 5 (1984), S. 1–181.

MERTENS, DIETER, Türkenabwehr und biblische Legitimation in der Zeit Kaiser Maximilians I., in: FmSt 49 (2016), S. 362–390.

MICHEL, ANDREAS, Gewalt bei der Landnahme Israels. Eine historisch-kritische Auslegung von Deuteronomium 7,1–6, in: HAMIDEH MOHAGHEGHI – KLAUS VON STOSCH (Hgg.), Gewalt in den Heiligen Schriften von Islam und Christentum (BKT 10), Paderborn 2014, S. 33–50.

Miethke, Jürgen, Gelehrte Ketzerei und kirchliche Disziplinierung. Die Verfahren gegen theologische Irrlehren im Zeitalter der scholastischen Wissenschaft, in: Hartmut Boockmann u. a. (Hgg.), Recht und Verfassung im Übergang vom Mittelalter zur Neuzeit, 2. Teil: Bericht über Kolloquien der Kommission zur Erforschung der Kultur des Spätmittelalters 1996 bis 1997 (AAWG.PH. 3. Folge 239), Göttingen 2001, S. 9–45.

Miethke, Jürgen, Marsilius von Padua, in: LMA 6 (1993), Sp. 332–334.

Miethke, Jürgen, Theologenprozesse in der ersten Phase ihrer institutionellen Ausbildung. Die Verfahren gegen Peter Abaelard und Gilbert von Poitiers, in: Viator 6 (1975), S. 87–116.

Miethke, Jürgen, Wilhelm von Ockham, in: LMA 9 (1998), Sp. 178–182.

Miggelbrink, Ralf, Der Zorn Gottes. Geschichte und Aktualität einer ungeliebten biblischen Tradition, Freiburg i. Br. – Basel – Wien 2000.

Mitterauer, Michael, Warum Europa? Mittelalterliche Grundlagen eines Sonderwegs, München 2003.

Monter, William, Heresy executions in Reformation Europe 1520–1565, in: Ole Peter Grell – Bob Scribner (Hgg.), Tolerance and intolerance in the European reformation, Cambridge 1996, S. 48–64.

Müller, Daniela, Ketzer und Kirche. Beobachtungen aus zwei Jahrtausenden (CuD 1), Berlin 2014.

Mundle, Wilhelm, Furcht (Gottes) (C. christlich), in: RAC 8 (1972), S. 676–699.

Munzel-Everling, Dietlinde, Eid, in: HDRG I (²2008), Sp. 1249–1269.

Neuhold, David, Muster der Toleranzbegründung bei Pierre de Beloy (1600). Eine katholische Toleranzforderung in der Frühen Neuzeit, in: Mariano Delgado – Volker Leppin – David Neuhold (Hgg.), Schwierige Toleranz. Der Umgang mit Andersdenkenden und Andersgläubigen in der Christumsgeschichte (Studien zur christlichen Religions- und Kulturgeschichte 17), Fribourg – Stuttgart 2012, S. 91–102.

Nipperdey, Thomas, Deutsche Geschichte 1800–1866. Bürgerwelt und starker Staat, München 1983.

Noethlichs, Karl Leo, Heidenverfolgung, in: RAC 13 (1986), Sp. 1149–1190.

Noethlichs, Karl Leo, Krieg (E. Krieg in Philosophie und Religion), in: RAC 22 (2008), Sp. 40–67.

Nussbaum, Martha, Zorn und Vergebung. Plädoyer für eine Kultur der Gelassenheit, Darmstadt 2017.

Oberlies, Thomas, Gebet / Fluch, in: Metzler Lexikon Religion 1 (1999), S. 442–446.

Oberste, Jörg, Ketzerei und Inquisition im Mittelalter (Geschichte kompakt), Darmstadt 2007.

Oberste, Jörg, Krieg gegen Ketzer? Die ‚defensores‘, ‚receptatores‘ und ‚fautores‘ von Ketzern und die ‚principes catholici‘ in der kirchlichen Rechtfertigung des Albigenserkrieges, in: Andreas Holzem (Hg.), Krieg und Christentum. Religiöse Gewalttheorien in der Kriegserfahrung des Westens (KRiG 50), Paderborn 2009, S. 368–391.

Patschovsky, Alexander, Konrad von Marburg, in: LMA 5 (1991), Sp. 1360–1361.

Pelster, Franz, Ein Gutachten aus dem Eckehart-Prozeß in Avignon, in: Albert Lang – Joseph Lechner – Michael Schmaus (Hgg.), Aus der Geisteswelt des Mittelalters. Studien und Texte Martin Grabmann zur Vollendung des 60. Lebensjahres von

Freunden und Schülern gewidmet (BGPhMA. Supplementband III,1), Münster 1935, S. 1099–1124.

PESCH, OTTO HERMANN, Thomas von Aquin. Grenze und Größe mittelalterlicher Theologie. Eine Einführung, Mainz 1988.

PETERS, TIEMO RAINER, Eschatologischer Vorbehalt, in: LThK[3] 3 (1995), Sp. 880f.

PRICE, RICHARD M., Zölibat (II. Kirchengeschichtlich), in: TRE 36 (2004), S. 722–739.

PRINZ, FRIEDRICH, Askese und Kultur. Vor- und frühbenediktinisches Mönchtum an der Wiege Europas, München 1980.

PROCOPÉ, JOHN, Haß (C. Jüdisch), in: RAC 13 (1986), Sp. 692–714.

PRODI, PAOLO, Das Sakrament der Herrschaft. Der politische Eid in der Verfassungsgeschichte des Okzidents (Schriften des Italienisch-Deutschen Historischen Instituts in Trient 11), Berlin 1997.

PRÖPPER, THOMAS, Theologische Anthropologie I, Freiburg i. Br. u. a. 2011.

RAGG, SASCHA, Ketzer und Recht. Die weltliche Ketzergesetzgebung des Hochmittelalters unter dem Einfluß des römischen und kanonischen Rechts (MGH.StT 37), Hannover 2006.

REINER, H., Gewissen (2. Der Gewissensbegriff der Bibel und der Kirchenväter), in: HWP 3 (1974), Sp. 578–581.

RICŒUR, PAUL, Gedächtnis, Geschichte, Vergessen (Übergänge. Texte und Studien zu Handlung, Sprache und Lebenswelt 50), München 2004.

ROELLECKE, GERD, Staat und Tod (Schönburger Gespräche zu Recht und Staat), Paderborn u. a. 2004, S. 40.

ROESER, VOLKER, Politik und religiöse Toleranz vor dem ersten Hugenottenkrieg in Frankreich (BBGW 153), Basel – Frankfurt a. M. 1985.

ROß, JAN, Die Verteidigung des Menschen. Warum Gott gebraucht wird, Berlin [3]2012.

ROX, BARBARA, Schutz religiöser Gefühle im freiheitlichen Verfassungsstaat (JusEcc 101), Tübingen 2012.

RUH, KURT, Geschichte der abendländischen Mystik. Bd. 1: Die Grundlegung durch die Kirchenväter und die Mönchstheologie des 12. Jahrhunderts, München 1990.

RUH, KURT, Geschichte der abendländischen Mystik. Bd. 3: Die Mystik des deutschen Predigerordens und ihre Grundlegung durch die Hochscholastik, München 1996.

SAMSON, ROSS, The End of Early Medieval Slavery, in: ALLEN J. FRANTZEN – DOUGLAS MOFFAT (Hgg.), The Work of Work. Servitude, Slavery, and Labor in Medieval England, Glasgow 1994, S. 95–124.

SÄNGER, DIETER, Literarische Strategien der Polemik im Galaterbrief, in: ODA WISCHMEYER – LORENZO SCORNAIENCHI (Hgg.), Polemik in der frühchristlichen Literatur. Texte und Kontexte (BZNW 170), Berlin – New York 2011.

SAVIGNI, RAFFAELE, La parabola della zizzania (Mt 13,24–30 e 36–43) nei commenti biblici altomedievali (secc. VI–X), in: CrSt 26 (2005), S. 189–223.

SCHAFFNER, MARTIN, Religion und Gewalt. Historiographische Verknüpfungen, in: KASPAR VON GREYERZ – KIM SIEBENHÜNER (Hgg.), Religion und Gewalt. Konflikte, Rituale, Deutungen (1500–1800) (VMPI für Geschichte 215), Göttingen 2006, S. 29–37.

SCHATZ, KLAUS, Vatikanum I. 1869–1870. Bd. I: Vor der Eröffnung (KonGe.D), Paderborn 1992.

SCHENKER, ADRIAN, Sühne (II. Altes Testament), in: TRE 32 (2001), S. 335–338.

SCHIEFFER, RUDOLF (Hg.), Schriftkultur und Reichsverwaltung unter den Karolingern. Referate des Kolloquiums der Nordrhein-Westfälischen Akademie der Wissenschaften am 17./18. Februar 1994 in Bonn (Abhandlungen der Nordrhein-Westfälischen Akademie der Wissenschaften 97), Opladen 1996.

Schieffer, Rudolf, Die Entstehung von Domkapiteln in Deutschland (Bonner Historische Forschungen 43), Bonn 1976.

Schilling, Heinz, Martin Luther. Rebell in einer Zeit des Umbruchs, München ³2017.

Schindler, Alfred, Häresie (II. Kirchengeschichtlich), in: TRE 14 (1985), S. 318–341.

Schmid, Alois, Ludwig der Bayer, in: LMA 5 (1991), Sp. 2178–2181.

Schmidt, Georg, Die Reiter der Apokalypse. Geschichte des Dreißigjährigen Krieges, München 2018, S. 601–602.

Schmidt, Martin, Atheismus (I.2. Atheismus in der Geschichte des Abendlandes), in: TRE 4 (1979), S. 351–364.

Schmidt, Martin, Die Interpretation der neuzeitlichen Kirchengeschichte, in: ZThK 54 (1957), S. 174–212.

Schmidt, Martin, Wiedergeburt und neuer Mensch. Gesammelte Studien zur Geschichte des Pietismus (AGP 2), Witten 1969.

Schneider, Bernd Christian, Ius Reformandi. Die Entwicklung eines Staatskirchenrechts von seinen Anfängen bis zum Ende des Alten Reiches (JusEcc 68), Tübingen 2001.

Schneider, Hans, II. Der radikale Pietismus im 18. Jahrhundert, in: Martin Brecht – Klaus Deppermann (Hgg.), Der Pietismus im achtzehnten Jahrhundert (Geschichte des Pietismus 2), Göttingen 1995, S. 107–197.

Schnelle, Udo, Die theologische und literarische Formierung des Urchristentums, in: Friedrich Wilhelm Graf – Klaus Wiegandt (Hgg.), Die Anfänge des Christentums (Forum für Verantwortung 18277), Frankfurt a. M. 2009, S. 168–200.

Schnocks, Johannes, Das Alte Testament und die Gewalt. Studien zu göttlicher und menschlicher Gewalt in alttestamentlichen Texten und ihren Rezeptionen (WMANT 136), Neukirchen-Vluyn 2014.

Schreiber, Wolfgang, Gustav Mahler. Mit Selbstzeugnissen und Bilddokumenten (Rororo Monographien 58181), Reinbek bei Hamburg ¹⁹1997.

Schreiner, Klaus, „Tolerantia". Begriffs- und wirkungsgeschichtliche Studien zur Toleranzauffassung des Kirchenvaters Augustinus, in: Alexander Patschovsky – Harald Zimmermann (Hgg.), Toleranz im Mittelalter (VKAMAG 45), Sigmaringen 1998, S. 335–389.

Schreiner, Klaus, Alttestamentliche Kriegshelden in der politischen Theologie des Spätmittelalters und der Frühen Neuzeit, in: FmSt 49 (2015), S. 391–417.

Schreiner, Klaus, Mönchsein in der Adelsgesellschaft des hohen und späten Mittelalters. Klösterliche Gemeinschaftsbildung zwischen spiritueller Selbstbehauptung und sozialer Anpassung, München 1989, S. 17.

Schreiner, Klaus, Toleranz, in: GGB 6 (1990), S. 445–605.

Schreiner, Stefan, Sühne (III. Judentum), in: TRE 32 (2001), S. 338–342.

Schrey, Heinz-Horst, Eid (VI. Ethisch) in: TRE 9 (1982), S. 391–395.

Schröder, Richard, Unkraut unter dem Weizen, in: ZEIT vom 25. Mai 2000 (Nr. 22), zit. n.: http://www.zeit.de/2000/22/200022.replik_schnaedel.xml (zuletzt aufgerufen am 26. Februar 2018).

Schubert, Ernst, Die Capitulatio de partibus Saxonia, in: Dieter Brosius u. a. (Hgg.), Geschichte in der Region. FS Heinrich Schmidt (VHKNS. Sonderband), Hannover 1993, S. 3–28.

SCHUMACHER, MEINOLF, Sündenschmutz und Herzensreinheit. Studien zur Metaphorik der Sünde in lateinischer und deutscher Literatur des Mittelalters (MMAS 73), München 1996.

SCHÜTTE, HANS WALTER, Atheismus, in: HWP 1 (1971), Sp. 595–599.

SCHWERHOFF, GERD, Zungen wie Schwerter. Blasphemie in alteuropäischen Gesellschaften 1200–1650 (Konflikte und Kultur – Historische Perspektiven 12), Konstanz 2005, S. 115–154.

SCHWIENHORST-SCHÖNBERGER, LUDGER, Als Mann und Frau erschaffen. Aspekte biblischer Anthropologie, in: PETER FONK – KARL SCHLEMMER – LUDGER SCHWIENHORST-SCHÖNBERGER (Hgg.), Zum Aufbruch ermutigt. Kirche und Theologie in einer sich wandelnden Zeit. Für Franz Xaver Eder, Freiburg i. Br. 2000, S. 18–37.

SCHWIENHORST-SCHÖNBERGER, LUDGER, Martyrium der Gewaltlosigkeit. Gibt es ein „Makkabäer-Syndrom"?, in: JAN-HEINER TÜCK (Hg.), Sterben für Gott – Töten für Gott? Religion, Martyrium und Gewalt, Freiburg i. Br. u. a. 2015, S. 148–189.

SCHWINGES, RAINER CHRISTOPH, Kreuzzugsideologie und Toleranz. Studien zu Wilhelm von Tyrus (MGMA 15), Stuttgart 1977.

SCORNAIENCHI, LORENZO, Jesus als Polemiker oder: Wie polemisch darf Jesus sein? Historische und normative Aspekte, in: ODA WISCHMEYER – LORENZO SCORNAIENCHI (Hgg.), Polemik in der frühchristlichen Literatur. Texte und Kontexte (BZNW 170), Berlin – New York 2011, S. 381–413.

SEDMAK, CLEMENS, „Die Würde des Menschen ist unantastbar". Zur Anwendung der Katholischen Soziallehre, Regensburg 2017.

SEEBAß, GOTTFRIED, Das Verständnis des Alten Testaments bei Caspar Schwenckfeld von Ossig, in: IRENE DINGEL – CHRISTINE KRESS (Hgg.), Die Reformation und die Außenseiter. Gesammelte Aufsätze und Vorträge (FS zum 60. Geburtstag), S. 336–349.

SELGE, KURT-VICTOR, Die Ketzerpolitik Friedrich II., in: Josef FLECKENSTEIN (Hg.), Probleme um Friedrich II. (VKAMAG 16), Sigmaringen 1974, S. 309–343.

SIEP, LUDWIG, Toleranz und Anerkennung bei Kant und im Deutschen Idealismus, in: CHRISTOPH ENDES – MICHAEL KAHLO (Hgg.), Toleranz als Ordnungsprinzip? Die moderne Bürgergesellschaft zwischen Offenheit und Selbstaufgabe (fundamenta iuris. Schriftenreihe des Leipziger Instituts für Grundlagen des Rechts 6), Paderborn 2007, S. 177–193.

SLENCZKA, NOTGER, Gewissen und Gott. Überlegungen zur Phänomenologie der Gewissenserfahrung und ihrer Darstellung in der Rede vom Jüngsten Gericht, in: STEPHAN SCHAEDE – THORSTEN MOOS (Hgg.), Das Gewissen (Religion und Aufklärung 24), S. 235–283.

SLOTERDIJK, PETER, Die schrecklichen Kinder der Neuzeit. Über das anti-genealogische Experiment der Moderne, Berlin 2014.

SLOTERDIJK, PETER, Gottes Eifer. Vom Kampf der drei Monotheismen, Frankfurt a. M. – Leipzig 2007.

SLOTERDIJK, PETER, Zorn und Zeit. Politisch-psychologischer Versuch, Frankfurt a. M. 2006.

SÖDING, THOMAS, Diesseits und Jenseits der Gewalt. Der paulinische Monotheismus in der Kritik, in: JAN-HEINER TÜCK (Hg.), Monotheismus unter Gewaltverdacht. Zum Gespräch mit Jan Assmann, Freiburg i. Br. 2015, S. 89–123.

SPEYER, WOLFGANG, Das wahre Porträt. Zur Rivalität von bildender Kunst und Literatur, in: WOLFGANG SPEYER (Hg.), Frühes Christentum im antiken Strahlungsfeld. Ausgewählte Aufsätze (WUNT 50), Tübingen 1989, S. 395–401.

SPEYER, WOLFGANG, Fluch, in: RAC 7 (1969), Sp. 1160–1288.

SPEYER, WOLFGANG, Frühes Christentum im antiken Strahlungsfeld. Kleine Schriften II (WUNT 116), Tübingen 1999.

SPEYER, WOLFGANG, Gottesfeind, in: RAC 11 (1981), Sp. 996–1043.

SPEYER, WOLFGANG, Religionen des griechisch-römischen Bereichs. Zorn der Gottheit, Vergeltung und Sühne, in: DERS. (Hg.), Frühes Christentum im antiken Strahlungsfeld I. Ausgewählte Aufsätze (WUNT 50), Tübingen 1989, S. 140–159.

SPEYER, WOLFGANG, Religiös-sittliches und frevelhaftes Verhalten in seiner Auswirkung auf die Naturgewalten. Zur Kontinuität einer volkstümlichen religiösen Vorstellung in Antike und Christentum, in: DERS. (Hg.), Frühes Christentum im antiken Strahlungsfeld I. Ausgewählte Aufsätze (WUNT 50), Tübingen 1989, S. 254–263.

SPEYER, WOLFGANG, Toleranz und Intoleranz in der Alten Kirche, in: DERS. (Hg.), Frühes Christentum im antiken Strahlungsfeld. Kleine Schriften II (WUNT 116), Tübingen 1999, S. 103–123.

STARK, RODNEY, The Victory of Reason. How Christianity Led to Freedom, Capitalism, and Western Success, New York 2005.

STAYER, JAMES M., Täufer/Täuferische Gemeinschaften I., in: TRE 32 (2001), S. 597–617.

STEIN, TINE, Himmlische Quellen und irdisches Recht. Religiöse Voraussetzungen des freiheitlichen Verfassungsstaates, Frankfurt a. M. 2007.

STELZENBERGER, JOHANNES, Syneidesis, conscientia, Gewissen. Studie zum Bedeutungswandel eines moralischen Begriffes (AMT 5), Paderborn 1963.

STOBBE, HEINZ-GÜNTHER, Religion, Gewalt und Krieg. Eine Einführung (ThFr 40), Stuttgart 2010.

STOELLGER, PHILIPP, Was dazwischenredet – das mehrstimmige Gewissen. Gewissen als fremde Stimme in eigenem Namen, in: STEPHAN SCHAEDE – THORSTEN MOOS (Hgg.), Das Gewissen (Religion und Aufklärung 24), S. 285–311.

STOLLBERG-RILINGER, BARBARA, Maria Theresia. Die Kaiserin in ihrer Zeit. Eine Biographie, München 2017.

STROUMSA, GUY G., Das Ende des Opferkults. Die religiösen Mutationen der Spätantike, Berlin 2011.

TEDESCHI, JOHN – MONTER, WILLIAM, Toward a Statistical Profile of the Italian Inquisitions, Sixteenth to Eighteenth Centuries, in: JOHN TEDESCHI (Hg.), The Prosecution of Heresy. Collected Studies on the Inquisition in Early Modern Italy (MRTS 78), Binghamton 1991, S. 89–126.

THEIßEN, GERD, Erleben und Verhalten der ersten Christen. Eine Psychologie des Urchristentums, Gütersloh 2007.

THEOBALD, FLORIAN, Teufel, Tod und Trauer. Der Satan im Johannesevangelium und seine Vorgeschichte (NTOA 109), Göttingen 2015.

THEOBALD, MICHAEL, Eucharistie als Quelle sozialen Handelns. Eine biblisch-frühkirchliche Besinnung (BThSt 77), Neukirchen-Vluyn, Göttingen 2012.

THIJSSEN, J. M. M. H., Censure and Heresy at the University of Paris 1200–1400 (The Middle Ages Series), Philadelphia 1998.

TOMUSCHAT, CHRISTIAN, Europäische vs. Asiatische Welt. Scheitert die Universalisierung der Menschenrechte?, in: RICHARD SCHRÖDER – JOHANNES ZACHHUBER, Was hat uns das Christentum gebracht? Versuch einer Bilanz nach zwei Jahrtausenden, Münster u. a. 2003, S. 161–179.

TRUSEN, WINFRIED, Das Verbot der Gottesurteile und der Inquisitionsprozeß. Zum Wandel des Strafverfahrens unter dem Einfluß des gelehrten Rechts im Spätmittelalter, in: JÜRGEN MIETHKE – KLAUS SCHREINER, Sozialer Wandel im Mittelalter. Wahrnehmungsformen, Erklärungsmuster, Regelungsmechanismen, Sigmaringen 1994, S. 235–247.

TRUSEN, WINFRIED, Der Inquisitionsprozeß. Seine historischen Grundlagen und frühen Formen, in: ZRG.K. 74.1 (1988), S. 168–230.

TRUSEN, WINFRIED, Der Prozeß gegen Meister Eckhart. Vorgeschichte, Verlauf und Folgen, Paderborn 1988.

TRUSEN, WINFRIED, Rechtliche Grundlagen des Häresiebegriffs und des Ketzerverfahrens, in: HANS RUDOLF GUGGISBERG – BERND MOELLER – SILVANA SEIDEL MENCHI (Hgg.), Ketzerverfolgung im 16. und frühen 17. Jahrhundert (Wolfenbütteler Forschungen 51), Wiesbaden 1992, S. 1–20.

TRUSEN, WINFRIED, Vom Inquisitionsverfahren zum Ketzer- und Hexenprozeß. Fragen der Abgrenzung und Beeinflussung, in: DIETER SCHWAB u. a. (Hgg.), Staat, Kirche, Wissenschaft in einer pluralistischen Gesellschaft. Festschrift zum 65. Geburtstag von Paul Mikat, Berlin 1989, S. 435–450.

UERTZ, RUDOLF, Vom Gottesrecht zum Menschenrecht. Das katholische Staatsdenken in Deutschland von der Französischen Revolution bis zum II. Vatikanischen Konzil (1789–1965) (Politik- und Kommunikationswissenschaftliche Veröffentlichungen der Görres-Gesellschaft 25), Paderborn u. a. 2005.

VALERIUS, GERHARD, Deutscher Katholizismus und Lamenais. Die Auseinandersetzung in der katholischen Publizistik 1817–1854 (VKZG.F 39), Mainz 1983.

VAN ESS, JOSEF, Dschihad gestern und heute (Julius-Wellhausen-Vorlesung Heft 3), Berlin – Boston 2012.

VAN VEEN, MIRJAM G. K., Calvin und seine Gegner, in: HERMAN J. SELDERHUIS (Hg.), Calvin Handbuch, Tübingen 2008, S. 155–164.

VETTER, KLAUS, Am Hofe Wilhelms von Oranien, Leipzig 1991.

VEYNE, PAUL, Als unsere Welt christlich wurde (312–394). Aufstieg einer Sekte zur Weltmacht, München 2008.

VEYNE, PAUL, Die griechisch-römische Religion. Kult, Frömmigkeit und Moral, Stuttgart 2008.

VIERHAUS, RUDOLF, Aufklärung als Lernprozeß, in: DERS., Deutschland im 18. Jahrhundert. Politische Verfassung, soziales Gefüge, geistige Bewegungen. Ausgewählte Aufsätze von Rudolf Vierhaus, Göttingen 1987, S. 84–95.

VOGEL, LOTHAR, Luthers Purgatoriums-Vorstellung in den Ablassthesen, in: ANDREAS REHBERG (Hg.), Ablasskampagnen des Spätmittelalters. Luthers Thesen von 1517 im Kontext (BDHIR 132), Berlin – Boston 2017, S. 613–626.

VOLP, ULRICH, Die Würde des Menschen. Ein Beitrag zur Anthropologie in der Alten Kirche (SVigChr 81), Leiden – Boston 2006.

VON BALTHASAR, HANS URS, Kleiner Diskurs über die Hölle, Ostfildern 1987.

VON PADBERG, LUTZ E., Zwangsbekehrung, in: RGA 34 (2007), S. 586–589.

VON SCHELIHA, ARNULF, Toleranz als Botschaft des Christentums, in: CHRISTOPH ENDES – MICHAEL KAHLO (Hgg.), Toleranz als Ordnungsprinzip? Die moderne Bürgergesellschaft zwischen Offenheit und Selbstaufgabe (fundamenta iuris. Schriftenreihe des Leipziger Instituts für Grundlagen des Rechts 6), Paderborn 2007, S. 109–127.

VORGRIMLER, HERBERT, Geschichte der Hölle, München 1993.

WAGNER, FALK, Naturrecht (II. Neuzeitliche und evangelische Interpretationen seit der Reformation), in: TRE 24 (1994), S. 153–185.

WALLMANN, JOHANNES, Der Pietismus (Die Kirche in ihrer Geschichte. Ein Handbuch 4/ O1), Göttingen 1990.

WALLMANN, JOHANNES, Theologie und Frömmigkeit im Zeitalter des Barock. Gesammelte Aufsätze, Tübingen 1995.

WALSER, MARTIN, Über Rechtfertigung, eine Versuchung, Reinbek bei Hamburg ²2012.

WALSH, KATHERINE, Wyclif, in: LMA 9 (1998), Sp. 391–393.

WALTHER, RUDOLF, Terror, Terrorismus, in: GGB 6 (1990), S. 323–444.

WANEGFFELEN, THIERRY, L'Édit de Nantes. Une histoire européenne de la tolérance (XVI–XX siècle) (Le Livre de Poche 12), Paris 1998.

WEBER, MAX, Religion und Gesellschaft. Gesammelte Aufsätze zur Religionssoziologie, Darmstadt 2012, S. 107.

WEBER, MAX, Wirtschaft und Gesellschaft. Grundriss der verstehenden Soziologie (Studienausgabe), Tübingen ⁵1976.

WECKWERTH, ANDREAS, Reinheit, kultische (C. Christlich), in: RAC Lieferung 223 (2017), Sp. 896–914.

WEIKMANN, HANS MARTIN, Hoheitliche Strafbestimmungen als Instrument fränkischer Eroberungs- und Missionspolitik, in: JÜRGEN WEITZEL (Hg.), Hoheitliches Strafen in der Spätantike und im frühen Mittelalter (Konflikt, Verbrechen und Sanktion in der Gesellschaft Alteuropas 7), Köln 2002, S. 153–174.

WEISSENBERG, TIMO J., Die Friedenslehre des Augustinus. Theologische Grundlagen und ethische Entfaltung (ThFr 28), Stuttgart 2005.

WICKLER, WOLFGANG, Hat die Ethik einen evolutionären Ursprung?, in: PETER KOSLOWSKI – PHILIPP KREUZER – REINHARD LÖW (Hgg.), Die Verführung durch das Machbare. Ethische Konflikte in der modernen Medizin und Biologie, Stuttgart 1983.

WILDBERGER, JULIA, Seneca und die Stoa. Der Platz des Menschen in der Welt. Bd. 1: Text (UALG 84,1), Berlin 2006.

WILLOWEIT, DIETMAR, Katholische Reform und Disziplinierung als Element der Staats- und Gesellschaftsorganisation, in: PAOLO PRODI – ELISABETH MÜLLER-LUCKNER (Hgg.), Glaube und Eid. Treueformeln, Glaubensbekenntnisse und Sozialdisziplinierung zwischen Mittelalter und Neuzeit (SHiK 28), München 1993, S. 113–132.

WILS, JEAN-PIERRE, Blasphemie. Erinnerung an eine Zeit, als Religion noch Nervensache war, in: THOMAS LAUBACH (Hg.), Kann man Gott beleidigen? Zur aktuellen Blasphemie-Debatte, Freiburg i. Br. 2013, S. 37–58.

WILS, JEAN-PIERRE, Gotteslästerung, Frankfurt a. M. – Leipzig 2007.

WLOSOK, ANTONIE, Christliche Apologetik gegenüber kaiserlicher Politik bis zu Konstantin, in: EBERHARD HECK – ERNST A. SCHMIDT (Hgg.), Res humanae – res divinae. Kleine Schriften (BKAW.NF. 2. Reihe 84), Heidelberg 1990, S. 137–156.

WLOSOK, ANTONIE, Römischer Religions- und Gottesbegriff in heidnischer und christlicher Zeit, in: EBERHARD HECK – ERNST A. SCHMIDT (Hgg.), Res humanae – res divinae. Kleine Schriften (BKAW.NF. 2. Reihe 84), Heidelberg 1990, S. 15–34.

WOHLMUTH, JOSEF, Jom Kippur und Eucharistie – Ein Prospekt, in: FLORIAN BRUCKMANN (Hg.), Phänomenologie der Gabe. Neue Zugänge zum Mysterium der Eucharistie (QD 270), S. 17–63.

WOLFFSOHN, MICHAEL, Kann eine Bombe Mensch sein? Selbstaufopferung und Selbst-anmaßung göttlicher Macht, in: FAZ vom 18. Juli 2016 (Nr. 165), S. 8.

WORSTBROCK, FRANZ JOSEF, Anselm von Lüttich, in: VerfLex 1 (1978), Sp. 392 f.

ZANDER, HELMUT, „Europäische Religionsgeschichte". Religiöse Zugehörigkeit durch Ent-scheidung – Konsequenzen im interkulturellen Vergleich, Berlin – Boston 2016.

REGISTER

Abaelard, Peter 96, 101
Acontius, Jacobus 126
Alba, Herzog von (geb. Fernando Álvarez de Toledo) 121
Ambrosius von Mailand 45 f., 48 f., 57, 69
Anselm von Canterbury 103
Anselm von Havelberg 96
Anselm von Lucca 83 f.
Anselm von Lüttich 86
Arius, Haeresiarcha 57
Arndt, Johann 127
Arnold von Brescia 89
Arnold, Gottfrid 127
Athanasius der Große 57 f.
Augustinus, Aurelius 27, 38, 46 f., 49, 58–60, 62 f., 90, 98, 99 f., 110, 143, 148

Balthasar Hubmaier 126
Bayle, Pierre 133, 148 f.
Becket, Thomas 88
Beda Venerabilis 66
Bellarmin, Robert 146
Belloy, Pierre de 143
Bernard Gui 103
Bernhard von Clairvaux 71
Bernhard von Raesfeld 142
Bernward von Hildesheim 76
Berthold von Reichenau 82
Biel, Gabriel 109
Bonifatius, Winfried 66 f., 73
Bonizo von Sutri 83 f.
Böckenförde, Ernst-Wolfgang 162 f., 166 ff.
Börne, Ludwig 157
Bucer, Martin 126

Calvin, Johannes 118, 125, 129, 138
Châtillon, Sébastien, gen. Castellio 125
Clemens von Alexandrien 27
Coornhert, Dirk Volkertszoon 136

Cyprian von Karthago 53

Diokletian, Römisches Reich, Kaiser 55, 71

Eckhart, Meister 105, 107
Émile Durkheim 167
Epiktet 51
Erasmus von Rotterdam 108
Erlembald 84
Everwin von Steinfeld 71

Ferdinand II., Heiliges Römisches Reich, Kaiser 142
Ferdinand III., Heiliges Römisches Reich, Kaiser 144
Feuerbach, Paul Johann Anselm 135
Flavian von Antiochien 49
Franz von Assisi 67
Friedrich I., Heiliges Römisches Reich, Kaiser 102
Friedrich II., Heiliges Römisches Reich, Kaiser 102
Friedrich von Spee 123
Fulco von Reims 77

Gelasius I., Papst 58
Gerhoch von Reichersberg 88 f.
Goethe, Johann Wolfgang von 140, 164
Gratian 33, 80, 90 f., 93–95, 139
Gregor I., gen. der Große, Papst 149
Gregor VII., Papst 80–84, 87
Gregor IX., Papst 97, 106 f.
Gregor XVI., Papst 155
Gregor von Tours 71

Heinrich IV., Frankreich, König 142
Heinrich IV., Heiliges Römisches Reich, Kaiser 80, 82, 85
Hieronymus, Sophronius Eusebius 93

Hobbes, Thomas 138, 145–148
Hrabanus Maurus 70
Humbert von Romans 109
Humbert von Silva Candida 84
Hume, David 137
Hus, Jan 109–111

Innozenz II., Papst 88
Innozenz III., Papst 74, 95 f.
Isaak von Antiochien 50

Jellinek, Georg 161
Johannes Chrysostomos 54
Johannes der Täufer 21
Johannes von Salisbury 88
Johannes XXIII., Papst 160
Justin der Märtyrer 48, 51
Justinian I., Römisches Reich, Kaiser
    54 f.

Kant, Immanuel 65, 133, 137 f., 140 f.,
    144 f., 150–152, 164, 169
Karl der Große (Karl I.), Heiliges Römi-
    sches Reich, Kaiser 67
Karl V., Heiliges Römisches Reich, Kaiser
    111, 120
Kaspar von Schwenkfeld 127
Ketteler, Wilhelm Emmanuel von 158
Kierkegaard, Sören 165
Köbner, Julius 159
Konrad von Marburg 106
Konstantin I., Römisches Reich, Kaiser
    45, 55, 57
Konstantius II., Römisches Reich, Kaiser
    45

Laktanz (Lucius Caecilius Firmianus) 29,
    32 f., 61, 160
Lamennais, Félicité Robert de 155
Lampert von Hersfeld 76 f.
Leo der Große (Leo I.), Papst 56
Leo X., Papst 112, 115
Locke, John 138, 147 f.
Ludwig der Bayer (Ludwig IV.), Heiliges
    Römisches Reich, Kaiser 109
Luther, Martin 112, 115–118, 128 f., 133,
    138, 174

Mahler, Gustav 141
Map, Walter 75
Mark Aurel, Römisches Reich, Kaiser 51
Marsilius von Padua 108
Martin von Tours 49, 69
Maximilian II., Heiliges Römisches
    Reich, Kaiser 142
Menno Simons 126
Michel Eyquem de Montaigne 112
Morus, Thomas 173
Müntzer, Thomas 115

Nipperdey, Thomas 158, 177
Novatian (Novatianus, Presbyter Roma-
    nus) 53

Origenes von Alexandrien 53

Petrus Damiani 83, 85
Pilgram Marbeck (auch: Marpeck)
    125–127
Pippin III., Fränkisches Reich, König 67
Pius IX., Papst 160
Pius XII., Papst 160
Porete, Margareta 107
Priszillian von Avila 49, 69
Pufendorf, Samuel von 135, 138, 140

Radulfus Niger 75, 139
Regino von Prüm 78
Robert der Fromme 70
Rousseau, Jean-Jacques 133, 137 f.
Rubens, Peter Paul 121

Seneca (Lucius Annaeus Florus Seneca)
    50 f., 134
Servet, Michael 118, 125
Sigebert von Gembloux 87
Siricius, Papst 69
Spener, Philipp Jakob 128
Symmachus, Quintus Aurelius 45 f.

Tanner, Adam 124
Tertullian (Quintus Septimius Florens
    Tertullianus) 29, 49, 52 f., 61, 103
Theodosius, Kaiser, Römisches Reich 92
Thiry von Holbach, Paul 136

Thomas von Aquin 98, 100, 105–107, 117 f., 125, 129, 132, 139
Trauttmansdorff, Maximilian von und zu 144
Troeltsch, Ernst 161

Urban II., Papst 75

Voltaire 135, 137, 149 f.

Wazo von Lüttich 86
Weber, Max 9 f., 14, 23, 113, 136, 161

Wenrich von Trier 80
Wibert von Ravenna 83
Wilhelm von Ockham 108
Wilhelm von Oranien 132, 142
Wilhelm von Tyrus 139
Willibald von Eichstätt 66
Willigis von Mainz 76
Wolfram von Eschenbach 75
Wyclif, John 109

Zacharias, Papst 66
Zwingli, Ulrich 117 f., 129, 138